中国科学技术协会统计年鉴

2017

中国科学技术协会　编

中国科学技术出版社

·北　京·

图书在版编目（CIP）数据

中国科学技术协会统计年鉴. 2017/中国科学技术协会编. —北京：中国科学技术出版社，2017.10
ISBN 978-7-5046-7654-2

Ⅰ.①中… Ⅱ.①中… Ⅲ.①中国科学技术协会－统计资料－2017－年鉴 Ⅳ.①G322.25-54

中国版本图书馆CIP数据核字(2017)第219022号

策划编辑　郑洪炜　李　洁
责任编辑　李　洁　刘　今
图文设计　中文天地
责任校对　杨京华
责任印制　马宇晨

出　　版　中国科学技术出版社
发　　行　中国科学技术出版社发行部
地　　址　北京市海淀区中关村南大街16号
邮　　编　100081
发行电话　010-62173865
投稿电话　010-63581070
网　　址　http://www.cspbooks.com.cn

开　　本　880mm×1230mm　1/16
字　　数　730千字
印　　张　22.75
印　　数　1—2000册
版　　次　2017年10月第1版
印　　次　2017年10月第1次印刷
印　　刷　北京盛通印刷股份有限公司

书　　号　ISBN 978-7-5046-7654-2 / G・762
定　　价　98.00元

《中国科学技术协会统计年鉴 2017》编辑委员会

《中国科学技术协会统计年鉴 2017》编辑部

（按姓氏笔画为序）

编印说明

一、《中国科学技术协会统计年鉴2017》是一本反映各级科协及所属团体事业发展情况的资料性年度出版物。年鉴收录了2016年度中国科协（仅指中国科协机关和直属单位，下同）、省级科协、副省级城市科协、省会城市科协、地级科协、县级科协、所属全国学会、省级学会的组织建设、为科技工作者服务、学术交流活动、科普活动、科普基础设施和科技传播等方面的统计数据。

二、全书内容分为12个部分：综合、组织建设、为科技工作者服务、服务创新驱动发展、学术交流活动、科技期刊、科技开放与交流、科学技术普及活动、青少年科技教育、科普基础设施建设、科技传播和科技创新智库建设。各部分前编有简要说明。年鉴后附有主要指标解释。

三、本年鉴各项统计数据均未包括香港特别行政区、澳门特别行政区和台湾省的数据。

四、年鉴中以“学会”统称各类学会、协会、研究会。

五、年鉴第一部分至第十二部分中地级科协的数据均不含副省级城市科协、省会城市科协数据。

六、年鉴表中的符号“—”表示该项统计指标数据不详或无该项数据；“#”表示其中的主要项；“*”表示表下另有注释。

七、年鉴资料来源于中国科学技术协会综合统计报表（批准机关：国家统计局；批准文号：国统制〔2016〕182号）。综合统计调查年度报表工作由中国科协计划财务部统一组织，所有数据均由基层单位通过中国科协系统统计工作网络平台填报，逐级汇总。中国科协系统统计报表汇总和数据审核工作委托中国科协创新战略研究院完成。统计年鉴由中国科学技术出版社出版。

由于数据量大，难免有疏漏之处，欢迎指正。

目录

五、学术交流活动

六、科技期刊

七、科技开放与交流

八、科学技术普及活动

中国科协
2016 年度事业发展统计公报

中国科协2016年度事业发展统计公报①

2017年7月

2016年，在党中央、国务院的正确领导下，中国科协全面贯彻党的十八大和十八届三中、四中、五中、六中全会精神，深入贯彻落实习近平总书记系列重要讲话精神和治国理政新理念新思想新战略，紧密围绕党中央、国务院重大决策部署，全面推进《科协系统深化改革实施方案》和《中国科学技术协会事业发展“十三五”规划（2016—2020）》深入实施，积极履行为科技工作者服务、为创新驱动发展服务、为提高全民科学素质服务、为党和政府科学决策服务的工作职责，科协组织的政治性、先进性、群众性明显增强，开放型、枢纽型、平台型的组织特色进一步显现，提供科技类社会化公共服务产品的组织优势进一步加强，各方面工作取得新成效。

一、组织建设

（一）科协组织建设

各级科协组织3206个，直属单位1505个。各级科协驻会领导班子人数5012人；各级代表大会总人数186671人，其中中国科协第九次全国代表大会代表1323人；委员会委员总人数50592人，常务委员会委员总人数19760人。各级科协专门委员会及专门工作委员会3427个。

各级科协从业人员38730人，比上年增加218人，其中女性从业人员16167人，比上年增加528人。举办干部教育培训班2714次，共培训28.1万人次。

各级科协本年收入总额约为115.7亿元②，比上年增加8.6亿元，增长8%。

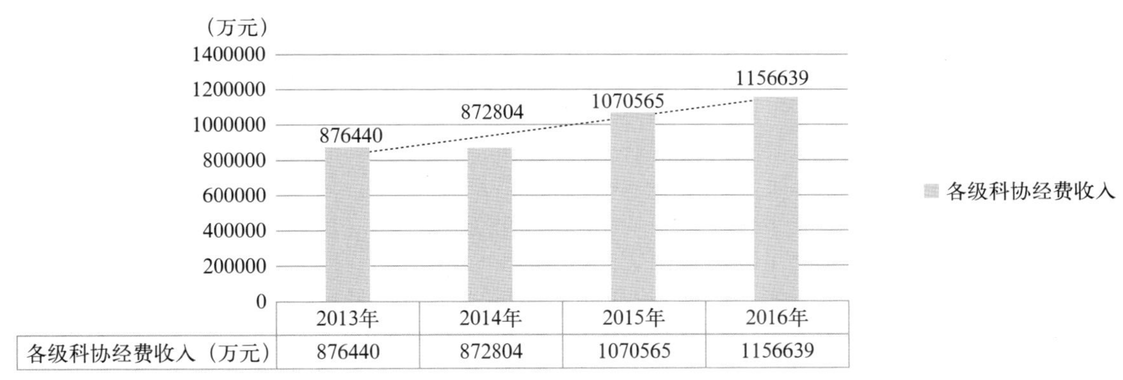

图1　各级科协收入情况

企业科协26945个，比上年增加3016个，增长12.6%，个人会员375.5万人，比上年增加1.5万人。高

① 本公报中各种范围所表述的含义：
各级科协：中国科协机关及直属单位、省级科协、副省级与省会城市科协、地级科协、县级科协。
地方科协：省级科协、副省级与省会城市科协、地级科协、县级科协。
学会：学会、协会、研究会简称。
两级学会：全国学会及省级学会。
全国学会：中国科协所属全国学会。
中国科协基层组织：科学技术工作者集中的企业事业单位和有条件的乡镇街道社区等建立的科学技术协会（科学技术普及协会）。
各项统计数据均未包括香港特别行政区、澳门特别行政区和台湾省。

② 该数据为各级科协财务上报汇总数据。

校科协 662 个，个人会员 54.7 万人，团体会员 1439 个。街道科协（社区科协）共 15076 个，比上年增加 1342 个，增长 8.9%，个人会员 71.8 万人，比上年增加 1.8 万人。乡镇科协 29052 个，个人会员 212.0 万人。农技协 10.4 万个，比去年下降 5.7%，个人会员 1482.8 万人，下降 0.3%，其中在民政部门注册的农技协 43339 个，占农技协总数的 41.3%。

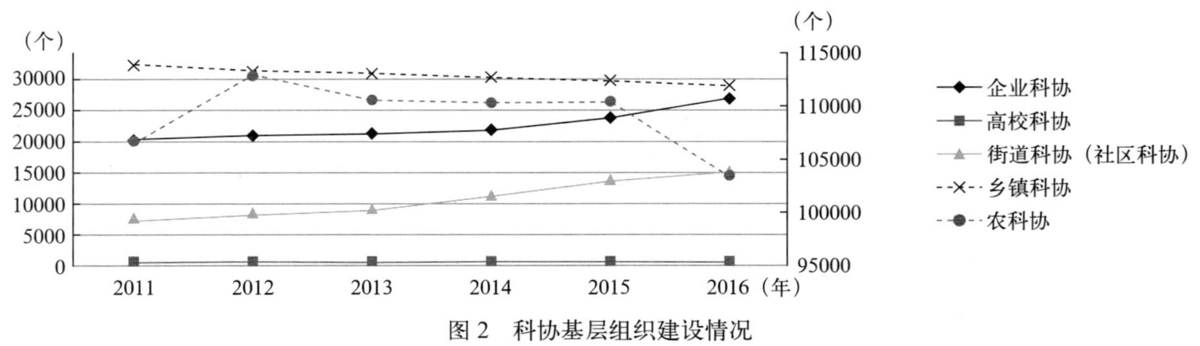

图 2　科协基层组织建设情况

（二）学会组织建设

中国科协所属全国学会 207 个；省级科协所属省级学会 4134 个，比上年增加 389 个，增长 10.4%。全国学会理事会理事 34702 人，省级学会理事会理事 24.2 万人。全国学会专门委员会及专门工作委员会 1235 个，省级学会专门委员会及专门工作委员会 10131 个。全国学会所属分科学会 3368 个，比上年增加 264 个，增长 8.5%；省级学会所属分科学会 17306 个，比上年增加 3902 个，增长 29.1%。两级学会共设立学会办事机构党组织 977 个，其中全国学会共设有 183 个，占全国学会总数的比重为 88.4%。

两级学会从业人员 36020 人，比上年增加 5334 人，其中全国学会从业人员 3555 人，省级学会从业人员 32465 人。

全国学会本年收入总额约为 32.8 亿元[①]，比上年增加约 4.5 亿元，增长 16%。

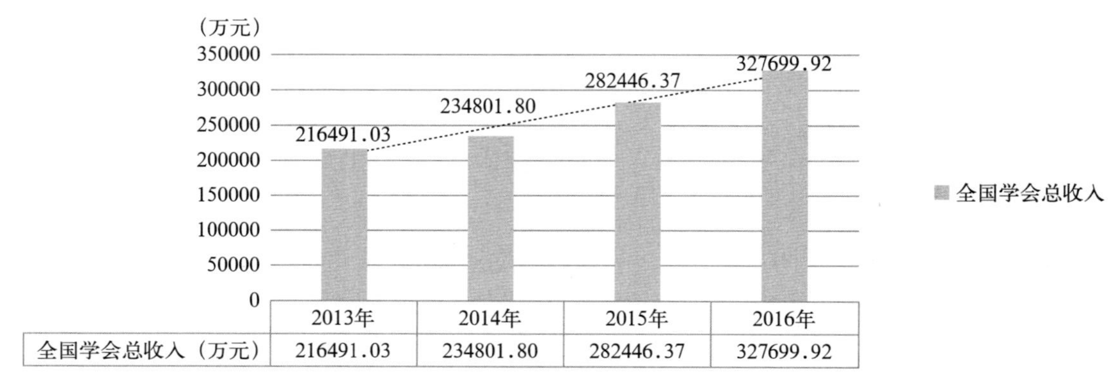

	2013年	2014年	2015年	2016年
全国学会总收入（万元）	216491.03	234801.80	282446.37	327699.92

图 3　全国学会收入情况

中国科协成立学会联合体 5 个，分别是生命科学学会联合体、军民融合学会联合体、清洁能源学会联合体、信息科技学会联合体、智能制造学会联合体。省级科协成立学会联合体 13 个。

全国学会个人会员 462.8 万人，团体会员 5.9 万个；省级学会个人会员 794.0 万人，团体会员 18.1 万个。

在基层直接为公众提供科普服务的专兼职科普工作者和注册科普志愿者共 170.2 万人，其中专职科普工作者（科普工作时间占其全部工作时间 60% 以上的工作人员）4.4 万人，兼职科普工作者 43.8 万人，注册科普志愿者 121.9 万人。

---

① 该数据为各级科协财务上报汇总数据。

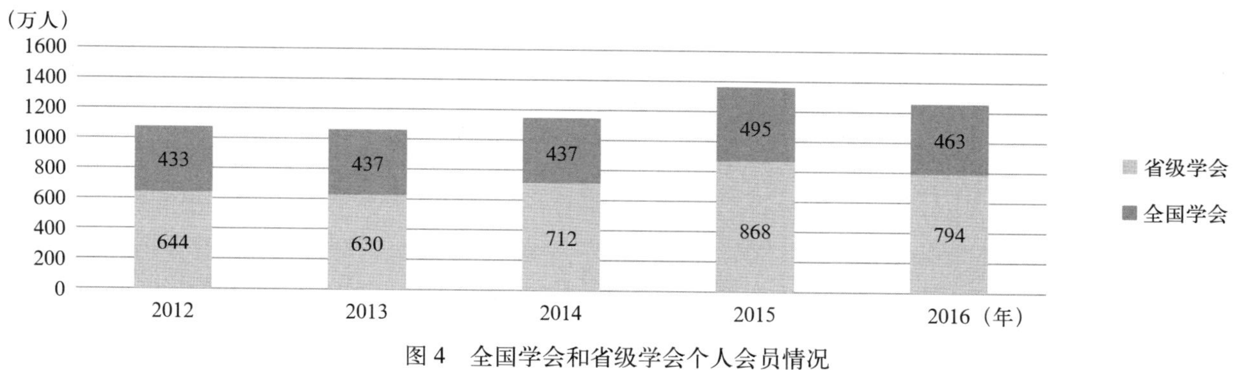

图 4　全国学会和省级学会个人会员情况

二、为科技工作者服务

各级科协和两级学会向省部级（含）以上科技奖项、人才计划（工程）举荐人才 6574 人次，向省部级（含）以上科技奖项推荐项目数 3284 项。

设立科技奖项数 1327 项。其中省级及以上科协组织设立 45 项，全国学会设立 293 项，省级学会设立 989 项。表彰奖励科技工作者 13.5 万人次，比上年增加 9071 人次，其中女性科技工作者 40435 人次，40 岁以下科技工作者 58589 人次。

开展科学道德与学风建设宣讲活动 3190 场①，比上年增加 2839 场，宣讲活动受众人数 48.6 万人次，比上年增加 28.6 万人次，参加活动专家 1865 人次，比上年增加 1062 人次。

举办继续教育培训班 1.6 万场次②，比上年增加 0.5 万场次，培训结业人数 288.3 万人次，比上年增加 127.3 万人次。

通过媒体宣传科技工作者 32673 人次，其中中央媒体宣传科技工作者 4176 人次，省级媒体宣传科技工作者 18491 人次。宣传媒介呈多样化，通过电视宣传 2898 人次，通过纸质媒体宣传 11530 人次，通过网络与新媒体宣传 17243 人次。

三、服务创新驱动发展

建设“双创”服务平台／中心 1033 个，开展推进“大众创业、万众创新”活动 12956 项。其中举办“双创”竞赛、论坛、展览等 4899 项，开展“双创”咨询、教育、培训等 5387 项，开展“双创”投融资、成果转化等 2036 项。

签订创新驱动助力工程项目合同 8420 个，参与创新驱动助力工程的科技工作者 11.5 万人。

两级学会研制技术标准数量 1608 个，其中全国学会 493 个，省级学会 1115 个。两级学会研制团体标准数量 1024 个，其中全国学会 378 个，省级学会 646 个。

各级科协指导组建专家工作站 7226 个，比上年增加 1715 个，全年组织进站专家 4.3 万人次；组建专家服务团队 5440 个，比上年增加 1191 个，参加服务团队专家 6.4 万人次。

举办技术创新方法培训班 669 场次③，比上年增加 171 场次。其中，中国科协、省级科协、副省级城市科协和省会城市科协共举办 286 场次，全国学会共举办 383 场次。

---

① 开展单位包括中国科协机关及直属单位、省级科协、副省级城市科协及省会城市科协、全国学会。

② 开展单位包括中国科协机关及直属单位、省级科协、副省级城市科协及省会城市科协、地级科协、全国学会、省级学会。

③ 举办单位包括中国科协机关及直属单位、省级科协、副省级城市科协及省会城市科协、全国学会。

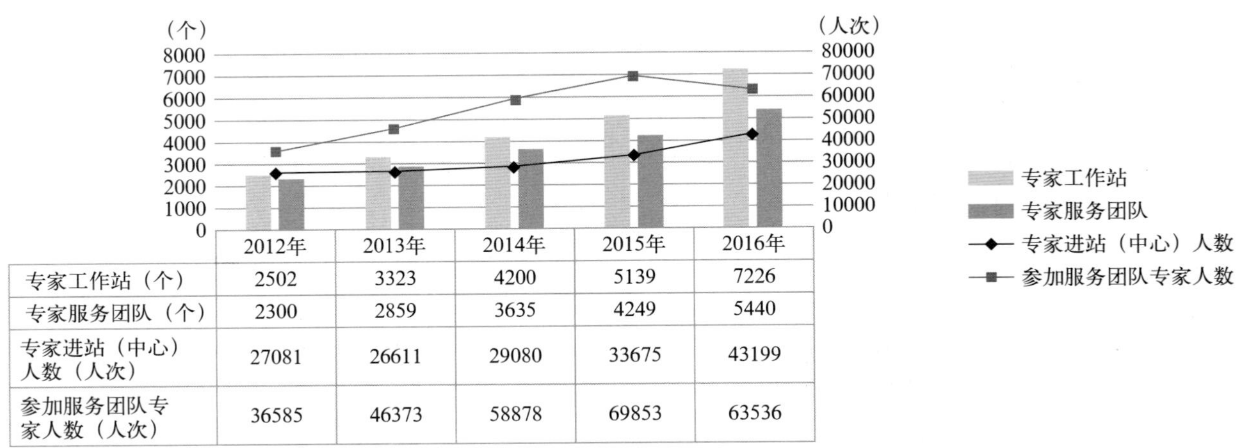

	2012年	2013年	2014年	2015年	2016年
专家工作站（个）	2502	3323	4200	5139	7226
专家服务团队（个）	2300	2859	3635	4249	5440
专家进站（中心）人数（人次）	27081	26611	29080	33675	43199
参加服务团队专家人数（人次）	36585	46373	58878	69853	63536

图 5　各级科协指导组建专家工作站、专家服务团队情况

四、学术交流活动

各级科协和两级学会共举办学术会议 34542 次。参加人数 610 万人次，比上年增加 107.3 万人次。交流论文 109.4 万篇，比上年增加 12.6 万篇。

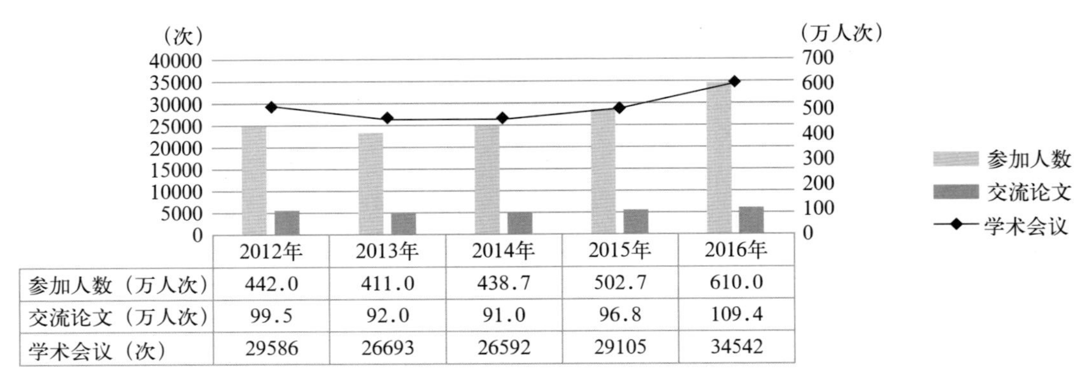

	2012年	2013年	2014年	2015年	2016年
参加人数（万人次）	442.0	411.0	438.7	502.7	610.0
交流论文（万人次）	99.5	92.0	91.0	96.8	109.4
学术会议（次）	29586	26693	26592	29105	34542

图 6　各级科协和两级学会举办学术会议情况

举办国内学术会议 31156 次，比上年增加 4701 次。其中高端前沿学术会议 8159 次，占 26.2%；综合交叉学术会议 10661 次，占 34.2%；学术服务会议 12336 次，占 39.6%。参加人数 550.1 万人次，比上年增加 109.1 万人次。其中企业科技工作者 103.3 万人次，比上年增加 10.3 万人次。交流论文 93.3 万篇，比上年增加 7.0 万篇。举办国内学术会议中举办学术年会 7424 次[①]，比上年增加 2397 次，增长 47.7%。其中各级科协举办 660 次，全国学会举办 1514 次，省级学会举办 5250 次，比上年增加 2095 次。

举办境内国际学术会议 3028 次，比上年增加 750 次。其中高端前沿学术会议 1806 次，占 59.6%；综合交叉学术会议 766 次，占 25.3%；学术服务会议 456 次，占 15.1%。参加人数 56.4 万人次，其中企业科技工作者 14.8 万人次。境外专家学者 4.8 万人次，比上年增加 5139 人次。交流论文 15.1 万篇，比上年增加 5.5 万篇。

举办港澳台地区学术会议 358 次。其中高端前沿学术会议 156 次，占 43.6%；综合交叉学术会议 127 次，占 35.5%；学术服务会议 75 次，占 20.9%。港澳台地区学术会议参加人数 3.5 万人次。其中企业科技工作者 1.2 万人次。交流论文 9554 篇，比上年增加 30 篇。

① 举办单位包括中国科协机关及直属单位、省级科协、副省级城市科协及省会城市科协、地级科协、全国学会、省级学会。

五、科技期刊

各级科协和两级学会主办科技期刊 2531 种，比去年减少 139 种，降低 5.2%。其中各级科协主办 443 种，全国学会共主办 1015 种，省级学会共主办 1073 种。科技期刊总印数 1.5 亿册，增加 0.2 亿册，增长 17%。其中各级科协主办科技期刊总印数 3463.6 万册，全国学会主办科技期刊总印数 8670.0 万册，省级学会主办科技期刊总印数 2416.7 万册。已实行开放存取的期刊 899 种，占科技期刊的 35.5%。

2531 种科技期刊包括中文学术期刊、科普期刊、技术期刊和英文学术期刊。其中中文学术期刊 1480 种，科普期刊 556 种，技术期刊 335 种，英文学术期刊 160 种。中文学术期刊总印数 2989.2 万册；科普期刊印数 1.1 亿册，技术期刊印数 712.1 万册，英文学术期刊印数 70.5 万册。

发表论文总数 58.6 万篇，比上年增加 4.0 万篇。其中英文期刊发表论文数 1.7 万篇，比上年增加 0.1 万篇。

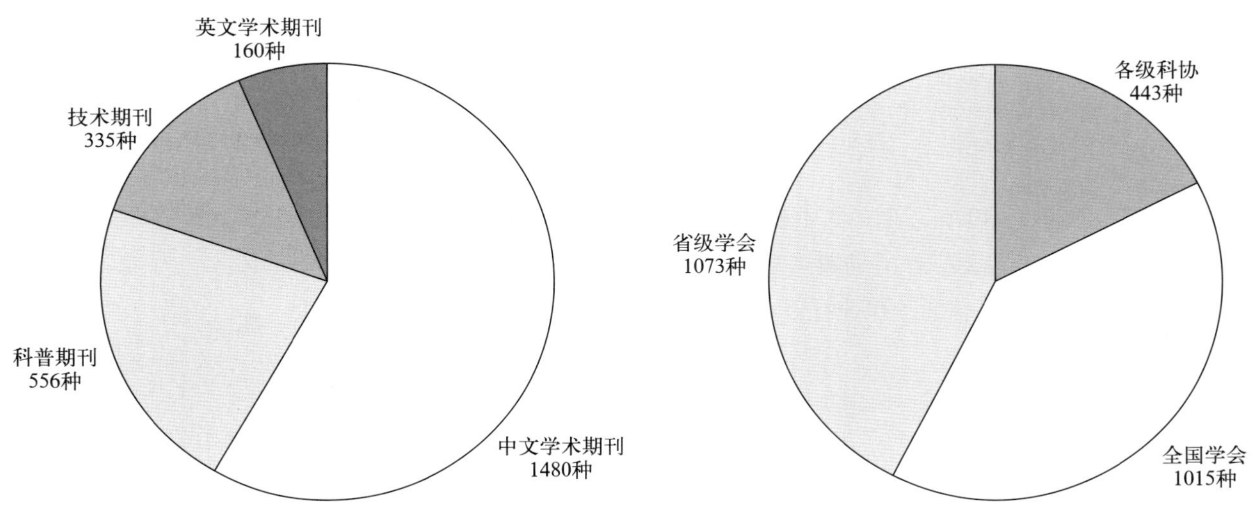

图 7　各级科协和两级学会主办科技期刊种类及分布情况

六、科技开放与交流

各级科协和两级学会加入国际民间科技组织 1423 个，比上年增加 262 个。其中所属全国学会加入的组织 486 个，占 34.2%；省级学会加入的组织 555 个，占 39%。在国际民间科技组织中任职专家 5218 人，其中担任主席、副主席、执委或相当职务的高级别任职专家 1721 人，其他一般级别任职专家 3497 人。

参加国际科学计划 329 项，其中两级学会参加 309 项，占 93.9%。参加国外、港澳台地区科技活动 3.5 万人次，比上年增加 3238 人次。接待国外、港澳台地区专家学者 4.9 万人次，比上年增加 1.1 万人次。促成双边合作交流项目 1023 个，减少 374 项。

中国科协推动建立海外人才离岸创业基地 5 个。其中江苏 2 个，天津 1 个，上海 1 个，四川 1 个。中国科协推动建立海智计划工作基地 55 个，省级科协推动建立的省级海智计划工作基地 90 个。

七、科学技术普及活动

各级科协和两级学会举办科普宣讲活动约 40.0 万次，比上年增加 19651 次，其中院士科普报告会 5847 次，专题展览 62780 次，流动科技馆巡展 19766 次，科技咨询约 15.5 万次。科普宣讲活动受众人数约 6.2 亿人次，比上年增加约 3.0 亿人次，其中流动科技馆巡展受众人数 6021.8 万人次。举办实用技术培训 25.4 万次，减少

1.7 万次。接受培训人数 3430.8 万人次，增加 252.8 万人次。推广新技术新品种 62995 项。参加各类科普活动的科技人员 476.6 万人次，比上年增加 69.5 万人次，其中专家人数 46.2 万人次；参加活动的学会、协会、研究会 12.6 万个次。

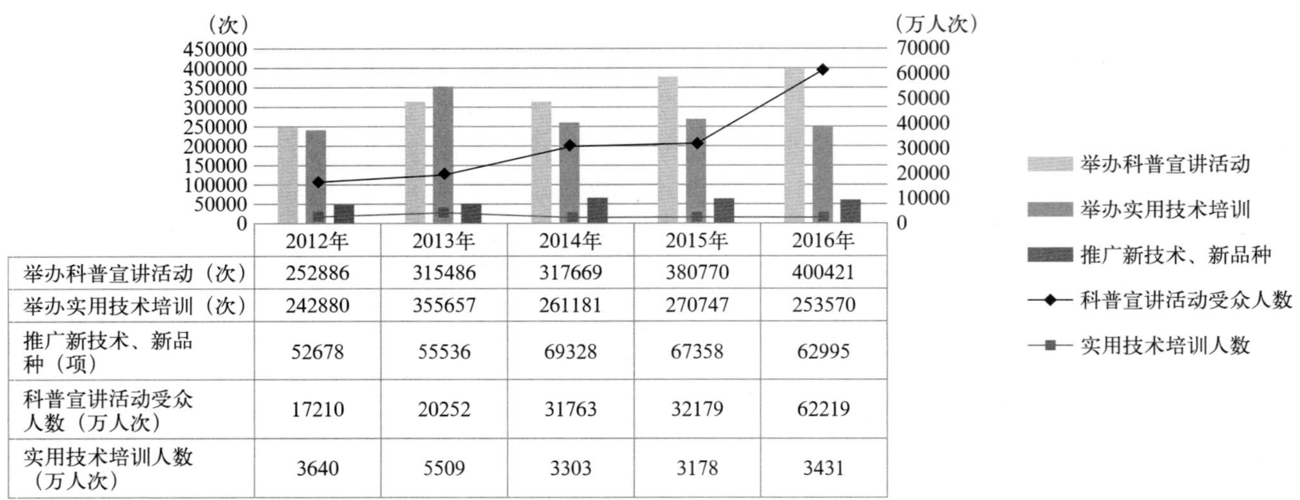

	2012年	2013年	2014年	2015年	2016年
举办科普宣讲活动（次）	252886	315486	317669	380770	400421
举办实用技术培训（次）	242880	355657	261181	270747	253570
推广新技术、新品种（项）	52678	55536	69328	67358	62995
科普宣讲活动受众人数（万人次）	17210	20252	31763	32179	62219
实用技术培训人数（万人次）	3640	5509	3303	3178	3431

图 8　各级科协和两级学会科学技术普及活动情况

各类科普活动覆盖村 40.6 万个，其中科普日活动覆盖村 6.8 万个，科技周活动覆盖村 6.8 万个，日常科普活动覆盖村 25.7 万个。各类科普活动覆盖社区 12.5 万个，其中，科普日活动覆盖社区 3.1 万个，科技周活动覆盖社区 3.3 万个，日常科普活动覆盖社区 5.7 万个。

八、青少年科技教育

各级科协和两级学会举办青少年科普宣讲活动 38876 次，其中，专家报告 1.8 万次，受众人数 4693.0 万人次，比上年增加 1141.0 万人次。举办青少年科技竞赛 11906 项，参加竞赛的青少年 4484.4 万人次，获奖人数 158.3 万人次，比上年增加 32.3 万人次。组织青少年 16410 人次参加国际及港澳台科技交流活动 374 次，比上年增加 2016 人次。举办青少年科学营 2178 次，参加人数 30.1 万人次。编印青少年科技教育资料 1595 种，总印数达 686.0 万册。举办青少年科技教育活动和培训 27533 次，比上年增加 5417 次，培训人数 740.9 万人次，比上年增加 110.9 万人次。通过中学生英才计划共培养学生 3.1 万人。

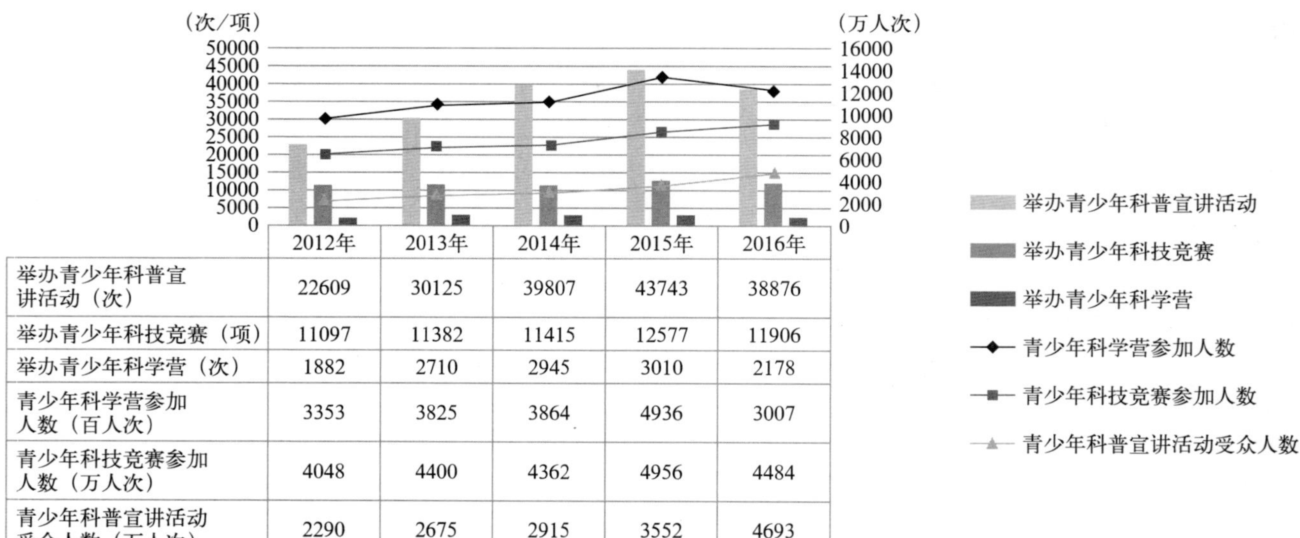

	2012年	2013年	2014年	2015年	2016年
举办青少年科普宣讲活动（次）	22609	30125	39807	43743	38876
举办青少年科技竞赛（项）	11097	11382	11415	12577	11906
举办青少年科学营（次）	1882	2710	2945	3010	2178
青少年科学营参加人数（百人次）	3353	3825	3864	4936	3007
青少年科技竞赛参加人数（万人次）	4048	4400	4362	4956	4484
青少年科普宣讲活动受众人数（万人次）	2290	2675	2915	3552	4693

图 9　各级科协和两级学会开展青少年科技教育情况

九、科普基础设施建设

截至 2016 年年底，各级科协拥有所有权或使用权的科技馆 587 个，比上年增加 142 个。建筑面积 313.8 万米 ^{2}，增加 55.7 万米 ^{2}；展厅面积 154.7 万米 ^{2}，增加 31.7 万米 ^{2}，其中建筑面积 8000 米 ^{2} 以上的 98 个，增加 22 个。已实行免费开放的科技馆 325 个，占 55.4%。科技馆全年接待参观人数 5786.7 万人次，增加 1568.7 万人次，其中少年儿童参观人数 2883.3 万人次，增加 512.3 万人次。流动科技馆 581 个。农村中学科技馆 293 个[①]。科普活动站（中心、室）17 万个，与上年持平；全年参加活动（培训）人数 5305.5 万人次，增加 570.5 万人次。科普画廊建筑面积（宣传栏、宣传橱窗）290.4 万米 ^{2}，增加 14.4 万米 ^{2}，全年展示面积 522.4 万米 ^{2}，减少 110.6 万米 ^{2}。

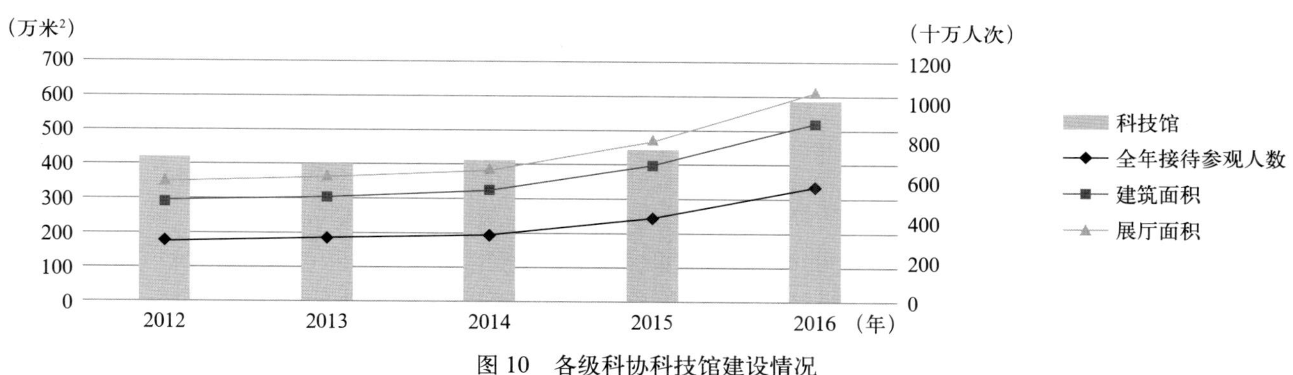

图 10　各级科协科技馆建设情况

截至 2016 年年底，中国科协配发给地方科协用于科普活动的大篷车 1345 辆。科普大篷车全年下乡次数 3.8 万次，比上年增加 1.2 万次。科普大篷车全年下乡行驶里程 980.1 万千米，比上年增加 337.8 万千米。受益人数 2867.8 万人次，比上年增加 499.8 万人次。

中国科协命名的全国科普教育基地 1080 个，全年参观人数达 1.6 亿人次，比上年增加 1036.2 万人次。省级科协命名的省级科普教育基地 4889 个，比上年增加 697 个，全年参观人数 1.7 亿人次。各级科协命名的农村科普示范基地 39360 个，比上年增加 2006 个，其中省级科协命名 1442 个，副省级城市科协、省会城市科协命名 538 个，地级科协命名 8870 个，县级科协命名 28510 个。

各级科协命名的科普示范县（市、区）1686 个，其中中国科协命名 435 个，省级科协命名 712 个，副省级城市科协、省会城市科协命名 66 个，地级科协命名 473 个。省级及以下科协命名的科普示范街道（乡镇）17617 个。其中省级科协命名 2175 个，副省级城市科协、省会城市科协命名 254 个，地级科协命名 3241 个，县级科协命名 11947 个。科普示范社区 77552 个，科普示范户 239.9 万个。

科普中国 e 站 11770 个，其中乡村 e 站 5967 个，社区 e 站 4557 个，校园 e 站 1246 个。

中央财政和地方财政投入基层科普行动计划奖补资金 5.9 亿元，其中中央财政投入 4.0 亿元，地方财政投入 1.9 亿元。

各级科协会同财政部门表彰奖励 8918 个（人）有突出贡献的农村专业技术协会、农村科普示范基地、农村科普带头人、少数民族科普工作队等。其中基层科普行动计划奖补先进农村专业技术协会 2829 个，农村科普示范基地 2231 个，农村科普带头人 2460 个，少数民族科普工作队 48 个。其中，中国科协会同财政部表彰奖励 2411 个（人），占 27.0%。

① 农村中学科技馆特指由中国科技馆发展基金会统筹管理的农村中学科技馆。

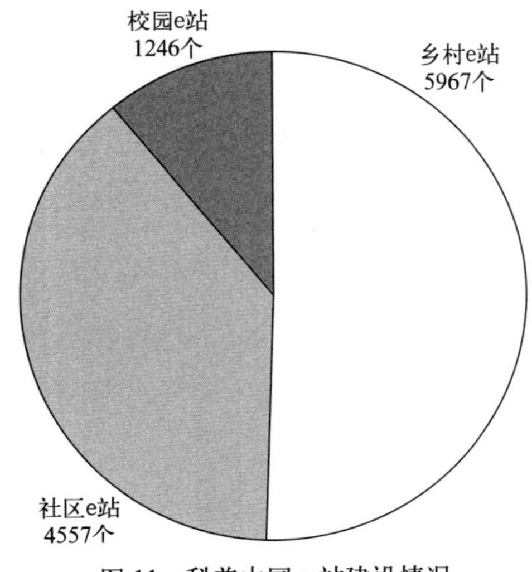

图 11 科普中国 e 站建设情况

十、科技传播

各级科协和两级学会编著科技图书 4831 种，比上年增加 506 种，增长 11.7%，总印数 2636.8 万册，增加 57.8 万册。主办科技报纸 239 种，增加 19 种，增长 8.6%，总印数 1.0 亿份，减少 0.15 亿份。制作科普挂图 9238 种，减少 1388 种，降低 13.1%，总印数 1757.7 万张，减少 310.3 万张。

制作科技广播影视节目 10934 套，比上年增加 4787 套，总时长 13058 小时。制作科普动漫作品 1800 套，比上年增加 1180 套，增长 1.9 倍，总时长 4610 小时。播放科技广播及影视节目 28.9 万小时，增加 6.5 万小时，其中电台电视台播放科技节目 14.1 万小时，增加 6.7 万小时。出品科普游戏 280 种。

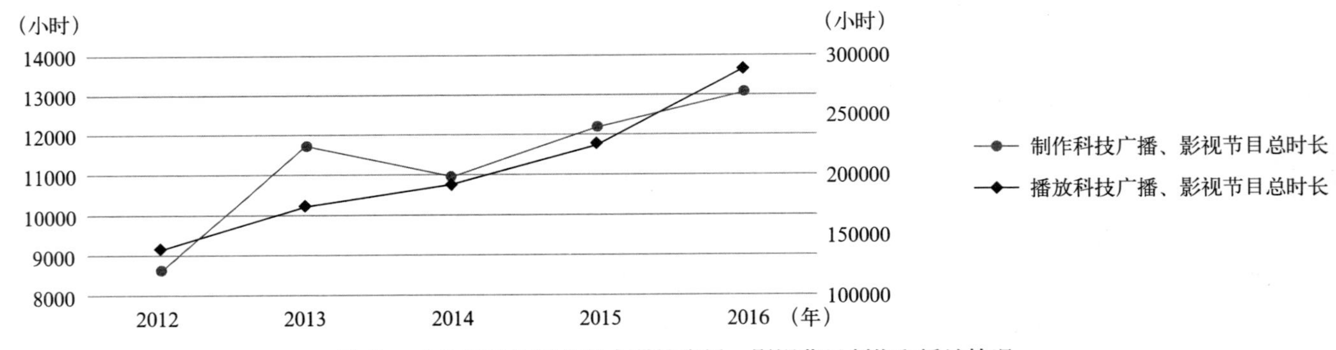

图 12 各级科协和两级学会科技广播、影视节目制作和播放情况

主办科技网站 2619 个，全年浏览量 28.0 亿人次，平均 106.9 万人次 / 个。主办科普网站 743 个，全年浏览量 42.7 亿人次，平均 574.5 万人次 / 个，其中科普中国全年浏览量 39.4 亿人次。主办科普 APP 128 个，主办科普手机报 314 个，主办科普微信公众号 1301 个，主办科普微博 418 个。开设科教栏目的电视台 282 家，开设科教栏目的广播电台 151 家。

十一、科技创新智库建设

中国科协建设全国科技工作者状况调查站点 504 个，省级科协建设省级科技工作者状况调查站点 351 个。

各级科协和两级学会举办决策咨询活动 7720 次，比上年增加 189 次，参与专家 5.7 万人次。开展科技评估 4162 项。组织参与立法咨询 274 次。组织政协科协界委员协商或调研活动 810 次。提供决策咨询报告 14405 篇，比上年增加 2510 篇，其中获上级领导批示的报告共 2781 篇。反映科技工作者建议 24686 条，其中获上级领导批示的建议 4547 条。答复人大政协代表（委员）提案 857 件。发布智库品牌报告 176 份。组织政策解读活动 773 次。发布政策解读文章 752 篇。

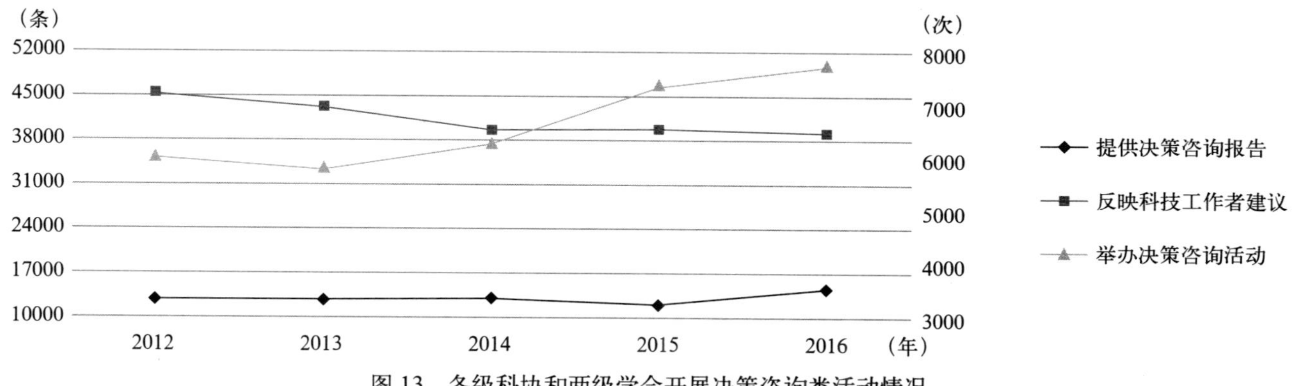

图 13　各级科协和两级学会开展决策咨询类活动情况

一、综　合

简要说明

本部分主要指标数据是从各章节提取或经过简单加工的，旨在总体反映科协系统 2016 年组织建设和主要业务活动的概况。

1–1 2016年科协系统综合统计主要数据汇总表

指标		总计		科协小计		中国科协机关及直属单位		省级科协	
		2015年	2016年	2015年	2016年	2015年	2016年	2015年	2016年
机构和人员									
机构数	(个)	3215	3206	3215	3206	1	1	32	32
代表大会人数	(人)	—	186671	—	186671	—	1323	—	15969
委员会委员人数	(人)	—	50592	—	50592	—	384	—	4809
常务委员会委员人数	(人)	—	19760	—	19760	—	54	—	1423
从业人员(机关+直属单位)	(人)	38512	38730	38512	38730	1200	1260	8146	8085
专门委员会/专门工作委员会	(个)	—	3427	—	3427	—	11	—	2742
举办干部教育培训班次	(个)	—	2714	—	2714	—	87	—	121
干部教育培训人数	(人次)	—	281234	—	281234	—	10539	—	6158
学会个人会员	(万人)	—	—	—	—	—	—	—	—
学会从业人员	(人)	30686	36020	—	—	—	—	—	—
# 社会聘用人员	(人)	5954	6203	—	—	—	—	—	—
学会办事机构党组织	(个)	—	977	—	—	—	—	—	—
学会联合体	(个)	—	—	—	—	—	5	—	13
企业科协	(个)	23929	26945	23929	26945	—	—	2992	—
个人会员	(万人)	374.0	375.5	374.0	375.5	—	—	86.0	—
高等院校科协	(个)	831	662	831	662	—	—	306	662
个人会员	(万人)	85.9	54.7	85.9	54.7	—	—	60.0	54.7
街道科协	(个)	13636	15076	13636	15076	—	—	—	—
个人会员	(万人)	70.0	71.8	70.0	71.8	—	—	—	—
乡镇科协	(个)	29911	29052	29911	29052	—	—	—	—
个人会员	(万人)	214.0	212.0	214.0	212.0	—	—	—	—
农技协	(个)	110476	103568	110476	103568	0	0	22	24
个人会员	(万人)	1486.6	1482.8	1486.6	1482.8	0	0	0.6	0.8
科普专职人员	(人)	—	43968	—	35864	—	557	—	1561
科普兼职人员	(人)	—	438637	—	335765	—	2537	—	2440
注册科普志愿者	(人)	—	1219373	—	1103463	—	67	—	25795
为科技工作者服务									
所设科技奖项	(个)	—	1327	—	45	—	9	—	36
表彰奖励科技工作者	(人次)	126191	135262	55799	51273	49	632	8027	6294
# 女性科技工作者	(人次)	36638	40435	17972	15627	27	100	2649	1042
科学道德与学风建设宣讲活动	(场次)	351	3190	210	2929	1	1	187	2898
宣讲活动受众人数	(万人次)	20.0	48.6	16.0	43.2	0.6	0.2	15.0	41.9
通过媒体宣传科技工作者	(人次)	—	32673	—	9478	—	328	—	3082
服务创新驱动发展									
签订创新驱动助力工程项目合同	(项)	—	8420	—	4228	—	1818	—	480
参与创新驱动助力工程的科技工作者	(人次)	—	115418	—	91825	—	10494	—	9759

1-1　续表 1

指　　标		副省级城市科协、省会城市科协		地级科协		县级科协	
		2015 年	2016 年	2015 年	2016 年	2015 年	2016 年
机构和人员							
机构数	（个）	32	32	388	395	2762	2746
代表大会人数	（人）	—	10254	—	53930	—	105195
委员会委员人数	（人）	—	3433	—	15828	—	26138
常务委员会委员人数	（人）	—	1261	—	6325	—	10697
从业人员（机关＋直属单位）	（人）	2530	2595	7570	7895	19066	18895
专门委员会／专门工作委员会	（个）	—	29	—	112	—	533
举办干部教育培训班次	（个）	—	41	—	501	—	1964
干部教育培训人数	（人次）	—	2121	—	28275	—	234141
学会个人会员	（万人）	—	—	—	—	—	—
学会从业人员	（人）	—	—	—	—	—	—
# 社会聘用人员	（人）	—	—	—	—	—	—
学会办事机构党组织	（个）	—	—	—	—	—	—
学会联合体	（个）	—	—	—	—	—	—
企业科协	（个）	1591	—	5630	—	13716	—
个人会员	（万人）	40.0	—	136.0	—	112.0	—
高等院校科协	（个）	116	—	347	—	62	—
个人会员	（万人）	6.0	—	19.0	—	0.9	—
街道科协	（个）	—	98	606	696	13030	14282
个人会员	（万人）	—	764.0	4.0	4.6	66.0	67.1
乡镇科协	（个）	—	137	761	1165	29150	27750
个人会员	（万人）	—	718.0	4.0	15.7	210.0	196.2
农技协	（个）	874	347	11059	13334	98521	89863
个人会员	（万人）	12.0	2.7	169.0	214.8	1305.0	1264.6
科普专职人员	（人）	—	3031	—	5768	—	24947
科普兼职人员	（人）	—	34449	—	37029	—	259310
注册科普志愿者	（人）	—	22499	—	392401	—	662701
为科技工作者服务							
所设科技奖项	（个）	—	—	—	—	—	—
表彰奖励科技工作者	（人次）	400	710	15284	13323	32039	30314
# 女性科技工作者	（人次）	151	231	5055	4507	10090	9747
科学道德与学风建设宣讲活动	（场次）	22	30	—	—	—	—
宣讲活动受众人数	（万人次）	0.4	1.1	—	—	—	—
通过媒体宣传科技工作者	（人次）	—	330	—	2180	—	3558
服务创新驱动发展							
签订创新驱动助力工程项目合同	（项）	—	147	—	1045	—	738
参与创新驱动助力工程的科技工作者	（人次）	—	5305	—	50053	—	16214

1-1 续表 2

指 标		学会小计		全国学会		省级学会	
		2015 年	2016 年	2015 年	2016 年	2015 年	2016 年
机构和人员							
机构数	（个）	—	—	—	—	—	—
代表大会人数	（人）	—	—	—	—	—	—
委员会委员人数	（人）	—	—	—	—	—	—
常务委员会委员人数	（人）	—	—	—	—	—	—
从业人员（机关 + 直属单位）	（人）	—	—	—	—	—	—
专门委员会 / 专门工作委员会	（个）	—	—	—	—	—	—
举办干部教育培训班次	（个）	—	—	—	—	—	—
干部教育培训人数	（人次）	—	—	—	—	—	—
学会个人会员	（万人）	—	—	495.0	462.8	868.0	794.0
学会从业人员	（人）	30686	36020	3546	3555	27140	32465
# 社会聘用人员	（人）	5954	6203	1222	1430	4732	4773
学会办事机构党组织	（个）	—	977	—	183	—	794
学会联合体	（个）	—	—	—	—	—	—
企业科协	（个）	—	—	—	—	—	—
个人会员	（万人）	—	—	—	—	—	—
高等院校科协	（个）	—	—	—	—	—	—
个人会员	（万人）	—	—	—	—	—	—
街道科协	（个）	—	—	—	—	—	—
个人会员	（万人）	—	—	—	—	—	—
乡镇科协	（个）	—	—	—	—	—	—
个人会员	（万人）	—	—	—	—	—	—
农技协	（个）	—	—	—	—	—	—
个人会员	（万人）	—	—	—	—	—	—
科普专职人员	（人）	—	8104	—	412	—	7692
科普兼职人员	（人）	—	102872	—	4821	—	98051
注册科普志愿者	（人）	—	115910	—	28156	—	87754
为科技工作者服务							
所设科技奖项	（个）	—	1282	—	293	—	989
表彰奖励科技工作者	（人次）	70392	83989	28342	28558	42050	55431
# 女性科技工作者	（人次）	18666	24808	6794	6341	11872	18467
科学道德与学风建设宣讲活动	（场次）	141	261	141	261	—	—
宣讲活动受众人数	（万人次）	4.0	5.4	4.0	5.4	—	—
通过媒体宣传科技工作者	（人次）	—	23195	—	8752	—	14443
服务创新驱动发展							
签订创新驱动助力工程项目合同	（项）	—	4192	—	339	—	3853
参与创新驱动助力工程的科技工作者	（人次）	—	23593	—	8336	—	15257

1-1　续表 3

指　　标		总　　计		科协小计		中国科协机关及直属单位		省级科协	
		2015 年	2016 年	2015 年	2016 年	2015 年	2016 年	2015 年	2016 年
建立学会服务（工作）站	（个）	—	3476	—	1906	—	324	—	520
建设双创服务平台 / 中心	（个）	—	1033	—	701	—	1	—	30
开展推进“大众创业、万众创新”活动	（项）	—	12956	—	10170	—	2166	—	977
技术标准研制数量	（个）	—	1608	—	—	—	—	—	—
团体标准研制数量	（个）	—	1024	—	—	—	—	—	—
开展“讲、比”活动企业	（个）	30637	24815	30115	24040	0	0	6226	2290
参与“讲、比”活动的科技人员	（万人次）	192.0	179.6	192.0	176.5	0	0	44.0	34.8
专家工作站（服务中心）	（个）	5511	7226	5511	7226	0	497	1541	2047
学术交流活动									
学术交流活动	（次）	29105	34542	6873	7623	83	111	554	691
参加人数	（万人次）	503.0	610.1	99.0	104.2	2.0	3.2	11.0	13.1
# 企业科技工作者	（万人次）	114.0	119.3	36.4	34.4	0.4	1.3	2.0	1.9
科技期刊与科技传播									
主办科技期刊	（种）	2670	2531	468	443	9	8	66	58
总印数	（万册）	12426.0	14550.3	4228.0	3463.6	92.0	88.7	3833.0	3137.5
编著科技图书	（种）	4325	4831	2526	3090	251	281	394	351
总印数	（万册）	2579.0	2636.8	1744.0	1781.5	114.0	95.6	492.0	394.9
主办科技报纸	（种）	220	239	139	134	0	0	36	32
总印数	（万份）	11517.0	10208.5	11210.0	9329.3	0	0	10707.0	8626.1
制作科普动漫作品	（套）	620	1800	413	1346	79	998	110	103
主办科技网站	（个）	2631	2619	1481	1514	10	4	141	100
浏览人数	（万人次）	211790.0	280288.9	30326.0	35256.9	3100.0	39.2	12292.0	27298.6
出品科普游戏	（种）	—	280	—	259	—	233	—	20
开设科教栏目的电视台	（个）	—	282	—	271	—	1	—	4
开设科教栏目的广播电台	（个）	—	151	—	116	—	1	—	1
主办科普网站	（个）	—	743	—	536	—	32	—	34
浏览人数	（万人次）	—	426854.5	—	412227.7	—	402512.7	—	3639.0
主办科普 APP	（个）	—	128	—	96	—	9	—	61
主办科普手机报	（个）	—	314	—	64	—	1	—	14
主办科普微信公众号	（个）	—	1301	—	744	—	7	—	93
主办科普微博	（个）	—	418	—	294	—	6	—	59
科技开放与交流									
加入国际民间科技组织	（个）	1161	1423	355	382	345	373	1	2
任职专家	（人）	2032	5218	547	552	532	533	0	1
参加国外科技活动人数	（人次）	19701	24494	1311	1374	404	268	431	629
接待国外专家学者	（人次）	28146	37278	5008	9740	611	502	1619	6361
双边合作交流项目	（项）	—	1023	—	612	—	15	—	307

1-1 续表 4

指 标		副省级城市科协、省会城市科协		地级科协		县级科协	
		2015 年	2016 年	2015 年	2016 年	2015 年	2016 年
建立学会服务（工作）站	（个）	—	67	—	392	—	603
建设双创服务平台 / 中心	（个）	—	57	—	246	—	367
开展推进“大众创业、万众创新”活动	（项）	—	422	—	2414	—	4191
技术标准研制数量	（个）	—	—	—	—	—	—
团体标准研制数量	（个）	—	—	—	—	—	—
开展“讲、比”活动企业	（个）	1341	1054	7664	6285	14884	14411
参与“讲、比”活动的科技人员	（万人次）	22.0	22.4	77.0	75.5	49.0	43.7
专家工作站（服务中心）	（个）	651	703	1373	1731	1574	2248
学术交流活动							
学术交流活动	（次）	2179	2422	2836	2994	1221	1405
参加人数	（万人次）	35.0	36.1	36.0	38.9	15.0	12.9
# 企业科技工作者	（万人次）	16.0	11.3	13.0	13.8	5.0	6.1
科技期刊与科技传播							
主办科技期刊	（种）	11	10	127	108	255	259
总印数	（万册）	24.0	44.0	122.0	67.9	157.0	125.5
编著科技图书	（种）	47	73	304	270	1530	2115
总印数	（万册）	43.0	36.4	323.0	307.6	772.0	947.0
主办科技报纸	（种）	6	5	23	27	74	70
总印数	（万份）	254.0	269.0	61.0	256.5	188.0	177.7
制作科普动漫作品	（套）	17	79	124	99	83	67
主办科技网站	（个）	53	32	319	246	958	1132
浏览人数	（万人次）	611.0	394.6	8096.0	3669.7	6227.0	3854.7
出品科普游戏	（种）	—	0	—	4	—	2
开设科教栏目的电视台	（个）	—	3	—	49	—	214
开设科教栏目的广播电台	（个）	—	4	—	18	—	92
主办科普网站	（个）	—	22	—	119	—	329
浏览人数	（万人次）	—	1346.2	—	1877.9	—	2851.9
主办科普 APP	（个）	—	7	—	9	—	10
主办科普手机报	（个）	—	0	—	13	—	36
主办科普微信公众号	（个）	—	34	—	190	—	420
主办科普微博	（个）	—	15	—	54	—	160
科技开放与交流							
加入国际民间科技组织	（个）	1	0	4	4	4	3
任职专家	（人）	1	0	12	13	2	5
参加国外科技活动人数	（人次）	54	78	93	82	329	317
接待国外专家学者	（人次）	546	529	426	845	1806	1503
双边合作交流项目	（项）	—	28	—	132	—	130

1-1　续表 5

指　标		学会小计		全国学会		省级学会	
		2015 年	2016 年	2015 年	2016 年	2015 年	2016 年
建立学会服务（工作）站	（个）	—	1570	—	177	—	1393
建设双创服务平台 / 中心	（个）	—	332	—	140	—	192
开展推进“大众创业、万众创新”活动	（项）	—	2786	—	597	—	2189
技术标准研制数量	（个）	—	1608	—	493	—	1115
团体标准研制数量	（个）	—	1024	—	378	—	646
开展“讲、比”活动企业	（个）	—	—	—	—	—	—
参与“讲、比”活动的科技人员	（万人次）	—	—	—	—	—	—
专家工作站（服务中心）	（个）	—	—	—	—	—	—
学术交流活动							
学术交流活动	（次）	22232	26919	5253	6425	16979	20494
参加人数	（万人次）	404.0	505.8	134.0	152.3	270.0	353.5
# 企业科技工作者	（万人次）	78.0	84.9	28.0	29.6	50.0	55.3
科技期刊与科技传播							
主办科技期刊	（种）	2202	2088	1064	1015	1138	1073
总印数	（万册）	8198.0	11086.7	4929.0	8670.0	3269.0	2416.7
编著科技图书	（种）	1799	1741	490	429	1309	1312
总印数	（万册）	835.0	855.3	176.0	219.4	659.0	635.8
主办科技报纸	（种）	81	105	10	27	71	78
总印数	（万份）	307.0	879.2	119.0	293.9	188.0	585.3
制作科普动漫作品	（套）	207	454	41	75	166	379
主办科技网站	（个）	1150	1105	358	328	792	777
浏览人数	（万人次）	181463.0	245032.0	154408.0	213322.2	27055.0	31709.8
出品科普游戏	（种）	—	21	—	8	—	13
开设科教栏目的电视台	（个）	—	11	—	1	—	10
开设科教栏目的广播电台	（个）	—	35	—	1	—	34
主办科普网站	（个）	—	207	—	46	—	161
浏览人数	（万人次）	—	14626.8	—	2300.8	—	12326.0
主办科普 APP	（个）	—	32	—	12	—	20
主办科普手机报	（个）	—	250	—	237	—	13
主办科普微信公众号	（个）	—	557	—	197	—	360
主办科普微博	（个）	—	124	—	35	—	89
科技开放与交流							
加入国际民间科技组织	（个）	806	1041	414	486	392	555
任职专家	（人）	1485	4666	839	1001	646	3665
参加国外科技活动人数	（人次）	18390	23120	9760	10855	8630	12265
接待国外专家学者	（人次）	23138	27538	11745	14136	11393	13402
双边合作交流项目	（项）	—	411	—	138	—	273

1-1 续表 6

指 标		总 计		科协小计		中国科协机关及直属单位		省级科协	
		2015 年	2016 年	2015 年	2016 年	2015 年	2016 年	2015 年	2016 年
海智计划工作基地	（个）	—	—	—	—	—	55	—	90
科学技术普及活动									
举办科普宣讲活动	（次）	380770	400421	280966	286667	1405	1403	9483	8358
# 院士科普报告会	（场次）	4981	5847	3928	4278	13	2	1190	962
# 开展科技咨询	（次）	135121	155400	101358	113600	0	0	1958	2399
宣讲活动受众人数	（万人次）	32179.0	62218.9	18529.0	37961.7	2364.0	22279.2	3428.0	2878.2
实用技术培训人数	（万人次）	3178.0	3430.8	3006.2	3227.5	0.2	2.3	175.0	748.3
推广新技术、新品种	（项）	67358	62995	57228	55247	7	23	1410	2891
参加活动科技人员	（万人次）	407.2	476.6	287.8	336.0	0.9	1.6	53.0	59.6
青少年科技教育									
举办青少年科普宣讲活动	（次）	43753	38876	27519	29735	1351	1395	2394	2469
受众人数	（万人次）	3551.0	4693.0	3030.0	4060.4	1184.0	2279.1	351.0	266.2
举办青少年科技竞赛	（次）	12577	11906	11622	10921	17	3	348	270
参加人数	（万人次）	4957.0	4484.4	4088.0	3663.4	2.0	0.8	1953.0	1596.2
举办青少年科学营	（次）	3010	2178	2057	1767	75	72	119	139
参加人数	（万人次）	48.0	30.1	41.5	25.9	1.3	1.1	4.5	3.7
中学生英才计划培养学生	（人次）	—	30850	—	25540	—	596	—	693
科普基础设施建设									
科技馆	（个）	445	587	445	587	1	1	23	24
# 建筑面积 8000 平方米以上	（个）	76	98	76	98	1	1	22	22
# 实行免费开放的科技馆	（个）	—	325	—	325	—	0	—	16
科技馆全年参观人数	（万人次）	4217.0	5786.7	4217.0	5786.7	335.0	383.0	1491.0	1599.8
# 少儿参观人数	（万人次）	2371.0	2883.3	2371.0	2883.3	168.0	191.5	878.0	974.3
农村中学科技馆	（个）	—	293	—	293	—	—	—	—
流动科技馆	（个）	—	581	—	581	—	1	—	349
农村科普示范基地	（个）	37354	39360	37354	39360	386	0	1683	1442
科普画廊建筑面积（宣传栏、科技宣传橱窗）	（平方米）	2761871	2904448	2761871	2904448	0	0	19547	19659
科普画廊展示面积	（平方米）	6334833	5224094	6334833	5224094	0	0	33053	29320
科普大篷车行驶里程	（千米）	6423117	9800749	6423117	9800749	—	0	816578	714851
科普中国 e 站	（个）	—	11770	—	11770	—	0	—	7290
基层科普行动计划奖补资金	（万元）	—	59436.5	—	59436.5	—	40000.0	—	11830.5
基层科普行动计划奖补的先进单位和个人	（个／人）	—	8918	—	8918	—	2411	—	1999
科技创新智库建设									
举办决策咨询活动	（次）	7531	7720	3162	2996	47	10	465	255
科技评估	（次）	—	4162	—	137	—	12	—	54
提供决策咨询报告	（篇）	11895	14405	7479	6374	74	315	529	817
反映科技工作者建议	（条）	27970	24686	22626	18396	171	493	1465	1253
发布智库品牌报告	（个）	—	176	—	64	—	5	—	7

1-1 续表 7

指标		副省级城市科协、省会城市科协		地级科协		县级科协	
		2015 年	2016 年	2015 年	2016 年	2015 年	2016 年
海智计划工作基地	（个）	—	—	—	—	—	—
科学技术普及活动							
举办科普宣讲活动	（次）	7361	9133	48252	47659	214465	220114
# 院士科普报告会	（场次）	149	262	752	744	1824	2308
# 开展科技咨询	（次）	1390	826	15198	15042	82812	95333
宣讲活动受众人数	（万人次）	623.0	1360.2	2942.0	3078.9	9172.0	8365.2
实用技术培训人数	（万人次）	31.0	55.3	381.0	393.8	2419.0	2028.0
推广新技术、新品种	（项）	898	1421	7243	13071	47670	37841
参加活动科技人员	（万人次）	9.4	63.6	43.4	53.1	181.1	158.1
青少年科技教育							
举办青少年科普宣讲活动	（次）	997	1326	5782	6061	16995	18484
受众人数	（万人次）	48.0	57.9	389.0	354.7	1058.0	1102.4
举办青少年科技竞赛	（次）	193	196	2530	2525	8534	7927
参加人数	（万人次）	232.0	184.8	710.0	737.7	1191.0	1143.9
举办青少年科学营	（次）	54	50	470	482	1339	1024
参加人数	（万人次）	3.1	2.2	14.2	8.7	18.4	10.3
中学生英才计划培养学生	（人次）	—	72	—	21296	—	2883
科普基础设施建设							
科技馆	（个）	13	17	101	112	307	433
# 建筑面积 8000 平方米以上	（个）	9	10	26	36	18	29
# 实行免费开放的科技馆	（个）	—	12	—	64	—	233
科技馆全年参观人数	（万人次）	627.0	837.9	906.0	1285.2	858.0	1680.7
# 少儿参观人数	（万人次）	267.0	361.0	587.0	768.4	471.0	588.1
农村中学科技馆	（个）	—	—	—	—	—	—
流动科技馆	（个）	—	4	—	82	—	145
农村科普示范基地	（个）	531	538	7441	8870	27313	28510
科普画廊建筑面积（宣传栏、科技宣传橱窗）	（平方米）	19185	30617	322528	341408	2400611	2512764
科普画廊展示面积	（平方米）	41433	47394	1942747	767389	4317600	4379991
科普大篷车行驶里程	（千米）	90910	164737	1508455	1751763	4007174	7169398
科普中国 e 站	（个）	—	362	—	1531	—	2587
基层科普行动计划奖补资金	（万元）	—	1681.0	—	3363.7	—	2561.1
基层科普行动计划奖补的先进单位和个人	（个／人）	—	456	—	1696	—	2356
科技创新智库建设							
举办决策咨询活动	（次）	99	159	769	923	1782	1649
科技评估	（次）	—	11	—	11	—	49
提供决策咨询报告	（篇）	315	210	1567	1226	4994	3806
反映科技工作者建议	（条）	386	361	4987	3882	15617	12407
发布智库品牌报告	（个）	—	48	—	0	—	4

1-1 续表 8

指 标		学会小计		全国学会		省级学会	
		2015 年	2016 年	2015 年	2016 年	2015 年	2016 年
海智计划工作基地	（个）	—	—	—	—	—	—
科学技术普及活动							
举办科普宣讲活动	（次）	99804	113754	8449	20242	91355	93512
# 院士科普报告会	（场次）	1053	1569	379	375	674	1194
# 开展科技咨询	（次）	33763	41800	2649	11338	31114	30462
宣讲活动受众人数	（万人次）	13648.4	24257.2	9098.4	16475.2	4550.0	7782.0
实用技术培训人数	（万人次）	170.2	203.3	25.2	14.2	145.0	189.1
推广新技术、新品种	（项）	10130	7748	914	648	9216	7100
参加活动科技人员	（万人次）	119.4	140.7	19.6	23.0	99.8	117.6
青少年科技教育							
举办青少年科普宣讲活动	（次）	16234	9141	2362	2453	13872	6688
受众人数	（万人次）	520.9	632.6	183.9	171.4	337.0	461.2
举办青少年科技竞赛	（次）	955	985	169	149	786	836
参加人数	（万人次）	869.1	821.0	218.1	225.6	651.0	595.5
举办青少年科学营	（次）	953	411	58	72	895	339
参加人数	（万人次）	7.9	4.2	0.5	0.6	7.4	3.5
中学生英才计划培养学生	（人次）	—	5310	—	0	—	5310
科普基础设施建设							
科技馆	（个）	—	—	—	—	—	—
# 建筑面积 8000 平方米以上	（个）	—	—	—	—	—	—
# 实行免费开放的科技馆	（个）	—	—	—	—	—	—
科技馆全年参观人数	（万人次）	—	—	—	—	—	—
# 少儿参观人数	（万人次）	—	—	—	—	—	—
农村中学科技馆	（个）	—	—	—	—	—	—
流动科技馆	（个）	—	—	—	—	—	—
农村科普示范基地	（个）	—	—	—	—	—	—
科普画廊建筑面积(宣传栏、科技宣传橱窗)	（平方米）	—	—	—	—	—	—
科普画廊展示面积	（平方米）	—	—	—	—	—	—
科普大篷车行驶里程	（千米）	—	—	—	—	—	—
科普中国 e 站	（个）	—	—	—	—	—	—
基层科普行动计划奖补资金	（万元）	—	—	—	—	—	—
基层科普行动计划奖补的先进单位和个人	（个／人）	—	—	—	—	—	—
科技创新智库建设							
举办决策咨询活动	（次）	4369	4724	730	828	3639	3896
科技评估	（次）	—	4025	—	1176	—	2849
提供决策咨询报告	（篇）	4416	8031	641	569	3775	7462
反映科技工作者建议	（条）	5344	6290	329	232	5015	6058
发布智库品牌报告	（个）	—	112	—	79	—	33

二、组织建设

简要说明

本篇统计资料为：

1. 汇总数据，反映中国科协、地方科协、全国学会和省级学会组织建设的基本情况。

2. 地方科协统计数据，分别反映各省级科协、副省级城市科协、省会城市科协、地级科协、县级科协的组织建设情况，包括本年度机构数、从业人员数、代表大会人数、专门委员会/专门工作委员会数量、举办干部教育培训班次数等情况。

3. 基层组织统计数据，分别反映乡镇、街道、高校、企业、园区、农村的基层组织建设情况。

4. 省级学会统计数据，按行政区划反映省级学会本年度理事会理事、专门工作委员会、所属分科学会、学会会员、学会从业人员、学会办事机构党组织等情况。

2-1 2016年各级科协组织建设汇总表

指　标		科协合计		中国科协机关		省级科协	
		2015年	2016年	2015年	2016年	2015年	2016年
机构数	（个）	3215	3206	1	1	32	32
驻会领导班子人数	（人）	—	5012	—	8	—	140
兼职副主席人数	（人）	—	4911	—	16	—	342
代表大会人数	（人）	—	186671	—	1323	—	15969
委员会委员人数	（人）	—	50592	—	384	—	4809
常务委员会委员人数	（人）	—	19760	—	54	—	1423
专门委员会／专门工作委员会	（个）	—	3427	—	11	—	2742
机关从业人员	（人）	23075	22734	155	152	1358	1366
# 女性从业人员	（人）	8116	8164	62	49	460	499
直属单位	（个）	1432	1505	14	15	217	223
直属单位从业人员	（人）	15437	15996	1045	1108	6788	6719
# 女性从业人员	（人）	7523	8003	568	607	3295	3384
举办干部教育培训班次	（期）	—	2714	—	87	—	121
干部教育培训人数	（人）	—	281234	—	10539	—	6158
学会数（学会、协会、研究会）	（个）	—	—	204	207	3745	4134
团体会员数	（个）	—	—	—	59441	—	332254
个人会员数	（万人）	—	—	—	462.8	—	493.7
学会联合体	（个）	—	—	—	5	—	13
企业科协	（个）	23929	26945	—	—	2992	—
个人会员	（万人）	374.0	375.5	—	—	86.0	—
高等院校科协	（个）	831	662	—	—	306	662
个人会员	（万人）	85.9	54.7	—	—	60.0	54.7
团体会员	（个）	—	1439	—	—	—	1439
高校科协联盟	（个）	—	39	—	—	—	2
# 民政部门注册	（个）	—	31	—	—	—	1
街道科协（社区科协）	（个）	13636	15076	—	—	—	—
个人会员	（万人）	70.0	71.8	—	—	—	—
乡镇科协	（个）	29911	29052	—	—	—	—
个人会员	（万人）	214.0	212.0	—	—	—	—
农技协	（个）	110476	103568	—	—	22	24
# 民政部门注册	（个）	42662	43339	—	—	22	24
个人会员	（万人）	1486.6	1482.8	—	—	0.6	0.8
科普专职人员	（人）	—	35864	—	557	—	1561
科普兼职人员	（人）	—	335765	—	2537	—	2440
注册科普志愿者	（人）	—	1103463	—	67	—	25795

2-1 续表

指标		副省级城市科协、省会城市科协		地级科协		县级科协	
		2015年	2016年	2015年	2016年	2015年	2016年
机构数	（个）	32	32	388	395	2762	2746
驻会领导班子人数	（人）	—	133	—	1010	—	3721
兼职副主席人数	（人）	—	294	—	1763	—	2496
代表大会人数	（人）	—	10254	—	53930	—	105195
委员会委员人数	（人）	—	3433	—	15828	—	26138
常务委员会委员人数	（人）	—	1261	—	6325	—	10697
专门委员会／专门工作委员会	（个）	—	29	—	112	—	533
机关从业人员	（人）	804	755	4279	4288	16479	16173
#女性从业人员	（人）	285	273	1437	1467	5872	5876
直属单位	（个）	83	81	469	475	649	711
直属单位从业人员	（人）	1726	1840	3291	3607	2587	2722
#女性从业人员	（人）	907	998	1502	1708	1251	1306
举办干部教育培训班次	（期）	—	41	—	501	—	1964
干部教育培训人数	（人）	—	2121	—	28275	—	234141
学会数（学会、协会、研究会）	（个）	1949	1928	11704	11191	47531	42586
团体会员数	（个）	—	17603	—	128393	—	275081
个人会员数	（万人）	—	54.1		229.2	—	219.4
学会联合体	（个）	—	—	—	—	—	—
企业科协	（个）	1591	—	5630	—	13716	—
个人会员	（万人）	40.0	—	136.0	—	112.0	—
高等院校科协	（个）	116	—	347	—	62	—
个人会员	（万人）	6.0	—	19.0	—	0.9	0.8
团体会员	（个）	—	—	—	—	—	1009
高校科协联盟	（个）	—	0	—	2	—	35
#民政部门注册	（个）	—	0	—	0	—	30
街道科协（社区科协）	（个）	—	98	606	696	13030	14282
个人会员	（万人）	—	764.0	4.0	4.6	66.0	67.1
乡镇科协	（个）	—	137	761	1165	29150	27750
个人会员	（万人）	—	718.0	4.0	15.7	210.0	196.2
农技协	（个）	874	347	11059	13334	98521	89863
#民政部门注册	（个）	428	143	4803	5994	37409	37178
个人会员	（万人）	12.0	2.7	169.0	214.8	1305.0	1264.6
科普专职人员	（人）	—	3031	—	5768	—	24947
科普兼职人员	（人）	—	34449	—	37029	—	259310
注册科普志愿者	（人）	—	22499	—	392401	—	662701

2-2 2016 年全国学会、省级学会组织建设汇总表

指标		学会合计		全国学会		省级学会	
		2015 年	2016 年	2015 年	2016 年	2015 年	2016 年
理事会理事	（人）	—	—	34453	34702	238958	242452
# 常务理事	（人）	—	—	10821	10951	87279	87707
# 女性理事	（人）	—	—	4626	4753	38580	41812
# 中青年科技工作者	（人）	—	—	—	4339	—	56634
专门工作委员会	（个）	—	—	1552	1235	10088	10131
所属分科学会	（个）	—	—	3104	3368	13404	17306
学会个人会员	（万人）	—	—	495.0	462.8	868.0	794.0
# 女性会员	（万人）	—	—	104.8	109.2	268.0	259.8
# 高级（资深）会员	（万人）	—	—	26.4	24.7	86.0	86.1
# 学生会员	（万人）	—	—	29.4	32.6	20.0	23.5
# 外籍会员	（万人）	—	—	0.2	0.2	0.1	0.1
# 港、澳、台会员	（万人）	—	—	0.3	0.3	0.1	0.2
# 交纳会费会员	（万人）	—	—	131.4	141.2	150.0	174.6
# 党员会员	（万人）	—	—	106.8	122.9	130.0	165.8
# 赞助会员	（万人）	—	—	—	0.1	—	0.4
学会从业人员	（人）	30686	36020	3546	3555	27140	32465
# 女性从业人员	（人）	12099	13280	1893	1930	10206	11350
# 社会聘用人员	（人）	5954	6203	1222	1430	4732	4773
学会团体会员	（个）	—	—	57550	59435	179031	180805
学会办事机构党组织	（个）	—	977	—	183	—	794
科普专职人员	（人）	—	8104	—	412	—	7692
# 中级职称以上或者大学本科以上学历人员	（人）	—	5948	—	299	—	5649
科普兼职人员	（人）	—	102872	—	4821	—	98051
# 中级职称以上或者大学本科以上学历人员	（人）	—	86298	—	4386	—	81912
注册科普志愿者	（人）	—	115910	—	28156	—	87754

2–3 2016年各省级科协组织建设

地　区	机构数（个）	驻会领导班子人数（人）	兼职副主席人数（人）	代表大会人数（人）	委员会委员人数（人）	常务委员会委员人数（人）	专门委员会／专门工作委员会（个）
合　计	**32**	**140**	**342**	**15969**	**4809**	**1423**	**2742**
北　京	1	6	11	600	167	65	9
天　津	1	7	7	700	220	51	143
河　北	1	5	10	700	108	40	0
山　西	1	3	10	551	145	47	0
内蒙古	1	6	12	500	155	35	0
辽　宁	1	4	11	507	133	60	0
吉　林	1	4	15	0	0	0	0
黑龙江	1	3	10	420	129	60	0
上　海	1	6	15	996	356	56	10
江　苏	1	1	14	750	204	60	8
浙　江	1	5	10	597	170	50	8
安　徽	1	2	14	762	180	48	0
福　建	1	3	14	499	162	58	7
江　西	1	5	13	530	138	46	6
山　东	1	5	10	606	170	43	4
河　南	1	7	7	678	150	38	0
湖　北	1	4	10	680	220	75	8
湖　南	1	5	14	480	198	57	10
广　东	1	3	10	316	246	56	6
广　西	1	5	4	480	120	54	0
海　南	1	3	3	230	115	21	0
重　庆	1	6	16	700	194	55	5
四　川	1	4	15	500	144	47	5
贵　州	1	5	11	550	139	41	0
云　南	1	4	10	772	231	51	0
西　藏	1	6	11	165	87	28	0
陕　西	1	4	16	480	181	49	7
甘　肃	1	4	15	450	124	35	0
青　海	1	0	0	0	0	0	0
宁　夏	1	3	8	220	22	38	2506
新　疆	1	7	11	487	182	59	0
新疆生产建设兵团	1	5	5	63	19	0	0

2-3 续表 1

地　　区	机关从业人员（人）	# 女性从业人员（人）	直属单位（个）	直属单位从业人员（人）	# 女性从业人员（人）	举办干部教育培训班次（期）	干部教育培训人数（人）
合　　计	**1366**	**499**	**223**	**6719**	**3384**	**121**	**6158**
北　　京	53	24	12	339	195	9	733
天　　津	66	25	5	564	271	7	561
河　　北	40	15	6	176	80	2	80
山　　西	41	10	14	450	282	3	260
内 蒙 古	50	32	5	197	114	20	330
辽　　宁	36	9	4	309	222	1	60
吉　　林	33	16	8	109	44	2	74
黑 龙 江	36	15	7	211	107	0	0
上　　海	65	35	10	243	133	0	0
江　　苏	63	18	12	157	81	2	550
浙　　江	42	9	8	193	116	2	233
安　　徽	41	9	5	112	52	1	65
福　　建	49	14	7	220	105	1	120
江　　西	32	7	4	62	21	1	170
山　　东	44	11	6	268	119	0	0
河　　南	39	11	9	228	96	1	55
湖　　北	48	16	6	117	66	1	98
湖　　南	45	17	6	190	73	7	360
广　　东	41	20	4	60	29	0	0
广　　西	31	14	8	288	159	3	410
海　　南	42	12	2	15	4	3	152
重　　庆	59	23	5	892	367	2	130
四　　川	42	16	12	169	68	12	140
贵　　州	37	15	3	77	47	15	60
云　　南	44	15	13	328	163	1	78
西　　藏	50	24	1	12	7	15	490
陕　　西	57	26	10	162	57	1	117
甘　　肃	42	13	6	83	36	0	0
青　　海	32	13	4	38	21	0	0
宁　　夏	29	7	5	123	72	0	0
新　　疆	31	7	16	327	177	4	332
新疆生产建设兵团	6	1	0	0	0	5	500

2-3 续表 2

地区	学会数（学会、协会、研究会）（个）	# 团体会员数（个）	# 个人会员数（人）	学会联合体（个）
合计	**4134**	**332254**	**4936721**	**13**
北京	182	9960	296151	1
天津	153	5127	139234	1
河北	131	8944	209024	0
山西	138	6781	158201	0
内蒙古	107	2692	100585	0
辽宁	125	125	312000	1
吉林	132	7834	1183167	0
黑龙江	156	34174	58418	0
上海	199	15372	276180	0
江苏	142	7350	421000	0
浙江	173	9381	231067	0
安徽	161	5274	20929	0
福建	150	9922	229054	0
江西	126	1	0	0
山东	144	144	0	7
河南	127	127	0	0
湖北	143	142	0	0
湖南	132	7365	183495	0
广东	151	11969	590870	0
广西	115	7505	134301	0
海南	53	40	0	0
重庆	115	161	0	1
四川	72	4839	176731	0
贵州	112	2441	66277	0
云南	264	255	0	2
西藏	112	1062	25040	0
陕西	137	170000	6200	0
甘肃	94	230	5300	0
青海	68	67	41497	0
宁夏	97	2500	70000	0
新疆	100	145	0	0
新疆生产建设兵团	23	325	2000	0

2–3 续表 3

地　　区	高等院校科协（个）	# 个人会员（人）	# 团体会员（个）	高校科协联盟（个）	# 民政部门注册（个）
合　　计	**662**	**547455**	**1439**	**2**	**1**
北　　京	20	41100	0	0	0
天　　津	6	2600	2	0	0
河　　北	0	0	0	0	0
山　　西	8	3200	0	0	0
内 蒙 古	2	1500	0	0	0
辽　　宁	55	255	120	0	0
吉　　林	24	1290	0	0	0
黑 龙 江	30	13000	20	1	0
上　　海	14	1672	11	0	0
江　　苏	66	28500	0	1	1
浙　　江	43	16521	3	0	0
安　　徽	19	7945	0	0	0
福　　建	61	23283	55	0	0
江　　西	26	4315	0	0	0
山　　东	36	3953	0	0	0
河　　南	7	70	7	0	0
湖　　北	39	17000	0	0	0
湖　　南	25	37520	0	0	0
广　　东	19	200000	500	0	0
广　　西	34	23902	138	0	0
海　　南	23	16500	0	0	0
重　　庆	0	0	0	0	0
四　　川	23	0	0	0	0
贵　　州	9	2239	0	0	0
云　　南	10	305	527	0	0
西　　藏	5	995	18	0	0
陕　　西	24	85000	0	0	0
甘　　肃	13	1200	0	0	0
青　　海	0	0	0	0	0
宁　　夏	2	1200	0	0	0
新　　疆	16	12103	38	0	0
新疆生产建设兵团	3	287	0	0	0

2–3 续表 4

地　　区	农技协（个）	# 民政部门注册（个）	# 个人会员（人）	科普专职人员（人）	科普兼职人员（人）	注册科普志愿者（人）
合　　计	**24**	**24**	**7529**	**1561**	**2440**	**25795**
北　　京	1	1	320	169	579	12021
天　　津	1	1	600	7	0	0
河　　北	0	0	0	0	0	0
山　　西	1	1	10	0	0	9
内 蒙 古	1	1	53	153	0	0
辽　　宁	1	1	102	6	0	0
吉　　林	1	1	260	0	0	0
黑 龙 江	0	0	0	157	7	400
上　　海	0	0	0	0	0	0
江　　苏	1	1	650	0	0	0
浙　　江	0	0	0	0	0	0
安　　徽	1	1	116	0	0	0
福　　建	1	1	201	86	0	5030
江　　西	1	1	82	5	0	6196
山　　东	1	1	2400	6	7	0
河　　南	1	1	96	63	0	0
湖　　北	1	1	30	5	0	0
湖　　南	1	1	90	0	0	0
广　　东	1	1	360	16	13	0
广　　西	1	1	85	162	0	539
海　　南	1	1	20	0	0	0
重　　庆	1	1	72	500	0	0
四　　川	0	0	0	0	0	0
贵　　州	1	1	243	27	66	0
云　　南	0	0	0	80	0	0
西　　藏	0	0	0	14	154	0
陕　　西	1	1	639	105	14	0
甘　　肃	0	0	0	0	0	0
青　　海	1	1	105	0	0	0
宁　　夏	1	1	172	0	0	0
新　　疆	1	1	13	0	0	0
新疆生产建设兵团	1	1	810	0	1600	1600

2-4 2016年各副省级城市科协、省会城市科协组织建设

城 市	机构数（个）	驻会领导班子人数（人）	兼职副主席人数（人）	代表大会人数（人）	委员会委员人数（人）	常务委员会委员人数（人）	专门委员会／专门工作委员会（个）
合 计	**32**	**133**	**294**	**10254**	**3433**	**1261**	**29**
副省级城市小计	**15**	**68**	**170**	**6310**	**2149**	**763**	**22**
宁 波*	1	5	10	459	117	43	1
厦 门*	1	3	9	279	124	45	0
深 圳*	1	2	7	435	180	48	0
青 岛*	1	8	13	450	113	48	5
大 连*	1	4	13	480	116	46	0
省会城市小计	**27**	**111**	**242**	**8151**	**2783**	**1031**	**23**
石家庄	1	5	5	547	102	33	0
太 原	1	5	7	0	0	0	0
呼和浩特	1	3	3	214	47	23	0
沈 阳*	1	5	23	500	190	80	0
长 春*	1	3	15	278	114	57	0
哈尔滨*	1	4	11	465	165	61	0
南 京*	1	6	8	614	193	63	0
杭 州*	1	5	6	440	160	50	5
合 肥	1	4	23	308	152	35	0
福 州	1	2	14	123	123	56	5
南 昌	1	6	0	400	81	21	0
济 南*	1	6	13	0	117	44	0
郑 州	1	7	0	160	117	35	0
武 汉*	1	6	11	530	155	51	6
长 沙	1	5	11	265	101	48	0
广 州*	1	5	7	530	207	49	0
南 宁	1	6	8	270	97	35	0
海 口	1	0	0	0	0	0	0
成 都*	1	3	13	450	99	33	5
贵 阳	1	4	5	325	131	61	0
昆 明	1	4	26	580	110	60	0
拉 萨	1	3	6	87	37	15	0
西 安*	1	3	11	400	99	45	0
兰 州	1	2	0	0	2	0	0
西 宁	1	2	6	178	48	22	0
银 川	1	3	5	187	59	21	0
乌鲁木齐	1	4	5	300	77	33	2

注：城市名称后带“*”的为副省级城市，包括省会城市中带“*”的。

2–4 续表 1

城　　市	机关从业人数（人）	# 女性从业人员（人）	直属单位（个）	直属单位从业人员（人）	# 女性从业人员（人）
合　计	**755**	**273**	**81**	**1840**	**998**
副省级城市小计	**425**	**144**	**42**	**1412**	**773**
宁　波 *	19	5	3	22	12
厦　门 *	19	7	1	5	4
深　圳 *	22	8	3	48	17
青　岛 *	31	9	3	122	42
大　连 *	27	9	3	68	32
省会城市小计	**637**	**235**	**68**	**1575**	**891**
石家庄	28	5	2	25	8
太　原	18	6	5	30	18
呼和浩特	15	5	2	15	7
沈　阳 *	31	7	4	19	7
长　春 *	17	7	0	0	0
哈尔滨 *	30	13	3	39	19
南　京 *	35	9	2	123	84
杭　州 *	28	13	4	139	89
合　肥	20	4	2	78	30
福　州	19	9	4	38	18
南　昌	21	10	3	29	10
济　南 *	32	5	2	33	15
郑　州	29	10	5	68	46
武　汉 *	35	13	3	214	138
长　沙	18	2	1	8	4
广　州 *	39	20	7	510	284
南　宁	21	7	2	47	28
海　口	14	4	0	0	0
成　都 *	30	9	2	21	8
贵　阳	36	21	1	6	5
昆　明	27	10	4	31	21
拉　萨	3	2	1	3	2
西　安 *	30	10	2	49	22
兰　州	13	6	3	17	8
西　宁	17	10	0	0	0
银　川	13	7	1	2	2
乌鲁木齐	18	11	3	31	18

2–4　续表 2

城　　市	举办干部教育培训班次（期）	# 干部教育培训人数（人）	学会数（学会、协会、研究会）（个）	# 团体会员数（个）	# 个人会员数（人）
合　　计	**41**	**2121**	**1928**	**17603**	**541093**
副省级城市小计	**29**	**1561**	**1224**	**13520**	**385238**
宁　　波 *	14	574	86	4022	42182
厦　　门 *	0	0	89	15	0
深　　圳 *	8	300	133	48	0
青　　岛 *	0	0	88	88	0
大　　连 *	0	0	75	0	3750
省会城市小计	**19**	**1247**	**1457**	**13430**	**495161**
石 家 庄	0	0	33	0	18000
太　　原	0	0	62	62	0
呼和浩特	0	0	12	50	650
沈　　阳 *	0	0	39	120	15324
长　　春 *	0	0	24	300	1000
哈 尔 滨 *	0	0	70	70	0
南　　京 *	5	336	81	81	96060
杭　　州 *	0	0	86	3450	35800
合　　肥	0	0	48	0	5960
福　　州	0	0	77	1126	18779
南　　昌	0	0	80	8	0
济　　南 *	0	0	87	87	0
郑　　州	1	40	78	574	0
武　　汉 *	0	0	88	3000	90000
长　　沙	0	0	0	0	0
广　　州 *	2	351	103	103	0
南　　宁	1	80	35	175	13500
海　　口	0	0	7	39	0
成　　都 *	0	0	94	2136	60122
贵　　阳	0	0	51	180	12000
昆　　明	8	370	68	1752	58348
拉　　萨	2	70	6	60	0
西　　安 *	0	0	81	0	41000
兰　　州	0	0	42	0	8618
西　　宁	0	0	20	20	0
银　　川	0	0	48	0	20000
乌鲁木齐	0	0	37	37	0

2–4 续表 3

城　市	农技协（个）	#民政部门注册（个）	#个人会员（人）	科普专职人员（人）	科普兼职人员（人）	注册科普志愿者（人）
合　计	**347**	**143**	**26598**	**3031**	**34449**	**22499**
副省级城市小计	**71**	**40**	**4108**	**714**	**2602**	**15868**
宁　波*	0	0	0	13	28	41
厦　门*	1	1	50	0	0	5000
深　圳*	0	0	0	500	2000	200
青　岛*	0	0	0	29	0	0
大　连*	1	1	28	3	169	641
省会城市小计	**345**	**141**	**26520**	**2486**	**32252**	**16617**
石家庄	0	0	0	0	0	0
太　原	38	0	9000	0	0	0
呼和浩特	0	0	0	30	35	514
沈　阳*	68	38	3900	3	400	0
长　春*	0	0	0	0	0	0
哈尔滨*	1	0	130	30	0	9600
南　京*	0	0	0	4	0	0
杭　州*	0	0	0	100	0	375
合　肥	0	0	0	0	0	0
福　州	1	1	157	40	400	1000
南　昌	137	35	4483	510	1059	1243
济　南*	0	0	0	0	0	0
郑　州	0	0	0	0	0	0
武　汉*	0	0	0	0	0	0
长　沙	40	40	450	0	0	0
广　州*	0	0	0	32	5	11
南　宁	0	0	0	21	0	240
海　口	58	25	8000	0	0	0
成　都*	0	0	0	0	0	0
贵　阳	1	1	100	3	270	0
昆　明	0	0	0	0	0	0
拉　萨	0	0	0	0	3	20
西　安*	0	0	0	0	0	0
兰　州	0	0	0	0	0	0
西　宁	0	0	0	0	0	0
银　川	1	1	300	13	80	2114
乌鲁木齐	0	0	0	1700	30000	1500

2-5　2016 年各地区地级科协组织建设

地　　区	机构数（个）	驻会领导班子人数（人）	兼职副主席人数（人）	代表大会人数（人）	委员会委员人数（人）	常务委员会委员人数（人）	专门委员会／专门工作委员会（个）
合　　计	**395**	**1010**	**1763**	**53930**	**15828**	**6325**	**112**
北　　京	16	47	74	2559	875	244	7
天　　津	16	13	27	528	208	85	1
河　　北	10	23	27	1192	326	132	0
山　　西	10	6	8	0	71	28	0
内 蒙 古	11	29	72	2302	591	252	0
辽　　宁	12	39	63	1869	764	317	2
吉　　林	9	5	21	183	152	73	5
黑 龙 江	12	16	34	909	175	108	0
上　　海	16	47	139	3930	1291	508	1
江　　苏	12	46	76	3218	988	388	3
浙　　江	9	38	48	2974	711	272	0
安　　徽	15	46	79	4081	901	349	9
福　　建	7	24	52	1341	416	192	9
江　　西	10	40	35	150	151	68	0
山　　东	15	62	69	3428	743	268	0
河　　南	17	74	21	3822	854	294	24
湖　　北	12	41	79	2669	616	254	11
湖　　南	13	49	96	2147	726	309	8
广　　东	19	37	91	2990	1290	513	5
广　　西	13	36	42	1832	551	275	3
海　　南	1	3	2	0	33	11	0
重　　庆	28	72	70	4001	1006	422	4
四　　川	20	52	367	1876	614	262	7
贵　　州	8	29	36	1425	327	157	1
云　　南	15	31	35	1539	348	144	6
西　　藏	6	25	14	285	155	39	1
陕　　西	9	18	19	687	288	105	3
甘　　肃	13	28	30	916	308	101	1
青　　海	7	0	7	105	33	17	0
宁　　夏	4	6	6	132	47	23	0
新　　疆	13	21	18	840	269	99	0
新疆生产建设兵团	17	7	6	0	0	16	1

2-5 续表 1

地 区	机关从业人数（人）	# 女性从业人员（人）	直属单位（个）	直属单位从业人员（人）	# 女性从业人员（人）
合 计	**4288**	**1467**	**475**	**3607**	**1708**
北 京	168	73	8	64	24
天 津	110	53	5	35	22
河 北	194	79	21	146	58
山 西	143	61	28	131	58
内蒙古	127	52	13	148	51
辽 宁	146	59	32	300	146
吉 林	76	20	9	119	50
黑龙江	134	59	17	60	28
上 海	205	90	14	137	71
江 苏	204	58	22	110	55
浙 江	90	24	12	242	144
安 徽	167	48	14	181	70
福 建	83	17	12	80	37
江 西	103	33	17	73	30
山 东	190	53	25	306	145
河 南	222	67	33	230	109
湖 北	152	48	21	172	73
湖 南	152	45	17	106	42
广 东	241	68	20	253	141
广 西	118	40	14	82	36
海 南	14	6	0	0	0
重 庆	212	73	12	45	25
四 川	235	85	24	98	45
贵 州	89	28	9	44	23
云 南	172	53	25	91	41
西 藏	15	6	0	0	0
陕 西	117	42	6	146	88
甘 肃	156	51	10	58	23
青 海	43	10	4	13	8
宁 夏	34	10	2	33	17
新 疆	139	43	16	64	29
新疆生产建设兵团	37	13	13	40	19

2-5 续表 2

地区	举办干部教育培训班次（期）	#干部教育培训人数（人）	学会数（学会、协会、研究会）（个）	#团体会员数（个）	#个人会员数（人）
合计	**501**	**28275**	**11191**	**128393**	**2292199**
北京	8	1464	225	828	80939
天津	26	1267	127	145	7581
河北	6	761	396	2530	58907
山西	3	148	344	7686	45535
内蒙古	10	980	339	1030	25175
辽宁	60	1878	287	878	77881
吉林	1	100	270	7112	10300
黑龙江	1	57	297	7196	66778
上海	40	2216	418	8664	88308
江苏	15	1585	733	9241	291363
浙江	7	462	463	12187	198469
安徽	12	733	518	1044	125188
福建	1	35	398	12957	51950
江西	1	125	334	970	51313
山东	2	80	583	4868	139590
河南	6	310	570	1282	103632
湖北	3	330	456	5601	101943
湖南	5	427	477	4244	242015
广东	5	335	702	8586	126859
广西	28	2175	330	1289	43673
海南	3	24	4	0	158
重庆	11	699	459	560	0
四川	4	135	734	4729	73165
贵州	3	143	136	205	50247
云南	12	1319	421	12846	115972
西藏	2	38	105	123	1538
陕西	12	647	252	901	59350
甘肃	5	77	240	424	5584
青海	4	103	99	62	2796
宁夏	0	0	164	3991	8816
新疆	202	9020	206	5863	11150
新疆生产建设兵团	3	602	104	351	26024

2–5 续表 3

地区	高校科协联盟（个）	街道科协（社区科协）（个）	# 个人会员（人）	乡镇科协（个）	# 个人会员（人）
合计	**2**	**696**	**46359**	**1165**	**157112**
北京	0	131	17248	151	9523
天津	0	98	3590	113	1735
河北	0	0	0	0	0
山西	0	0	0	0	0
内蒙古	0	0	0	0	0
辽宁	0	0	0	0	0
吉林	0	0	0	0	0
黑龙江	0	0	0	0	0
上海	0	79	4443	113	5694
江苏	1	0	0	0	0
浙江	0	1	62	1	58
安徽	1	0	0	0	0
福建	0	0	0	0	0
江西	0	0	0	0	0
山东	0	0	0	0	0
河南	0	9	1400	11	300
湖北	0	0	0	0	0
湖南	0	0	0	0	0
广东	0	5	15	51	1462
广西	0	1	82	0	0
海南	0	0	0	0	0
重庆	0	256	15026	465	132525
四川	0	76	4000	247	5733
贵州	0	0	0	0	0
云南	0	0	0	0	0
西藏	0	0	0	0	0
陕西	0	0	0	0	0
甘肃	0	30	450	3	60
青海	0	0	0	0	0
宁夏	0	0	0	0	0
新疆	0	0	0	0	0
新疆生产建设兵团	0	10	43	10	22

2-5 续表 4

地区	农技协（个）	#民政部门注册（个）	#个人会员（人）	科普专职人员（人）	科普兼职人员（人）	注册科普志愿者（人）
合计	**13334**	**5994**	**2147762**	**5768**	**37029**	**392401**
北京	230	223	19552	921	5903	2236
天津	162	66	20889	395	2501	2295
河北	8	4	2450	22	61	1600
山西	461	168	131668	0	0	0
内蒙古	7	7	294	151	335	2930
辽宁	1082	167	73286	207	791	4115
吉林	257	18	43649	0	0	0
黑龙江	696	361	69661	58	514	8619
上海	23	11	1470	436	2984	9753
江苏	10	10	21864	103	657	242790
浙江	4	4	55	135	513	3169
安徽	9	9	1240	115	2232	6106
福建	10	9	1145	38	187	3080
江西	199	105	28820	24	279	600
山东	17	13	6624	42	318	2560
河南	644	440	108416	1382	5535	3548
湖北	54	4	10565	88	955	1880
湖南	914	185	102183	130	169	68549
广东	341	127	21459	113	447	4191
广西	716	451	22192	341	1352	464
海南	6	6	315	14	0	0
重庆	997	858	138883	248	3599	4173
四川	860	493	344439	122	1200	2730
贵州	9	9	688	58	1069	3113
云南	1919	533	298399	229	2134	2418
西藏	226	102	5591	2	1	0
陕西	568	433	170835	99	798	3597
甘肃	1976	635	139323	251	1532	125
青海	1	1	206	6	123	225
宁夏	234	172	43169	19	47	7500
新疆	505	326	249015	12	305	0
新疆生产建设兵团	189	44	69417	7	488	35

2–6　2016 年各地区县级科协组织建设

地　区	机构数（个）	驻会领导班子人数（人）	兼职副主席人数（人）	代表大会人数（人）	委员会委员人数（人）	常务委员会委员人数（人）	专门委员会／专门工作委员会（个）
合　计	**2746**	**3721**	**2496**	**105195**	**26138**	**10697**	**533**
河　北	165	123	17	723	243	110	3
山　西	119	66	28	731	286	115	12
内蒙古	101	187	93	2153	708	257	14
辽　宁	99	106	81	4073	1158	420	17
吉　林	60	21	3	154	71	28	0
黑龙江	126	18	19	739	189	72	14
江　苏	98	171	224	10136	2603	1069	17
浙　江	92	271	207	14608	3293	1410	26
安　徽	105	252	228	8821	2347	910	26
福　建	84	175	142	7386	2236	893	13
江　西	100	227	31	1154	264	108	27
山　东	137	296	103	6070	1455	669	65
河　南	158	408	44	7662	1435	549	67
湖　北	103	190	157	4561	1272	506	36
湖　南	122	174	137	5367	1195	538	40
广　东	120	81	117	4275	1125	478	7
广　西	113	147	80	2725	642	303	19
海　南	19	14	3	199	58	22	0
重　庆	12	35	28	2072	398	129	0
四　川	184	140	94	3829	990	425	17
贵　州	87	132	128	4829	1413	577	5
云　南	129	219	195	8399	1717	723	49
西　藏	76	49	40	460	167	80	37
陕　西	107	99	259	2251	417	152	17
甘　肃	82	41	13	505	131	51	3
青　海	33	14	6	582	128	41	2
宁　夏	20	14	1	93	31	6	0
新　疆	95	51	18	638	166	56	0

注：本表数据不含北京、天津和上海地区。

2-6 续表 1

地 区	机关从业人数（人）	# 女性从业人员（人）	直属单位（个）	直属单位从业人员（人）	# 女性从业人员（人）
合 计	**16173**	**5876**	**711**	**2722**	**1306**
河 北	977	389	11	48	11
山 西	828	394	20	77	40
内 蒙 古	619	287	24	148	67
辽 宁	423	180	18	43	22
吉 林	316	121	43	282	161
黑 龙 江	403	179	10	18	11
江 苏	748	218	34	130	62
浙 江	677	197	38	126	67
安 徽	577	183	14	37	18
福 建	451	143	40	141	79
江 西	460	126	8	27	7
山 东	1027	274	47	185	70
河 南	1272	509	74	333	184
湖 北	597	194	60	222	117
湖 南	753	245	38	161	70
广 东	590	187	10	34	16
广 西	652	211	22	78	25
海 南	117	37	0	0	0
重 庆	85	20	4	14	7
四 川	943	361	27	72	37
贵 州	558	183	22	41	23
云 南	967	335	20	94	34
西 藏	245	116	71	152	65
陕 西	678	285	7	37	16
甘 肃	567	234	11	32	13
青 海	140	48	14	64	34
宁 夏	104	47	4	8	4
新 疆	399	173	20	118	46

2–6 续表 2

地区	举办干部教育培训班次（期）	# 干部教育培训人数（人）	学会数（学会、协会、研究会）（个）	# 团体会员数（个）	# 个人会员数（人）
合计	**1964**	**234141**	**42586**	**275081**	**2194458**
河北	35	6178	1689	4042	55159
山西	53	10681	1788	11725	60313
内蒙古	125	9616	1238	4615	72647
辽宁	150	11646	1454	8739	74740
吉林	4	344	924	4260	25421
黑龙江	56	11340	2798	3692	83642
江苏	146	14915	2328	19025	224052
浙江	109	6466	1878	22802	249503
安徽	135	21613	1678	7645	135431
福建	19	1135	1635	4553	51810
江西	17	2098	1552	1895	31253
山东	147	20383	2739	6029	117451
河南	119	18889	3452	37317	112688
湖北	87	3902	1908	28665	103059
湖南	49	4469	2229	13670	183209
广东	28	3332	1308	3511	27629
广西	79	7794	1067	4886	39377
海南	6	374	185	74	5446
重庆	8	755	189	149	0
四川	61	1901	3387	24883	147940
贵州	48	3765	1196	5275	49325
云南	122	28897	1359	21478	164574
西藏	40	324	19	11	464
陕西	88	9805	1860	12769	99667
甘肃	34	5484	1579	16913	28778
青海	45	1181	337	1325	11797
宁夏	69	15237	269	550	14226
新疆	85	11617	541	4583	24857

2-6 续表 3

地 区	高校科协联盟（个）	# 民政部门注册（个）	街道科协（社区科协）（个）	# 个人会员（人）	乡镇科协（个）	# 个人会员（人）
合 计	**35**	**30**	**14282**	**670507**	**27750**	**1961976**
河 北	0	0	468	11074	1678	83508
山 西	0	0	649	19804	1114	59553
内蒙古	5	5	385	25357	542	21687
辽 宁	0	0	923	47807	969	116996
吉 林	0	0	457	16672	588	39826
黑龙江	0	0	809	37240	749	66938
江 苏	0	0	1755	102415	1021	191786
浙 江	0	0	605	31396	967	70177
安 徽	0	0	614	23739	1230	84862
福 建	0	0	187	10445	917	49288
江 西	0	0	312	16567	1416	68683
山 东	0	0	735	48769	1351	104201
河 南	0	0	848	32934	1837	132480
湖 北	0	0	1020	57487	920	66291
湖 南	0	0	932	54997	1487	218836
广 东	0	0	487	25291	960	50647
广 西	0	0	140	4688	833	38851
海 南	0	0	43	1800	141	6471
重 庆	0	0	40	831	357	5855
四 川	0	0	647	24685	3496	258091
贵 州	0	0	260	13462	897	31209
云 南	0	0	317	15364	1076	32930
西 藏	0	0	2	60	7	210
陕 西	30	25	538	24543	1072	53008
甘 肃	0	0	332	11146	1100	64164
青 海	0	0	34	1392	138	9328
宁 夏	0	0	132	5692	158	19151
新 疆	0	0	611	4850	729	16949

2–6 续表 4

地 区	农技协（个）	# 民政部门注册（个）	# 个人会员（人）	科普专职人员（人）	科普兼职人员（人）	注册科普志愿者（人）
合 计	**89863**	**37178**	**12646165**	**24947**	**259310**	**662701**
河 北	3012	980	462949	309	4015	3618
山 西	2601	808	160495	797	3518	3121
内蒙古	2061	1202	405400	1048	8411	5296
辽 宁	4452	1320	445436	548	5479	37733
吉 林	2213	864	260804	76	123	951
黑龙江	5446	1632	705555	403	2218	2039
江 苏	3538	1638	528262	1710	29697	325805
浙 江	1769	597	130711	730	51884	51191
安 徽	3283	1771	773519	1861	17765	29235
福 建	2212	916	176681	372	7265	10715
江 西	2455	980	207002	467	3186	5023
山 东	8501	3550	1137476	1878	17946	30241
河 南	7780	2481	902326	2039	17167	20818
湖 北	3362	1689	637588	2106	11159	14204
湖 南	3110	1469	679780	3835	11970	25235
广 东	1023	355	113195	186	3894	10549
广 西	2401	1545	406209	541	9940	4188
海 南	289	187	27454	63	601	3198
重 庆	569	339	50080	84	1775	375
四 川	9708	2947	2112088	1830	15414	19237
贵 州	2752	1210	284433	919	6421	9194
云 南	6663	2830	720268	1193	8349	19262
西 藏	81	62	4482	40	336	5
陕 西	4370	2168	459825	833	5619	10386
甘 肃	3825	1939	417526	158	7902	15815
青 海	309	251	77081	38	360	260
宁 夏	510	408	159445	37	3496	3567
新 疆	1568	1040	200095	846	3400	1440

2-7 2016 年各地区省级学会组织建设

地 区	理事会理事（人）	# 常务理事（人）	# 女性理事（人）	# 中青年科技工作者（人）	专门工作委员会（个）	所属分科学会（个）
合 计	**242452**	**87707**	**41812**	**56634**	**10131**	**17306**
北 京	11064	3783	2490	2009	690	707
天 津	6134	1495	1381	1117	367	510
河 北	11091	4154	2217	508	381	452
山 西	9948	3677	1797	1194	410	328
内蒙古	5835	2056	1333	651	251	240
辽 宁	9167	3228	2077	1107	349	1044
吉 林	11370	4254	2265	1828	376	597
黑龙江	6514	2470	1469	12258	238	1375
上 海	8873	2536	1751	1453	714	1083
江 苏	8252	2954	1099	2057	420	684
浙 江	9152	3453	1343	1918	479	755
安 徽	13200	5164	2006	4151	381	382
福 建	10333	3848	1584	1514	294	505
江 西	7859	2877	1414	1194	248	404
山 东	11983	4105	1833	1081	461	788
河 南	10115	3854	1538	2172	420	597
湖 北	12062	3849	1611	3374	379	2407
湖 南	13057	5006	2021	1950	403	464
广 东	12610	4721	1824	909	495	823
广 西	7351	2785	1377	1046	267	344
海 南	1968	698	221	546	68	50
重 庆	7342	2667	1233	1404	402	581
四 川	6461	2338	866	1755	303	393
贵 州	5447	2058	909	1014	227	295
云 南	4107	1544	825	5797	174	305
西 藏	1643	699	214	0	68	65
陕 西	6445	2389	934	1049	338	358
甘 肃	1752	573	288	473	78	80
青 海	1287	529	212	66	72	146
宁 夏	3430	1350	501	34	174	253
新 疆	6600	2593	1179	1005	204	291

2-7 续表 1

地区	学会个人会员（人）	# 女性会员（人）	# 高级（资深）会员（人）	# 学生会员（人）	# 外籍会员（人）	# 港、澳、台会员（人）	# 交纳会费会员（人）	# 党员会员（人）	# 赞助会员（人）
合计	**7939634**	**2597908**	**860762**	**234858**	**616**	**2062**	**1746148**	**1658221**	**3980**
北京	296151	163276	61400	12949	71	25	121738	99052	390
天津	139234	58845	18231	7190	10	3	37527	30350	1
河北	209024	91002	42186	4650	1	0	60094	20966	0
山西	709217	237366	13329	5402	18	3	20027	9479	2
内蒙古	100585	42096	14431	2891	2	0	26878	61702	10
辽宁	461235	148272	36526	19289	7	5	50040	31997	30
吉林	1183167	66990	16623	5687	4	0	30294	196827	14
黑龙江	241768	216595	49345	11247	3	1000	43574	109373	13
上海	276400	118175	44361	10056	162	212	166910	76943	48
江苏	268961	109499	31129	27285	6	6	169912	68492	8
浙江	220897	107942	22779	7263	49	24	93112	50815	2
安徽	202929	60906	37181	20746	28	18	42287	71391	78
福建	218175	93014	33315	15490	11	26	105331	48253	10
江西	213933	80221	39746	2501	4	0	23655	49676	5
山东	358979	145783	42229	16944	26	346	59649	130200	1563
河南	257038	86911	35027	5922	0	0	70899	133018	262
湖北	152621	34660	18998	6512	6	11	14380	30687	8
湖南	448422	118917	93193	5501	46	24	93008	149441	18
广东	590870	249169	51127	12205	79	257	149253	49583	535
广西	188295	77100	17647	1991	24	55	73711	19598	80
海南	31011	16746	1090	2097	0	1	14600	1547	0
重庆	101381	38598	15276	5805	3	3	66986	38019	10
四川	176731	29436	21759	1604	6	17	32638	22209	84
贵州	72910	27496	10437	1069	0	3	15884	16896	0
云南	156697	67236	26586	743	0	0	91619	40912	0
西藏	20125	6719	1500	149	0	0	20	1643	0
陕西	178169	40282	43527	17828	12	3	29664	67287	140
甘肃	29126	6673	7740	887	0	0	6672	6883	9
青海	32770	16489	2066	812	7	0	12418	3592	0
宁夏	48314	10572	4696	958	0	0	9281	7482	0
新疆	354499	30922	7282	1185	31	20	14087	13908	660

2–7 续表 2

地　区	学会从业人员（人）	# 女性从业人员（人）	# 社会聘用人员（人）	学会团体会员（个）	学会办事机构党组织（个）
合　计	**32465**	**11350**	**4773**	**180805**	**794**
北　京	999	483	419	9960	21
天　津	1251	322	101	5127	88
河　北	1102	310	142	8944	13
山　西	529	207	98	5111	2
内蒙古	3612	646	136	2692	23
辽　宁	479	221	113	5113	40
吉　林	564	212	162	7834	20
黑龙江	6108	1404	150	1507	72
上　海	904	493	402	15401	54
江　苏	2846	1751	159	7408	55
浙　江	808	391	254	8558	7
安　徽	1429	688	163	5274	9
福　建	507	240	205	8782	18
江　西	602	201	93	4047	11
山　东	827	309	217	6926	36
河　南	481	163	134	6131	21
湖　北	684	201	91	4672	82
湖　南	1052	394	138	8526	60
广　东	1054	426	345	11969	5
广　西	1073	330	203	5228	1
海　南	245	54	57	1096	4
重　庆	454	183	140	7347	43
四　川	657	277	124	4839	9
贵　州	1150	350	70	2957	25
云　南	376	174	142	9270	11
西　藏	316	77	4	905	1
陕　西	401	179	147	3863	17
甘　肃	408	116	101	1145	29
青　海	72	32	22	614	2
宁　夏	999	345	88	3070	0
新　疆	476	171	153	6489	15

2-7 续表 3

地　区	科普专职人员（人）	#中级职称以上或者大学本科以上学历人员（人）	科普兼职人员（人）	#中级职称以上或者大学本科以上学历人员（人）	注册科普志愿者（人）
合　计	**7692**	**5649**	**98051**	**81912**	**87754**
北　京	598	512	5524	5146	484
天　津	38	36	2866	2733	1005
河　北	8	6	102	98	697
山　西	28	26	362	322	31
内蒙古	17	17	1427	966	0
辽　宁	115	83	302	255	249
吉　林	27	27	500	439	55
黑龙江	186	169	3286	3070	2525
上　海	72	64	755	721	5
江　苏	2255	747	46766	39747	7700
浙　江	60	48	276	260	15
安　徽	350	349	2493	2332	219
福　建	85	82	1987	1925	1475
江　西	6	6	1157	1111	267
山　东	47	46	3760	1989	99
河　南	713	470	1852	1632	2274
湖　北	107	104	3653	3104	589
湖　南	64	48	855	831	856
广　东	1604	1604	1155	1104	754
广　西	154	127	2391	2186	7
海　南	7	4	61	53	10
重　庆	61	57	2871	2818	1065
四　川	32	26	806	745	174
贵　州	12	9	484	402	115
云　南	851	799	99	82	4022
西　藏	0	0	0	0	0
陕　西	45	37	206	187	62800
甘　肃	110	106	7191	4977	183
青　海	2	2	4354	2192	1
宁　夏	0	0	69	64	0
新　疆	38	38	441	421	78

三、为科技工作者服务

简要说明

本篇统计资料为：

1. 汇总数据，反映中国科协、地方科协、全国学会、省级学会为科技工作者服务的基本情况。

2. 省级科协、副省级城市科协、省会城市科协的统计数据为本年度向省部级（含）以上科技奖项、人才计划（工程）举荐人才、设立科技奖项、表彰奖励科技工作者、开展科学道德与学风建设宣讲活动、举办继续教育培训班、通过媒体宣传科技工作者等情况。

3. 地级科协的统计数据为本年度向省部级（含）以上科技奖项、人才计划（工程）举荐人才、设立科技奖项、表彰奖励科技工作者、举办继续教育培训班、通过媒体宣传科技工作者等情况。

4. 县级科协的统计数据为本年度向省部级（含）以上科技奖项、人才计划（工程）举荐人才、设立科技奖项、表彰奖励科技工作者、通过媒体宣传科技工作者等情况。

5. 省级学会的统计数据为本年度向省部级（含）以上科技奖项、人才计划（工程）举荐人才、表彰奖励科技工作者、举办继续教育培训班、通过媒体宣传科技工作者等情况。

3−1　2016年各级科协为科技工作者服务汇总表

指　　标		科协合计		中国科协机关及直属单位		省级科协	
		2015年	2016年	2015年	2016年	2015年	2016年
向省部级（含）以上科技奖项、人才计划（工程）举荐人才数	（人次）	—	1933	—	55	—	485
向省部级（含）以上科技奖项推荐项目数	（项）	—	876	—	7	—	14
所设科技奖项数	（个）	—	45	—	9	—	36
# 全国学会设奖数	（个）	—	—	—	—	—	—
# 省级科协设奖数	（个）	—	36	—	—	—	36
# 省级学会设奖数	（个）	—	—	—	—	—	—
表彰奖励科技工作者	（人次）	55799	51273	49	632	8027	6294
# 女性科技工作者	（人次）	17972	15627	27	100	2649	1042
# 40岁以下科技工作者	（人次）	23416	21012	9	126	2751	1719
科学道德与学风建设宣讲活动	（场次）	210	2929	1	1	187	2898
宣讲活动受众人数	（万人次）	16.0	43.3	0.6	0.2	15.0	42.0
参加科学道德与学风建设宣讲专家数	（人次）	377	1073	3	1	349	1031
继续教育（培训）班	（场次）	1331	2512	9	3	259	306
继续教育（培训）人数	（万人次）	13.1	37.8	0.1	0.0	2.0	1.8
通过媒体宣传科技工作者	（人次）	—	9478	—	328	—	3082
# 中央媒体宣传科技工作者	（人次）	—	523	—	236	—	78
# 省级媒体宣传科技工作者	（人次）	—	5161	—	42	—	2705
# 电视宣传科技工作者	（人次）	—	1473	—	44	—	178
# 纸质媒体宣传科技工作者	（人次）	—	3377	—	127	—	1212
# 网络与新媒体宣传科技工作者	（人次）	—	3781	—	157	—	1177

3-1 续表

指标		副省级城市科协、省会城市科协		地级科协		县级科协	
		2015 年	2016 年	2015 年	2016 年	2015 年	2016 年
向省部级（含）以上科技奖项、人才计划（工程）举荐人才数	（人次）	—	89	—	604	—	700
向省部级（含）以上科技奖项推荐项目数	（项）	—	13	—	456	—	386
所设科技奖项数	（个）	—	—	—	—	—	—
# 全国学会设奖数	（个）	—	—	—	—	—	—
# 省级科协设奖数	（个）	—	—	—	—	—	—
# 省级学会设奖数	（个）	—	—	—	—	—	—
表彰奖励科技工作者	（人次）	400	710	15284	13323	32039	30314
# 女性科技工作者	（人次）	151	231	5055	4507	10090	9747
#40 岁以下科技工作者	（人次）	162	323	6850	5518	13644	13326
科学道德与学风建设宣讲活动	（场次）	22	30	—	—	—	—
宣讲活动受众人数	（万人次）	0.4	1.1	—	—	—	—
参加科学道德与学风建设宣讲专家数	（人次）	25	41	—	—	—	—
继续教育（培训）班	（场次）	105	543	958	1660	—	—
继续教育（培训）人数	（万人次）	1.0	9.6	10.0	25.5	—	—
通过媒体宣传科技工作者	（人次）	—	330	—	2180	—	3558
# 中央媒体宣传科技工作者	（人次）	—	17	—	34	—	158
# 省级媒体宣传科技工作者	（人次）	—	161	—	912	—	1341
# 电视宣传科技工作者	（人次）	—	17	—	415	—	819
# 纸质媒体宣传科技工作者	（人次）	—	193	—	671	—	1174
# 网络与新媒体宣传科技工作者	（人次）	—	114	—	1070	—	1263

3-2 2016年全国学会、省级学会为科技工作者服务汇总表

指标		学会合计		全国学会		省级学会	
		2015年	2016年	2015年	2016年	2015年	2016年
向省部级（含）以上科技奖项、人才计划（工程）举荐人才数	（人次）	—	4641	—	1049	—	3592
向省部级（含）以上科技奖项推荐项目数	（项）	—	2408	—	439	—	1969
所设科技奖项数	（个）	—	1282	—	293	—	989
# 全国学会设奖数	（个）	—	293	—	293	—	—
# 省级科协设奖数	（个）	—	—	—	—	—	—
# 省级学会设奖数	（个）	—	989	—	—	—	989
表彰奖励科技工作者	（人次）	70392	83989	28342	28558	42050	55431
# 女性科技工作者	（人次）	18666	24808	6794	6341	11872	18467
#40岁以下科技工作者	（人次）	29351	37577	11736	13214	17615	24363
科学道德与学风建设宣讲活动	（场次）	141	261	141	261	—	—
宣讲活动受众人数	（万人次）	4.0	5.4	4.0	5.4	—	—
参加科学道德与学风建设宣讲专家数	（人次）	426	792	426	792	—	—
继续教育（培训）班	（场次）	9722	13734	2084	1855	7638	11879
继续教育（培训）人数	（万人次）	148.0	251.3	38.1	32.5	110.0	218.9
通过媒体宣传科技工作者	（人次）	—	23195	—	8752	—	14443
# 中央媒体宣传科技工作者	（人次）	—	3653	—	3150	—	503
# 省级媒体宣传科技工作者	（人次）	—	13330	—	2678	—	10652
# 电视宣传科技工作者	（人次）	—	1425	—	207	—	1218
# 纸质媒体宣传科技工作者	（人次）	—	8153	—	3022	—	5131
# 网络与新媒体宣传科技工作者	（人次）	—	13462	—	5450	—	8012

3–3 2016年各省级科协为科技工作者服务

地区	向省部级（含）以上科技奖项、人才计划（工程）举荐人才数（人次）	向省部级（含）以上科技奖项推荐项目数（项）	所设科技奖项数（个）	表彰奖励科技工作者（人次）	# 女性科技工作者（人次）	#40岁以下科技工作者（人次）
合计	**485**	**14**	**36**	**6294**	**1042**	**1719**
北京	15	3	2	122	58	76
天津	33	0	2	872	44	56
河北	0	0	0	90	42	20
山西	1	0	2	10	4	0
内蒙古	41	1	1	105	24	6
辽宁	12	0	0	3385	428	788
吉林	23	0	1	182	68	33
黑龙江	5	0	1	22	5	7
上海	0	0	0	47	14	17
江苏	43	0	2	120	16	51
浙江	32	0	0	96	14	18
安徽	25	0	2	50	2	36
福建	12	1	6	123	21	59
江西	105	1	0	0	0	0
山东	14	0	4	118	27	56
河南	6	0	2	159	50	93
湖北	0	0	0	23	4	3
湖南	0	0	2	81	16	30
广东	0	0	0	30	3	7
广西	9	0	0	5	1	0
海南	0	0	0	0	0	0
重庆	23	0	0	0	0	0
四川	6	4	0	0	0	0
贵州	4	1	2	30	2	7
云南	35	0	2	48	17	13
西藏	14	0	1	22	8	14
陕西	7	0	1	127	41	96
甘肃	0	0	0	9	0	2
青海	0	0	0	106	43	55
宁夏	10	3	2	105	35	50
新疆	10	0	0	207	55	126
新疆生产建设兵团	0	0	1	0	0	0

3-3 续表 1

地 区	科学道德与学风建设宣讲活动（场次）	# 宣讲活动受众人数（人次）	# 参加科学道德与学风建设宣讲专家数（人次）	继续教育（培训）班（场次）	# 继续教育（培训）人数（人次）
合 计	**2898**	**419039**	**1031**	**306**	**18148**
北 京	1	2000	1	56	2462
天 津	1	1000	1	16	3000
河 北	0	0	0	0	0
山 西	7	3342	11	1	100
内蒙古	2	1000	2	32	73
辽 宁	3	1300	2	1	60
吉 林	1	1300	2	2	78
黑龙江	0	0	0	0	0
上 海	1	3000	2	60	3054
江 苏	3	1660	4	1	250
浙 江	61	45000	108	0	0
安 徽	1	3000	8	0	0
福 建	1	500	2	5	672
江 西	1	600	2	0	0
山 东	1	600	28	1	61
河 南	2315	118602	326	1	200
湖 北	1	1000	1	0	0
湖 南	13	6100	12	17	2660
广 东	0	0	0	0	0
广 西	134	52965	50	0	0
海 南	0	0	0	0	0
重 庆	300	120000	350	0	0
四 川	1	220	2	0	0
贵 州	20	26000	45	1	140
云 南	1	550	2	67	542
西 藏	0	0	0	7	430
陕 西	1	1000	2	27	3406
甘 肃	1	800	1	0	0
青 海	10	12000	35	0	0
宁 夏	5	10000	5	11	960
新 疆	7	2500	7	0	0
新疆生产建设兵团	5	3000	20	0	0

3-3 续表 2

地　　区	通过媒体宣传科技工作者（人次）	# 中央媒体宣传科技工作者（人次）	# 省级媒体宣传科技工作者（人次）	# 电视宣传科技工作者（人次）	# 纸质媒体宣传科技工作者（人次）	# 网络与新媒体宣传科技工作者（人次）
合　　计	**3082**	**78**	**2705**	**178**	**1212**	**1177**
北　　京	595	10	585	30	170	395
天　　津	113	3	110	20	30	60
河　　北	69	0	12	0	47	22
山　　西	104	0	104	0	62	42
内 蒙 古	20	0	20	0	20	0
辽　　宁	0	0	0	0	0	0
吉　　林	0	0	0	0	0	0
黑 龙 江	0	0	0	0	0	0
上　　海	105	20	70	15	45	45
江　　苏	599	12	500	12	10	65
浙　　江	186	4	182	10	46	130
安　　徽	200	0	200	0	150	50
福　　建	288	9	209	1	217	70
江　　西	40	0	40	0	40	0
山　　东	3	0	3	3	0	0
河　　南	120	0	120	0	0	120
湖　　北	27	0	27	0	22	5
湖　　南	139	2	67	11	65	63
广　　东	0	0	0	0	0	0
广　　西	69	0	69	0	26	43
海　　南	0	0	0	0	0	0
重　　庆	65	15	50	5	50	10
四　　川	30	1	29	1	19	10
贵　　州	60	1	59	52	5	3
云　　南	0	0	0	0	0	0
西　　藏	23	0	23	0	0	23
陕　　西	115	0	115	18	97	0
甘　　肃	0	0	0	0	0	0
青　　海	0	0	0	0	0	0
宁　　夏	102	1	101	0	81	21
新　　疆	0	0	0	0	0	0
新疆生产建设兵团	10	0	10	0	10	0

3-4 2016 年各副省级城市科协、省会城市科协为科技工作者服务

城　市	向省部级（含）以上科技奖项、人才计划（工程）举荐人才数（人次）	向省部级（含）以上科技奖项推荐项目数（项）	表彰奖励科技工作者（人次）	# 女性科技工作者（人次）	#40 岁以下科技工作者（人次）
合　计	**89**	**13**	**710**	**231**	**323**
副省级城市小计	**43**	**0**	**471**	**145**	**188**
宁　波*	0	0	5	1	0
厦　门*	3	0	0	0	0
深　圳*	1	0	0	0	0
青　岛*	0	0	0	0	0
大　连*	18	0	20	4	8
省会城市小计	**67**	**13**	**685**	**226**	**315**
石家庄	0	0	0	0	0
太　原	0	0	0	0	0
呼和浩特	7	0	37	16	17
沈　阳*	0	0	135	35	42
长　春*	0	0	0	0	0
哈尔滨*	0	0	44	12	20
南　京*	13	0	83	34	18
杭　州*	0	0	30	3	23
合　肥	0	0	0	0	0
福　州	22	5	20	1	20
南　昌	0	0	0	0	0
济　南*	0	0	50	18	50
郑　州	1	0	30	11	30
武　汉*	2	0	0	0	0
长　沙	0	0	15	3	15
广　州*	2	0	74	29	27
南　宁	2	0	100	45	53
海　口	0	0	17	2	0
成　都*	4	0	0	0	0
贵　阳	0	0	0	0	0
昆　明	0	0	0	0	0
拉　萨	0	0	0	0	0
西　安*	0	0	30	9	0
兰　州	0	0	0	0	0
西　宁	0	0	0	0	0
银　川	6	0	20	8	0
乌鲁木齐	8	8	0	0	0

注：城市名称后带“*”的为副省级城市，包括省会城市中带“*”的。

3-4 续表 1

城市	科学道德与学风建设宣讲活动（场次）	# 宣讲活动受众人数（人次）	# 参加科学道德与学风建设宣讲专家数（人次）	继续教育（培训）班（场次）	# 继续教育（培训）人数（人次）
合　计	**30**	**10630**	**41**	**543**	**96197**
副省级城市小计	**14**	**1980**	**25**	**356**	**18708**
宁　波 *	0	0	0	4	272
厦　门 *	0	0	0	0	0
深　圳 *	10	1000	20	5	400
青　岛 *	0	0	0	16	1600
大　连 *	1	600	1	18	733
省会城市小计	**19**	**9030**	**20**	**500**	**93192**
石家庄	0	0	0	0	0
太　原	0	0	0	0	0
呼和浩特	0	0	0	0	0
沈　阳 *	1	200	1	0	0
长　春 *	0	0	0	0	0
哈尔滨 *	0	0	0	0	0
南　京 *	0	0	0	0	0
杭　州 *	1	150	2	1	120
合　肥	0	0	0	0	0
福　州	0	0	0	3	236
南　昌	0	0	0	0	0
济　南 *	0	0	0	0	0
郑　州	10	7500	10	132	73600
武　汉 *	0	0	0	0	0
长　沙	0	0	0	0	0
广　州 *	0	0	0	2	83
南　宁	0	0	0	0	0
海　口	0	0	0	0	0
成　都 *	0	0	0	0	0
贵　阳	1	150	1	7	429
昆　明	0	0	0	38	2424
拉　萨	0	0	0	0	0
西　安 *	1	30	1	310	15500
兰　州	0	0	0	0	0
西　宁	0	0	0	0	0
银　川	0	0	0	7	800
乌鲁木齐	5	1000	5	0	0

3-4 续表 2

城　市	通过媒体宣传科技工作者（人次）	# 中央媒体宣传科技工作者（人次）	# 省级媒体宣传科技工作者（人次）	# 电视宣传科技工作者(人次)	# 纸质媒体宣传科技工作者（人次）	# 网络与新媒体宣传科技工作者(人次)
合　计	**330**	**17**	**161**	**17**	**193**	**114**
副省级城市小计	**213**	**16**	**130**	**12**	**171**	**74**
宁　波 *	0	0	0	0	0	0
厦　门 *	0	0	0	0	0	0
深　圳 *	50	10	30	10	40	50
青　岛 *	3	3	0	0	3	0
大　连 *	0	0	0	0	0	0
省会城市小计	**227**	**4**	**131**	**7**	**150**	**64**
石家庄	0	0	0	0	0	0
太　原	7	0	0	0	7	0
呼和浩特	7	0	0	0	0	7
沈　阳 *	0	0	0	0	0	0
长　春 *	0	0	0	0	0	0
哈尔滨 *	44	0	44	0	44	0
南　京 *	14	0	6	2	2	4
杭　州 *	64	0	15	0	44	20
合　肥	21	0	0	2	14	5
福　州	0	0	0	0	0	0
南　昌	0	0	0	0	0	0
济　南 *	0	0	0	0	0	0
郑　州	28	0	28	0	0	28
武　汉 *	0	0	0	0	0	0
长　沙	0	0	0	0	0	0
广　州 *	50	0	0	0	0	0
南　宁	0	0	0	0	0	0
海　口	0	0	0	0	0	0
成　都 *	8	3	5	0	8	0
贵　阳	1	1	0	0	1	0
昆　明	0	0	0	0	0	0
拉　萨	0	0	0	0	0	0
西　安 *	30	0	30	0	30	0
兰　州	0	0	0	0	0	0
西　宁	0	0	0	0	0	0
银　川	3	0	3	3	0	0
乌鲁木齐	0	0	0	0	0	0

3–5 2016年各地区地级科协为科技工作者服务

地区	向省部级（含）以上科技奖项、人才计划（工程）举荐人才数（人次）	向省部级（含）以上科技奖项推荐项目数（项）	表彰奖励科技工作者（人次）	#女性科技工作者（人次）	#40岁以下科技工作者（人次）	继续教育（培训）班（场次）	#继续教育（培训）人数（人次）
合计	**604**	**456**	**13323**	**4507**	**5518**	**1660**	**255096**
北京	0	0	414	206	101	2	720
天津	11	44	694	316	260	9	370
河北	42	14	70	16	12	14	2460
山西	0	0	166	76	17	1	48
内蒙古	6	1	30	16	15	0	0
辽宁	88	60	768	222	260	27	1300
吉林	9	5	660	239	385	2	670
黑龙江	4	0	159	53	65	0	0
上海	5	32	584	235	279	980	49123
江苏	141	196	819	238	273	248	18255
浙江	13	7	328	79	155	22	135000
安徽	32	12	351	100	142	62	15149
福建	17	3	165	47	37	2	180
江西	0	0	310	70	65	1	150
山东	17	3	1738	572	812	21	1477
河南	10	0	1956	706	924	4	236
湖北	14	5	270	54	142	15	120
湖南	14	0	252	63	98	2	200
广东	6	3	231	71	78	23	2733
广西	14	0	452	168	215	0	0
海南	1	0	0	0	0	0	0
重庆	0	0	578	165	223	0	0
四川	45	11	358	105	102	67	13406
贵州	3	0	88	34	45	5	420
云南	10	4	989	383	487	105	9340
西藏	0	3	37	12	15	0	0
陕西	17	16	196	53	93	26	2334
甘肃	14	15	114	19	37	5	173
青海	2	0	41	11	22	0	0
宁夏	31	4	40	13	19	0	0
新疆	2	2	112	32	28	4	182
新疆生产建设兵团	36	16	353	133	112	13	1050

3-5 续表

地 区	通过媒体宣传科技工作者（人次）	# 中央媒体宣传科技工作者（人次）	# 省级媒体宣传科技工作者（人次）	# 电视宣传科技工作者（人次）	# 纸质媒体宣传科技工作者（人次）	# 网络与新媒体宣传科技工作者（人次）
合 计	**2180**	**34**	**912**	**415**	**671**	**1070**
北 京	129	0	108	22	79	28
天 津	8	0	8	2	2	4
河 北	70	1	13	4	18	48
山 西	12	0	0	0	12	0
内 蒙 古	10	0	0	0	0	10
辽 宁	121	4	14	22	48	51
吉 林	6	0	6	0	2	4
黑 龙 江	51	0	2	10	0	41
上 海	82	1	81	20	47	15
江 苏	862	21	198	209	265	388
浙 江	28	0	14	8	8	6
安 徽	68	1	35	21	13	30
福 建	2	0	2	0	0	2
江 西	0	0	0	0	0	0
山 东	114	0	38	25	37	52
河 南	278	0	244	0	7	270
湖 北	80	2	58	15	41	24
湖 南	10	0	0	10	0	0
广 东	0	0	0	0	0	0
广 西	12	0	4	1	9	2
海 南	2	0	1	1	0	1
重 庆	35	0	25	2	9	16
四 川	7	2	4	3	3	1
贵 州	35	0	0	0	25	10
云 南	31	0	21	4	6	21
西 藏	0	0	0	0	0	0
陕 西	32	0	32	2	10	20
甘 肃	4	2	0	1	2	1
青 海	0	0	0	0	0	0
宁 夏	6	0	2	0	1	0
新 疆	0	0	0	0	0	0
新疆生产建设兵团	85	0	2	33	27	25

3-6 2016年各地区县级科协为科技工作者服务

地区	向省部级（含）以上科技奖项、人才计划（工程）举荐人才数（人次）	向省部级（含）以上科技奖项推荐项目数（项）	表彰奖励科技工作者（人次）	#女性科技工作者（人次）	#40岁以下科技工作者（人次）
合计	**700**	**386**	**30314**	**9747**	**13326**
河北	5	2	598	187	247
山西	10	9	650	224	239
内蒙古	15	39	531	220	188
辽宁	5	5	952	341	365
吉林	1	2	628	255	345
黑龙江	3	5	617	185	329
江苏	56	47	3403	1006	1566
浙江	32	23	1705	458	706
安徽	23	18	981	344	422
福建	11	4	466	127	176
江西	2	2	446	113	161
山东	16	20	3726	1306	1715
河南	285	56	3321	1223	1446
湖北	27	45	1995	543	760
湖南	13	35	1798	598	725
广东	15	2	689	236	316
广西	0	3	717	278	278
海南	9	2	199	83	112
重庆	0	0	42	11	27
四川	12	4	2137	544	813
贵州	13	3	683	242	326
云南	7	10	525	162	199
西藏	6	3	102	11	79
陕西	101	17	1130	377	494
甘肃	2	7	1006	308	376
青海	3	1	149	44	69
宁夏	15	6	225	135	370
新疆	13	16	893	186	477

注：本表数据不含北京、天津和上海地区。

3–6 续表

地　区	通过媒体宣传科技工作者（人次）	# 中央媒体宣传科技工作者（人次）	# 省级媒体宣传科技工作者（人次）	# 电视宣传科技工作者（人次）	# 纸质媒体宣传科技工作者（人次）	# 网络与新媒体宣传科技工作者（人次）
合　计	**3558**	**158**	**1341**	**819**	**1174**	**1263**
河　北	50	0	24	14	19	17
山　西	51	3	9	23	17	11
内蒙古	62	0	2	10	26	26
辽　宁	25	0	2	8	8	9
吉　林	1	0	1	0	1	0
黑龙江	54	1	7	25	15	14
江　苏	424	24	224	61	166	197
浙　江	404	11	145	64	144	183
安　徽	278	12	257	28	160	90
福　建	61	0	12	23	10	28
江　西	50	0	29	10	13	27
山　东	253	29	113	66	94	93
河　南	156	11	48	35	55	66
湖　北	139	5	31	34	41	63
湖　南	152	5	80	37	41	74
广　东	2	0	0	0	2	0
广　西	89	0	52	20	15	54
海　南	13	2	3	4	4	5
重　庆	1	0	1	0	0	1
四　川	695	8	153	174	161	72
贵　州	44	14	25	12	9	23
云　南	31	7	17	6	7	18
西　藏	1	0	1	0	1	0
陕　西	129	14	57	38	49	42
甘　肃	113	1	6	65	21	27
青　海	0	0	0	0	0	0
宁　夏	156	0	1	2	89	65
新　疆	124	11	41	60	6	58

3-7　2016年各地区省级学会为科技工作者服务

地　　区	向省部级（含）以上科技奖项、人才计划（工程）举荐人才数（人次）	向省部级（含）以上科技奖项推荐项目数（项）	所设科技奖项数（个）	表彰奖励科技工作者（人次）	#女性科技工作者（人次）	#40岁以下科技工作者（人次）	继续教育（培训）班（场次）	#继续教育（培训）人数（人次）
合　　计	**3592**	**1969**	**989**	**55431**	**18467**	**24363**	**11879**	**2188611**
北　　京	62	37	15	2042	773	1242	618	707903
天　　津	53	13	14	1715	622	874	237	37538
河　　北	44	28	119	1054	302	713	217	28579
山　　西	28	27	16	928	269	232	122	19176
内 蒙 古	139	128	6	218	104	132	70	5110
辽　　宁	170	139	46	3244	1160	2159	228	28833
吉　　林	92	58	27	7160	3787	1576	362	67225
黑 龙 江	117	63	49	627	231	307	147	16177
上　　海	124	58	34	2380	1020	1105	447	77459
江　　苏	307	222	125	3172	849	1295	324	44184
浙　　江	239	68	21	2789	573	895	334	59965
安　　徽	182	73	54	850	138	349	436	62716
福　　建	141	96	67	1439	413	668	484	53480
江　　西	80	53	40	837	258	446	279	22523
山　　东	129	98	32	3694	1646	1617	282	28695
河　　南	228	106	28	1680	500	943	1341	198219
湖　　北	124	106	36	1592	486	897	107	12582
湖　　南	419	98	37	2397	633	1041	325	33356
广　　东	124	69	14	2073	643	1091	1367	228417
广　　西	95	67	15	4772	1036	2071	1018	99774
海　　南	12	3	4	172	130	105	76	12860
重　　庆	110	36	19	1086	325	490	290	28338
四　　川	110	99	43	1276	398	513	243	38132
贵　　州	85	29	28	1212	269	454	215	50136
云　　南	29	16	38	1365	351	849	176	28993
西　　藏	10	1	0	35	8	14	0	0
陕　　西	112	68	29	2537	397	319	131	21324
甘　　肃	42	52	11	395	92	298	75	5782
青　　海	4	9	3	504	393	392	665	97155
宁　　夏	11	5	5	225	50	138	8	230
新　　疆	170	44	14	1961	611	1138	1255	73750

3-7 续表

地 区	通过媒体宣传科技工作者（人次）	# 中央媒体宣传科技工作者（人次）	# 省级媒体宣传科技工作者（人次）	# 电视宣传科技工作者（人次）	# 纸质媒体宣传科技工作者（人次）	# 网络与新媒体宣传科技工作者（人次）
合 计	**14443**	**503**	**10652**	**1218**	**5131**	**8012**
北 京	320	37	235	24	131	163
天 津	217	1	215	44	38	136
河 北	586	12	532	158	74	354
山 西	160	2	87	14	64	79
内蒙古	153	2	92	50	23	80
辽 宁	869	7	829	116	511	242
吉 林	633	189	357	57	127	449
黑龙江	234	4	165	65	61	96
上 海	1357	3	941	52	476	829
江 苏	1810	35	1618	50	210	1550
浙 江	294	8	197	69	78	108
安 徽	211	6	182	16	66	129
福 建	1784	13	1377	12	836	936
江 西	105	6	68	20	19	61
山 东	486	4	476	91	63	322
河 南	1063	17	1025	137	307	619
湖 北	339	31	181	34	176	115
湖 南	548	21	300	52	201	295
广 东	2055	17	1009	56	1024	975
广 西	72	1	69	13	23	38
海 南	9	0	2	2	5	2
重 庆	75	14	39	16	19	40
四 川	163	6	87	3	49	111
贵 州	51	2	47	4	36	11
云 南	236	0	235	3	215	18
西 藏	0	0	0	0	0	0
陕 西	261	15	145	27	147	87
甘 肃	238	49	91	26	114	98
青 海	11	0	7	4	3	4
宁 夏	1	0	0	0	0	1
新 疆	102	1	44	3	35	64

四、服务创新驱动发展

简要说明

本篇统计资料为：

1. 汇总数据，反映中国科协、地方科协、全国学会和省级学会服务创新驱动发展的基本情况。

2. 省级科协、副省级城市科协、省会城市科协的统计数据为本年度签订创新驱动助力工程项目合同，建立学会服务（工作）站，建设“双创”服务平台／中心，开展推进“大众创业、万众创新”活动，开展“讲、比”活动企业数，专家工作站（服务中心），专家服务团队和技术创新方法培训班等情况。

3. 地级科协、县级科协的统计数据为本年度签订创新驱动助力工程项目合同，建立学会服务（工作）站，建设“双创”服务平台／中心，开展推进“大众创业、万众创新”活动，开展“讲、比”活动企业数，专家工作站（服务中心）和专家服务团队等情况。

4. 省级学会统计数据为本年度签订创新驱动助力工程项目合同，建立学会服务（工作）站，建设“双创”服务平台／中心，开展推进“大众创业、万众创新”活动，技术标准研制数量和团体标准研制数量等情况。

4–1　2016 年各级科协服务创新驱动发展汇总表

指　标		科协合计		中国科协机关及直属单位		省级科协	
		2015 年	2016 年	2015 年	2016 年	2015 年	2016 年
签订创新驱动助力工程项目合同	（个）	—	4228	—	1818	—	480
参与创新驱动助力工程的科技工作者	（万人次）	—	9.2	—	1.0	—	1.0
建立学会服务（工作）站	（个）	—	1906	—	324	—	520
建设“双创”服务平台 / 中心	（个）	—	701	—	1	—	30
开展推进“大众创业、万众创新”活动	（项）	—	10170	—	2166	—	977
# 举办“双创”竞赛、论坛、展览等	（场次）	—	3926	—	800	—	380
# 开展“双创”咨询、教育、培训等	（场次）	—	4288	—	1166	—	348
# 开展“双创”投融资、成果转化等	（项）	—	1604	—	200	—	231
开展“讲、比”活动企业数	（个）	30115	24040	0	0	6226	2290
# 国有企业	（个）	5573	3486	0	0	2474	824
参与“讲、比”活动的科技人员	（万人次）	192.0	176.4	0	0	44.0	34.8
“讲、比”活动中被采纳合理化建议	（条）	246421	258751	0	0	72765	28470
专家工作站（服务中心）	（个）	5139	7226	0	497	1541	2047
# 经济技术开发区	（个）	796	1202	0	0	115	206
# 高新开发区	（个）	408	547	0	0	89	107
专家进站（中心）人数	（人次）	33675	43199	0	2250	7505	12474
专家服务团队	（个）	4249	5440	7	16	588	1231
参加服务团队专家人数	（人次）	69853	63536	61	546	5506	13555
技术创新方法培训班	（场次）	230	286	1	47	161	152

4-1 续表

指标		副省级城市科协、省会城市科协		地级科协		县级科协	
		2015 年	2016 年	2015 年	2016 年	2015 年	2016 年
签订创新驱动助力工程项目合同	（个）	—	147	—	1045	—	738
参与创新驱动助力工程的科技工作者	（万人次）	—	0.5	—	5.0	—	1.6
建立学会服务（工作）站	（个）	—	67	—	392	—	603
建设“双创”服务平台 / 中心	（个）	—	57	—	246	—	367
开展推进“大众创业、万众创新”活动	（项）	—	422	—	2414	—	4191
# 举办“双创”竞赛、论坛、展览等	（场次）	—	154	—	1118	—	1474
# 开展“双创”咨询、教育、培训等	（场次）	—	101	—	750	—	1923
# 开展“双创”投融资、成果转化等	（项）	—	132	—	446	—	595
开展“讲、比”活动企业数	（个）	1341	1054	7664	6285	14884	14411
# 国有企业	（个）	449	312	1419	1218	1231	1132
参与“讲、比”活动的科技人员	（人次）	22.0	22.4	77.0	75.5	49.0	43.7
“讲、比”活动中被采纳合理化建议	（条）	33274	35668	95035	123834	45347	70779
专家工作站（服务中心）	（个）	651	703	1373	1731	1574	2248
# 经济技术开发区	（个）	41	42	175	266	465	688
# 高新开发区	（个）	69	59	144	183	106	198
专家进站（中心）人数	（人次）	3378	2747	8561	9084	14231	16644
专家服务团队	（个）	402	268	954	1340	2298	2585
参加服务团队专家人数	（人次）	5263	2240	11259	10683	47764	36512
技术创新方法培训班	（场次）	68	87	—	—	—	—

4-2 2016年全国学会、省级学会服务创新驱动发展汇总表

指　　标		学会合计		全国学会		省级学会	
		2015年	2016年	2015年	2016年	2015年	2016年
签订创新驱动助力工程项目合同	（个）	—	4192	—	339	—	3853
参与创新驱动助力工程的科技工作者	（万人次）	—	2.4	—	0.8	—	1.5
建立学会服务（工作）站	（个）	—	1570	—	177	—	1393
建设“双创”服务平台／中心	（个）	—	332	—	140	—	192
开展推进“大众创业、万众创新”活动	（项）	—	2786	—	597	—	2189
# 举办“双创”竞赛、论坛、展览等	（场次）	—	973	—	349	—	624
# 开展“双创”咨询、教育、培训等	（场次）	—	1099	—	121	—	978
# 开展“双创”投融资、成果转化等	（项）	—	432	—	113	—	319
技术标准研制数量	（个）	—	1608	—	493	—	1115
团体标准研制数量	（个）	—	1024	—	378	—	646
技术创新方法培训班	（场次）	268	383	268	383	—	—

4-3 2016年各省级科协服务创新驱动发展

地 区	签订创新驱动助力工程项目合同（个）	参与创新驱动助力工程的科技工作者（人次）	建立学会服务（工作）站（个）	建设“双创”服务平台/中心（个）
合 计	**480**	**9759**	**520**	**30**
北 京	0	0	10	1
天 津	11	1484	1	1
河 北	6	550	0	1
山 西	0	0	0	1
内 蒙 古	4	30	0	4
辽 宁	8	7	0	1
吉 林	0	804	0	0
黑 龙 江	0	0	2	0
上 海	0	300	0	0
江 苏	1	0	0	1
浙 江	97	1160	5	0
安 徽	92	700	152	0
福 建	9	1387	1	0
江 西	8	93	5	0
山 东	181	1136	249	0
河 南	0	0	70	8
湖 北	10	0	0	0
湖 南	0	0	0	0
广 东	0	0	0	0
广 西	0	0	0	0
海 南	0	0	2	0
重 庆	0	0	0	1
四 川	0	0	0	0
贵 州	20	2000	20	10
云 南	0	0	0	0
西 藏	0	0	0	0
陕 西	0	0	0	0
甘 肃	0	0	0	0
青 海	0	0	0	0
宁 夏	33	108	3	1
新 疆	0	0	0	0
新疆生产建设兵团	0	0	0	0

4-3 续表 1

地 区	开展推进“大众创业、万众创新”活动（项）	# 举办“双创”竞赛、论坛、展览等（场次）	# 开展“双创”咨询、教育、培训等（场次）	# 开展“双创”投融资、成果转化等（项）
合 计	**977**	**380**	**348**	**231**
北 京	82	17	48	17
天 津	6	0	6	0
河 北	32	1	26	5
山 西	11	3	0	2
内蒙古	36	0	6	30
辽 宁	16	2	11	3
吉 林	3	1	1	1
黑龙江	20	15	5	0
上 海	5	5	0	0
江 苏	199	4	66	120
浙 江	332	267	50	15
安 徽	5	1	4	0
福 建	1	1	0	0
江 西	4	2	2	0
山 东	66	28	30	5
河 南	7	0	7	0
湖 北	12	0	12	0
湖 南	13	6	6	1
广 东	13	0	13	0
广 西	0	0	0	0
海 南	3	0	0	3
重 庆	25	1	0	24
四 川	27	7	18	2
贵 州	1	1	0	0
云 南	9	4	5	0
西 藏	2	2	0	0
陕 西	0	0	0	0
甘 肃	0	0	0	0
青 海	15	8	5	2
宁 夏	14	1	12	1
新 疆	1	0	1	0
新疆生产建设兵团	17	3	14	0

4-3 续表 2

地　区	开展“讲、比”活动企业数（个）	#国有企业（个）	参与“讲、比”活动的科技人员（人次）	“讲、比”活动中被采纳合理化建议（条）
合　计	**2290**	**824**	**347977**	**28470**
北　京	360	80	78000	0
天　津	71	51	14269	4238
河　北	320	0	71000	300
山　西	386	45	35000	1200
内蒙古	0	0	0	0
辽　宁	0	0	0	0
吉　林	0	0	0	0
黑龙江	0	0	0	0
上　海	0	0	0	0
江　苏	0	0	0	0
浙　江	15	15	8000	500
安　徽	0	0	0	0
福　建	0	0	0	0
江　西	0	0	0	0
山　东	64	11	5630	1559
河　南	368	205	12300	0
湖　北	0	0	0	0
湖　南	86	59	41328	7149
广　东	110	101	9250	950
广　西	0	0	0	0
海　南	0	0	0	0
重　庆	248	70	42500	8500
四　川	0	0	0	0
贵　州	0	0	0	0
云　南	0	0	0	0
西　藏	0	0	0	0
陕　西	10	10	11000	3617
甘　肃	96	21	16700	452
青　海	0	0	0	0
宁　夏	0	0	0	0
新　疆	0	0	0	0
新疆生产建设兵团	156	156	3000	5

4-3 续表 3

地　区	专家工作站（服务中心）（个）	#经济技术开发区（个）	#高新开发区（个）	专家进站（中心）人数（人次）	专家服务团队（个）	参加服务团队专家人数（人次）	技术创新方法培训班（场次）
合　计	**2047**	**206**	**107**	**12474**	**1231**	**13555**	**152**
北　京	136	1	0	1580	130	1699	12
天　津	17	1	1	74	8	5	7
河　北	300	50	10	1200	0	0	6
山　西	2	0	0	5	6	20	6
内蒙古	70	44	0	103	1	200	0
辽　宁	11	0	0	51	3	27	2
吉　林	51	0	0	167	18	31	9
黑龙江	0	0	0	0	18	28	1
上　海	237	0	0	1057	0	0	20
江　苏	163	26	32	510	124	432	3
浙　江	95	0	0	4000	600	4000	0
安　徽	0	0	0	0	1	61	0
福　建	174	0	0	1066	32	374	20
江　西	0	0	0	0	0	0	0
山　东	82	1	2	756	83	43	1
河　南	0	0	0	0	81	4593	5
湖　北	504	40	50	600	2	30	0
湖　南	24	4	5	134	24	239	5
广　东	40	0	0	230	1	85	11
广　西	3	0	3	20	0	0	10
海　南	0	0	0	0	0	0	0
重　庆	47	1	0	122	2	100	1
四　川	0	0	0	0	0	0	0
贵　州	10	5	2	265	7	35	0
云　南	30	0	0	376	3	1215	4
西　藏	0	0	0	0	0	0	0
陕　西	7	0	0	30	1	10	3
甘　肃	4	2	2	5	1	42	2
青　海	0	0	0	0	0	0	7
宁　夏	34	31	0	115	82	266	14
新　疆	0	0	0	0	0	0	3
新疆生产建设兵团	6	0	0	8	3	20	0

4–4 2016年各副省级城市科协、省会城市科协服务创新驱动发展

城　市	签订创新驱动助力工程项目合同（个）	参与创新驱动助力工程的科技工作者（人次）	建立学会服务（工作）站（个）	建设“双创”服务平台／中心（个）
合　计	**147**	**5305**	**67**	**57**
副省级城市小计	**121**	**5031**	**65**	**53**
宁　波*	15	75	5	0
厦　门*	80	324	0	0
深　圳*	1	100	5	50
青　岛*	16	182	0	0
大　连*	0	0	0	0
省会城市小计	**35**	**4624**	**57**	**7**
石家庄	0	0	0	0
太　原	0	0	0	0
呼和浩特	0	0	0	0
沈　阳*	0	0	0	0
长　春*	0	0	0	0
哈尔滨*	0	0	0	0
南　京*	0	0	5	1
杭　州*	7	2350	33	2
合　肥	0	0	0	2
福　州	5	58	1	0
南　昌	0	0	0	0
济　南*	0	0	0	0
郑　州	18	170	0	0
武　汉*	0	0	0	0
长　沙	0	0	0	0
广　州*	2	2000	16	0
南　宁	0	0	0	0
海　口	0	0	0	1
成　都*	0	0	1	0
贵　阳	0	0	0	0
昆　明	0	0	0	0
拉　萨	0	0	0	0
西　安*	0	0	0	0
兰　州	0	0	0	0
西　宁	0	0	0	0
银　川	3	46	1	1
乌鲁木齐	0	0	0	0

注：城市名称后带“*”的为副省级城市，包括省会城市中带“*”的。

4-4 续表 1

城　　市	开展推进“大众创业、万众创新”活动（项）	# 举办“双创”竞赛、论坛、展览等（场次）	# 开展“双创”咨询、教育、培训等（场次）	# 开展“双创”投融资、成果转化等（项）
合　　计	**422**	**154**	**101**	**132**
副省级城市小计	**373**	**135**	**77**	**131**
宁　　波*	1	1	0	0
厦　　门*	2	2	0	0
深　　圳*	200	40	50	80
青　　岛*	0	0	0	0
大　　连*	0	0	0	0
省会城市小计	219	111	51	52
石 家 庄	0	0	0	0
太　　原	0	0	0	0
呼和浩特	0	0	0	0
沈　　阳*	3	1	1	1
长　　春*	0	0	0	0
哈 尔 滨*	1	0	0	1
南　　京*	5	1	4	0
杭　　州*	154	87	22	45
合　　肥	3	2	1	0
福　　州	1	0	1	0
南　　昌	0	0	0	0
济　　南*	0	0	0	0
郑　　州	2	1	1	0
武　　汉*	1	1	0	0
长　　沙	0	0	0	0
广　　州*	1	1	0	0
南　　宁	1	0	0	1
海　　口	0	0	0	0
成　　都*	5	1	0	4
贵　　阳	0	0	0	0
昆　　明	0	0	0	0
拉　　萨	1	0	1	0
西　　安*	0	0	0	0
兰　　州	0	0	0	0
西　　宁	0	0	0	0
银　　川	1	1	0	0
乌鲁木齐	40	15	20	0

4-4 续表 2

城市	开展“讲、比”活动企业数（个）	#国有企业（个）	参与“讲、比”活动的科技人员（人次）	“讲、比”活动中被采纳合理化建议（条）
合　计	**1054**	**312**	**224143**	**35668**
副省级城市小计	**868**	**248**	**166970**	**16286**
宁　波*	136	6	2018	0
厦　门*	35	19	2971	165
深　圳*	80	30	1000	10
青　岛*	66	19	3300	100
大　连*	28	25	23000	1920
省会城市小计	**709**	**213**	**191854**	**33473**
石家庄	0	0	0	0
太　原	19	14	50274	18737
呼和浩特	3	1	200	0
沈　阳*	15	15	8700	220
长　春*	15	2	15000	20
哈尔滨*	32	22	1428	300
南　京*	86	19	20100	1870
杭　州*	28	6	31669	8000
合　肥	0	0	0	0
福　州	0	0	0	0
南　昌	6	4	5000	414
济　南*	96	16	22354	400
郑　州	118	38	27	7
武　汉*	212	56	20165	20
长　沙	0	0	0	0
广　州*	7	6	1839	1631
南　宁	19	5	380	20
海　口	0	0	0	0
成　都*	32	7	13426	1630
贵　阳	0	0	0	0
昆　明	5	2	532	166
拉　萨	0	0	0	0
西　安*	0	0	0	0
兰　州	0	0	0	0
西　宁	0	0	0	0
银　川	16	0	760	38
乌鲁木齐	0	0	0	0

4-4 续表 3

城　　市	专家工作站（服务中心）（个）	# 经济技术开发区（个）	# 高新开发区（个）	专家进站（中心）人数（人次）	专家服务团队（个）	参加服务团队专家人数（人次）	技术创新方法培训班（场次）
合　　计	**703**	**42**	**59**	**2747**	**268**	**2240**	**87**
副省级城市小计	**600**	**25**	**40**	**2155**	**204**	**1506**	**48**
宁　　波 *	97	5	8	400	97	500	0
厦　　门 *	16	0	0	95	0	0	0
深　　圳 *	30	0	0	300	60	300	2
青　　岛 *	54	3	0	68	9	68	0
大　　连 *	16	0	0	45	0	0	3
省会城市小计	**490**	**34**	**51**	**1839**	**102**	**1372**	**82**
石 家 庄	19	3	6	37	1	50	0
太　　原	10	2	5	51	0	0	2
呼和浩特	1	0	0	1	0	0	0
沈　　阳 *	91	0	0	312	0	0	0
长　　春 *	12	0	12	30	18	18	3
哈 尔 滨 *	7	0	0	6	3	19	0
南　　京 *	17	3	2	30	2	330	0
杭　　州 *	114	0	0	130	7	207	2
合　　肥	0	0	0	0	0	0	3
福　　州	40	3	0	239	40	239	1
南　　昌	0	0	0	0	0	0	0
济　　南 *	6	2	4	136	0	0	4
郑　　州	0	0	0	0	0	0	6
武　　汉 *	6	0	1	21	6	20	3
长　　沙	0	0	0	0	0	0	0
广　　州 *	14	1	0	39	1	30	15
南　　宁	6	0	4	42	1	274	3
海　　口	0	0	0	0	0	0	0
成　　都 *	119	11	12	540	0	0	0
贵　　阳	8	0	0	80	8	65	0
昆　　明	4	0	0	75	1	9	13
拉　　萨	2	2	0	3	1	15	0
西　　安 *	1	0	1	3	1	14	16
兰　　州	0	0	0	0	0	0	0
西　　宁	0	0	0	0	0	0	0
银　　川	1	1	0	51	1	62	10
乌鲁木齐	12	6	4	13	11	20	1

4-5　2016年各地区地级科协服务创新驱动发展

地　　区	签订创新驱动助力工程项目合同（个）	参与创新驱动助力工程的科技工作者（人次）	建立学会服务（工作）站（个）	建设“双创”服务平台/中心（个）
合　　计	**1045**	**50053**	**392**	**246**
北　　京	54	108	0	0
天　　津	25	3318	6	23
河　　北	1	210	3	1
山　　西	10	63	7	0
内 蒙 古	0	0	0	0
辽　　宁	219	3278	3	7
吉　　林	8	1402	2	2
黑 龙 江	0	0	1	2
上　　海	44	572	0	25
江　　苏	110	2201	125	65
浙　　江	75	14398	13	2
安　　徽	83	959	82	2
福　　建	29	514	1	0
江　　西	2	155	3	0
山　　东	84	11643	16	60
河　　南	212	6341	57	4
湖　　北	19	1058	5	1
湖　　南	4	1137	11	6
广　　东	0	0	30	6
广　　西	42	1382	0	1
海　　南	0	0	0	0
重　　庆	0	0	0	0
四　　川	10	300	1	10
贵　　州	0	0	0	1
云　　南	0	0	6	5
西　　藏	0	0	0	0
陕　　西	1	238	1	1
甘　　肃	0	0	0	0
青　　海	0	0	0	4
宁　　夏	5	596	4	0
新　　疆	8	180	15	7
新疆生产建设兵团	0	0	0	11

4-5 续表 1

地　区	开展推进"大众创业、万众创新"活动（项）	# 举办"双创"竞赛、论坛、展览等（场次）	# 开展"双创"咨询、教育、培训等（场次）	# 开展"双创"投融资、成果转化等（项）
合　计	**2414**	**1118**	**750**	**446**
北　京	3	3	0	0
天　津	494	128	296	70
河　北	19	5	11	3
山　西	0	0	0	0
内蒙古	22	6	15	0
辽　宁	47	12	30	3
吉　林	4	4	0	0
黑龙江	18	12	5	1
上　海	363	258	26	79
江　苏	394	61	145	181
浙　江	484	451	21	8
安　徽	13	3	9	0
福　建	14	1	8	5
江　西	5	1	2	0
山　东	24	14	9	1
河　南	129	32	65	32
湖　北	108	9	12	16
湖　南	10	4	4	2
广　东	8	3	3	2
广　西	41	21	20	0
海　南	3	0	3	0
重　庆	0	0	0	0
四　川	57	32	3	21
贵　州	29	12	14	3
云　南	14	8	5	1
西　藏	6	0	6	0
陕　西	16	5	6	5
甘　肃	4	3	1	0
青　海	3	2	1	0
宁　夏	32	5	16	5
新　疆	9	6	1	2
新疆生产建设兵团	41	17	13	6

4-5 续表 2

地区	开展“讲、比”活动企业数（个）	#国有企业（个）	参与“讲、比”活动的科技人员（人次）	“讲、比”活动中被采纳合理化建议（条）
合计	**6285**	**1218**	**755414**	**123834**
北京	23	8	3080	368
天津	181	36	10685	6777
河北	89	56	22775	3734
山西	110	64	44427	6526
内蒙古	26	9	19138	940
辽宁	312	57	32137	4867
吉林	133	42	13478	1307
黑龙江	29	21	7773	4039
上海	791	111	22420	359
江苏	700	99	98956	26450
浙江	317	17	24250	2383
安徽	233	60	9468	1318
福建	103	17	16471	993
江西	42	9	9610	782
山东	954	68	37024	3370
河南	236	98	45295	3395
湖北	565	54	123386	7508
湖南	87	52	37730	8685
广东	79	28	9358	55
广西	127	15	10229	890
海南	0	0	0	0
重庆	276	49	12737	628
四川	510	100	73903	35653
贵州	0	0	0	0
云南	35	9	1097	55
西藏	0	0	0	0
陕西	49	31	8747	352
甘肃	104	29	50846	451
青海	0	0	0	0
宁夏	96	28	2426	164
新疆	6	0	299	30
新疆生产建设兵团	72	51	7669	1755

4–5 续表 3

地　　区	专家工作站（服务中心）（个）	# 经济技术开发区（个）	# 高新开发区（个）	专家进站（中心）人数（人次）	专家服务团队（个）	参加服务团队专家人数（人次）
合　　计	**1731**	**266**	**183**	**9084**	**1340**	**10683**
北　　京	12	1	2	19	9	143
天　　津	70	11	20	150	25	445
河　　北	84	8	0	192	14	467
山　　西	26	0	0	263	5	26
内 蒙 古	25	2	3	127	25	131
辽　　宁	76	3	6	1424	70	390
吉　　林	16	1	10	51	13	66
黑 龙 江	4	0	0	26	0	0
上　　海	12	5	7	62	16	16
江　　苏	148	12	4	565	102	805
浙　　江	295	46	12	1587	197	1080
安　　徽	22	13	0	118	21	475
福　　建	80	4	1	326	28	191
江　　西	47	6	4	182	39	240
山　　东	139	71	28	647	125	1195
河　　南	36	16	9	329	56	336
湖　　北	367	22	44	1128	246	741
湖　　南	9	5	2	83	11	849
广　　东	45	4	8	149	22	328
广　　西	7	3	2	70	9	254
海　　南	0	0	0	0	0	0
重　　庆	5	0	0	35	3	83
四　　川	116	18	8	1008	134	556
贵　　州	5	1	1	99	5	545
云　　南	29	0	0	166	11	526
西　　藏	0	0	0	0	0	0
陕　　西	8	1	0	36	8	55
甘　　肃	16	4	2	52	12	79
青　　海	0	0	0	0	0	0
宁　　夏	20	5	9	138	54	153
新　　疆	7	1	1	24	57	317
新疆生产建设兵团	5	3	0	28	23	191

4−6 2016年各地区县级科协服务创新驱动发展

地　区	签订创新驱动助力工程项目合同（个）	参与创新驱动助力工程的科技工作者（人次）	建立学会服务（工作）站（个）	建设“双创”服务平台/中心（个）
合　计	**738**	**16214**	**603**	**367**
河　北	26	133	18	12
山　西	1	44	6	3
内蒙古	9	34	16	5
辽　宁	174	225	1	3
吉　林	6	2	0	1
黑龙江	0	25	8	10
江　苏	24	4063	78	29
浙　江	50	1589	35	41
安　徽	107	972	93	18
福　建	25	1071	8	13
江　西	6	119	3	7
山　东	55	5673	71	12
河　南	83	549	63	62
湖　北	27	341	42	18
湖　南	10	191	16	9
广　东	1	0	5	0
广　西	0	0	0	0
海　南	0	0	1	1
重　庆	0	0	0	0
四　川	9	440	22	34
贵　州	1	210	2	2
云　南	0	0	19	0
西　藏	0	0	25	1
陕　西	53	85	33	54
甘　肃	24	128	24	9
青　海	0	0	9	3
宁　夏	47	288	4	3
新　疆	0	32	1	17

注：本表数据不含北京、天津和上海地区。

4-6 续表 1

地　区	开展推进“大众创业、万众创新”活动（项）	#举办“双创”竞赛、论坛、展览等（场次）	#开展“双创”咨询、教育、培训等（场次）	#开展“双创”投融资、成果转化等（项）
合　计	**4191**	**1474**	**1923**	**595**
河　北	175	25	139	9
山　西	31	12	17	1
内蒙古	84	18	51	15
辽　宁	35	7	21	7
吉　林	9	1	8	0
黑龙江	65	29	26	10
江　苏	221	80	96	37
浙　江	483	178	107	27
安　徽	138	60	71	7
福　建	190	15	142	31
江　西	28	9	16	3
山　东	484	369	87	28
河　南	138	53	70	14
湖　北	270	49	170	44
湖　南	214	77	104	33
广　东	48	16	32	0
广　西	44	13	31	0
海　南	43	10	33	0
重　庆	0	0	0	0
四　川	990	380	412	197
贵　州	23	4	18	0
云　南	29	10	18	0
西　藏	35	3	30	2
陕　西	168	22	117	29
甘　肃	136	9	34	90
青　海	8	2	5	1
宁　夏	20	4	11	5
新　疆	82	19	57	5

4-6 续表 2

地 区	开展“讲、比”活动企业数(个)	#国有企业(个)	参与“讲、比”活动的科技人员(人次)	“讲、比”活动中被采纳合理化建议(条)
合 计	**14411**	**1132**	**437143**	**70779**
河 北	373	39	10228	547
山 西	144	27	4447	426
内蒙古	151	20	4845	206
辽 宁	346	13	7964	584
吉 林	202	16	6174	145
黑龙江	189	22	2640	324
江 苏	3635	157	86485	8238
浙 江	936	28	46780	21127
安 徽	551	22	9608	667
福 建	948	60	21895	3061
江 西	247	15	3957	251
山 东	2215	206	88691	3482
河 南	757	63	11680	1502
湖 北	894	77	38372	2792
湖 南	582	99	9654	1516
广 东	55	13	3375	79
广 西	377	41	4493	283
海 南	3	0	6	3
重 庆	33	3	905	37
四 川	818	86	34520	24324
贵 州	106	19	3659	94
云 南	75	11	2359	155
西 藏	5	0	34	8
陕 西	281	46	20821	223
甘 肃	281	13	10304	462
青 海	16	0	158	7
宁 夏	109	7	2101	131
新 疆	82	29	988	105

4-6 续表 3

地　区	专家工作站（服务中心）（个）	# 经济技术开发区（个）	# 高新开发区（个）	专家进站（中心）人数（人次）	专家服务团队（个）	参加服务团队专家人数（人次）
合　计	**2248**	**688**	**198**	**16644**	**2585**	**36512**
河　北	79	24	4	491	65	632
山　西	25	2	3	219	44	565
内蒙古	11	2	1	76	30	420
辽　宁	59	15	3	297	96	978
吉　林	4	1	0	1085	28	828
黑龙江	44	6	1	428	89	713
江　苏	393	209	78	2161	295	8417
浙　江	427	87	19	2263	324	2539
安　徽	103	40	14	1093	99	1292
福　建	146	21	11	735	161	1697
江　西	38	13	4	132	37	266
山　东	224	62	11	2161	164	1289
河　南	47	11	3	401	125	2576
湖　北	260	81	16	984	230	1154
湖　南	34	13	12	373	64	985
广　东	15	4	0	177	13	193
广　西	27	2	0	143	55	1892
海　南	2	0	0	26	12	427
重　庆	0	0	0	0	6	128
四　川	140	58	3	724	187	1652
贵　州	11	0	1	248	42	1877
云　南	36	7	0	217	62	2062
西　藏	3	2	0	28	3	34
陕　西	53	1	3	1461	216	2264
甘　肃	12	6	0	190	52	821
青　海	1	0	0	15	9	70
宁　夏	32	10	9	269	21	223
新　疆	22	11	2	247	56	518

4-7 2016年各地区省级学会服务创新驱动发展

地　区	签订创新驱动助力工程项目合同（个）	参与创新驱动助力工程的科技工作者（人次）	建立学会服务（工作）站（个）	建设“双创”服务平台/中心（个）
合　计	**3853**	**15257**	**1393**	**192**
北　京	14	221	28	11
天　津	51	1895	13	5
河　北	11	94	7	4
山　西	13	141	12	6
内蒙古	7	82	15	5
辽　宁	40	1211	98	10
吉　林	21	401	29	2
黑龙江	21	89	31	3
上　海	18	154	12	2
江　苏	28	481	155	41
浙　江	115	1429	21	4
安　徽	92	597	152	5
福　建	32	266	16	2
江　西	3	67	26	4
山　东	72	2001	248	24
河　南	182	1076	71	9
湖　北	19	716	12	3
湖　南	6	2650	21	8
广　东	15	75	50	3
广　西	6	210	79	2
海　南	3	16	1	0
重　庆	20	628	14	1
四　川	3010	121	91	6
贵　州	20	144	25	4
云　南	0	10	12	1
西　藏	0	0	0	0
陕　西	17	57	36	0
甘　肃	17	276	48	24
青　海	0	0	1	0
宁　夏	0	0	1	0
新　疆	0	149	68	3

4−7　续表

地　　区	开展推进“大众创业、万众创新”活动（项）	# 举办“双创”竞赛、论坛、展览等（场次）	# 开展“双创”咨询、教育、培训等（场次）	# 开展“双创”投融资、成果转化等（项）	技术标准研制数量（个）	团体标准研制数量（个）
合　　计	**2189**	**624**	**978**	**319**	**1115**	**646**
北　　京	52	18	25	9	41	32
天　　津	75	21	51	3	11	11
河　　北	52	16	21	15	12	11
山　　西	33	14	15	4	79	2
内 蒙 古	19	9	9	1	67	55
辽　　宁	132	30	47	55	14	14
吉　　林	8	4	3	1	123	99
黑 龙 江	19	3	12	4	25	23
上　　海	57	18	31	8	194	27
江　　苏	310	99	151	58	80	48
浙　　江	123	38	53	32	40	22
安　　徽	34	11	15	4	44	21
福　　建	37	27	9	1	28	28
江　　西	33	18	13	2	10	6
山　　东	70	12	36	19	65	53
河　　南	41	17	19	5	34	22
湖　　北	105	15	38	52	32	19
湖　　南	77	37	28	12	36	36
广　　东	42	8	33	1	20	10
广　　西	114	48	56	2	27	23
海　　南	16	5	8	3	5	0
重　　庆	159	19	132	8	20	15
四　　川	32	20	9	3	34	24
贵　　州	157	42	104	11	24	20
云　　南	10	3	6	1	3	3
西　　藏	0	0	0	0	1	1
陕　　西	29	12	16	1	10	4
甘　　肃	312	42	17	2	14	0
青　　海	2	1	1	0	4	4
宁　　夏	5	3	2	0	0	0
新　　疆	34	14	18	2	18	13

五、学术交流活动

简要说明

本篇统计资料为：

1. 汇总数据，反映中国科协、地方科协、全国学会和省级学会开展的各类学术交流活动总体情况。

2. 地方科协和省级学会统计数据，分别反映各省级科协及其所属学会、副省级城市科协、省会城市科协、地级科协、县级科协开展的各类学术交流活动。

3. 相关统计指标包括：中国境内开展的国内学术会议、国际学术会议、港澳台地区学术会议；按学术交流的内容主要分为：高端前沿学术会议、综合交叉学术会议、学术服务会议；以及各类学术会议的交流论文数量等。

5-1 2016年各级科协学术交流活动汇总表

指标		科协合计		中国科协机关及直属单位							
				小计		高端前沿学术会议		综合交叉学术会议		学术服务会议	
		2015年	2016年	2015年	2016年	2015年	2016年	2015年	2016年	2015年	2016年
国内学术会议	（次）	6350	7207	56	88	41	37	7	47	8	4
# 学术年会	（次）	367	660	4	4	1	1	3	3	0	0
参加人数	（人次）	841359	949866	10127	16993	2919	4616	6548	12377	660	0
# 企业科技工作者	（人次）	273511	294820	45	820	0	800	35	20	10	0
交流论文	（篇）	96908	99092	1557	3675	614	838	784	2837	159	0
境内国际学术会议	（次）	462	342	22	12	12	6	3	4	7	2
参加人数	（人次）	140533	82514	8281	13341	5333	5621	1111	622	1837	1500
# 企业科技工作者	（人次）	86224	45194	2694	11900	0	4700	1021	5700	1673	1500
# 境外专家学者	（人次）	7680	7967	834	1230	644	612	26	530	164	88
交流论文	（篇）	10393	20398	1757	9260	1637	6530	20	2140	100	590
港澳台地区学术会议	（次）	61	74	5	11	0	0	0	11	5	0
参加人数	（人次）	8239	10076	2120	1523	0	0	0	1523	2120	0
# 企业科技工作者	（人次）	4078	4359	1290	0	0	0	0	0	1290	0
交流论文	（篇）	891	1517	30	290	0	0	0	290	30	0

5-1 续表 1

指标		省级科协							
		小计		高端前沿学术会议		综合交叉学术会议		学术服务会议	
		2015 年	2016 年	2015 年	2016 年	2015 年	2016 年	2015 年	2016 年
国内学术会议	(次)	472	604	121	177	188	117	163	310
# 学术年会	(次)	40	124	11	7	9	19	20	98
参加人数	(人次)	98420	112607	20555	48675	40068	34180	37797	29752
# 企业科技工作者	(人次)	16490	12496	5669	3057	6577	6799	4244	2640
交流论文	(篇)	15823	14806	3367	5071	5876	3514	6580	6221
境内国际学术会议	(次)	57	70	34	39	16	18	7	13
参加人数	(人次)	13107	17289	8132	10360	4313	4360	662	2569
# 企业科技工作者	(人次)	3060	6326	2154	3640	600	2091	306	595
# 境外专家学者	(人次)	946	1198	669	523	173	520	104	155
交流论文	(篇)	1377	2247	843	1319	375	757	159	171
港澳台地区学术会议	(次)	25	17	7	4	9	5	9	8
参加人数	(人次)	2065	1399	710	231	740	684	615	484
# 企业科技工作者	(人次)	588	470	255	75	252	174	81	221
交流论文	(篇)	442	368	65	60	199	246	178	62

5-1 续表 2

指 标		小 计		副省级城市科协、省会城市科协					
				高端前沿学术会议		综合交叉学术会议		学术服务会议	
		2015 年	2016 年	2015 年	2016 年	2015 年	2016 年	2015 年	2016 年
国内学术会议	（次）	1905	2305	170	283	390	1399	1345	623
# 学术年会	（次）	50	121	13	39	8	46	29	36
参加人数	（人次）	249075	333531	39190	61136	87165	177530	122720	94865
# 企业科技工作者	（人次）	91552	100460	20825	19400	30378	45100	40349	35960
交流论文	（篇）	14593	14138	2954	2806	8730	8937	2909	2395
境内国际学术会议	（次）	259	89	83	40	95	27	81	22
参加人数	（人次）	95010	22521	26972	11665	43803	5462	24235	5394
# 企业科技工作者	（人次）	65042	9521	17591	5104	31305	2313	16146	2104
# 境外专家学者	（人次）	1790	1177	813	764	495	194	482	219
交流论文	（篇）	2097	2984	1305	1815	493	783	299	386
港澳台地区学术会议	（次）	15	28	10	4	2	7	3	17
参加人数	（人次）	2710	5420	1770	1847	708	1300	232	2273
# 企业科技工作者	（人次）	1810	3122	1200	726	400	746	210	1650
交流论文	（篇）	190	602	152	179	33	130	5	293

5-1 续表 3

指　　标		小　计		地级科协					
				高端前沿学术会议		综合交叉学术会议		学术服务会议	
		2015 年	2016 年	2015 年	2016 年	2015 年	2016 年	2015 年	2016 年
国内学术会议	（次）	2752	2877	259	287	1000	1091	1493	1499
# 学术年会	（次）	93	411	10	47	40	97	43	267
参加人数	（人次）	341387	365591	40119	53984	130675	134249	170593	177358
# 企业科技工作者	（人次）	119604	125001	16835	17829	45838	43955	56931	63217
交流论文	（篇）	46041	50222	6370	10245	18539	17515	21132	22462
境内国际学术会议	（次）	77	108	31	55	24	18	22	35
参加人数	（人次）	16879	21963	7589	12016	4415	3521	4875	6426
# 企业科技工作者	（人次）	11105	12596	5588	5781	2415	2137	3102	4678
# 境外专家学者	（人次）	2812	2898	1370	2194	1007	440	435	264
交流论文	（篇）	4672	5199	1811	3135	1182	681	1679	1383
港澳台地区学术会议	（次）	7	9	2	5	4	2	1	2
参加人数	（人次）	937	1461	87	804	650	497	200	160
# 企业科技工作者	（人次）	202	701	81	506	121	105	0	90
交流论文	（篇）	134	222	2	123	122	71	10	28

5-1 续表 4

指 标		小 计		县级科协					
				高端前沿学术会议		综合交叉学术会议		学术服务会议	
		2015 年	2016 年	2015 年	2016 年	2015 年	2016 年	2015 年	2016 年
国内学术会议	（次）	1165	1333	128	234	350	323	687	776
# 学术年会	（次）	—	—	—	—	—	—	—	—
参加人数	（人次）	142350	121144	14784	26242	37179	31394	90387	63508
# 企业科技工作者	（人次）	45820	56043	8135	16411	13936	13417	23749	26215
交流论文	（篇）	18894	16251	1722	1798	5777	5580	11395	8873
境内国际学术会议	（次）	47	63	18	30	16	11	13	22
参加人数	（人次）	7256	7400	2733	5717	1960	489	2563	1194
# 企业科技工作者	（人次）	4323	4851	1763	3967	1142	234	1418	650
# 境外专家学者	（人次）	1298	1464	526	1305	460	37	312	122
交流论文	（篇）	490	708	185	371	218	123	87	214
港澳台地区学术会议	（次）	9	9	0	2	5	5	4	2
参加人数	（人次）	407	273	0	53	90	158	317	62
# 企业科技工作者	（人次）	188	66	0	10	30	40	158	16
交流论文	（篇）	95	35	0	2	50	30	45	3

5-2 2016年全国学会、省级学会学术交流活动汇总表

指标		学会合计		全国学会 小计		高端前沿学术会议		综合交叉学术会议		学术服务会议	
		2015年	2016年	2015年	2016年	2015年	2016年	2015年	2016年	2015年	2016年
国内学术会议	（次）	20105	23949	4521	5059	1973	1951	1394	1761	1154	1347
#学术年会	（次）	4660	6782	1505	1532	709	688	489	485	307	359
参加人数	（人次）	3568440	4551294	1109819	1272844	524635	550267	348927	477193	236257	245384
#企业科技工作者	（人次）	656727	738350	218952	248501	96905	109406	68998	88431	53049	50664
交流论文	（篇）	765862	833563	361050	424523	138471	142087	141818	207012	80761	75424
境内国际学术会议	（次）	1816	2686	657	1291	403	881	162	322	92	88
参加人数	（人次）	436250	481594	220196	243762	120937	146949	64212	78602	35047	18211
#企业科技工作者	（人次）	115609	102567	64058	45759	27668	23581	28873	15965	7517	6213
#境外专家学者	（人次）	35402	39542	21033	26877	12537	13719	4617	11330	3879	1828
交流论文	（篇）	85337	130149	49767	94931	29336	63543	12119	26097	8312	5291
港澳台地区学术会议	（次）	311	284	75	75	44	42	22	27	9	6
参加人数	（人次）	31785	25346	8633	6266	4700	2649	2773	3275	1160	342
#企业科技工作者	（人次）	8599	7875	2007	1801	891	932	749	598	367	271
交流论文	（篇）	8633	8037	2547	2330	1385	811	862	1382	300	137

5-2 续表

指标		小计		省级学会					
				高端前沿学术会议		综合交叉学术会议		学术服务会议	
		2015年	2016年	2015年	2016年	2015年	2016年	2015年	2016年
国内学术会议	（次）	15584	18890	3989	5190	5332	5923	6263	7777
# 学术年会	（次）	3155	5250	1074	1656	1039	1794	1042	1800
参加人数	（人次）	2458621	3278450	681166	915878	757884	848227	1019571	1514345
# 企业科技工作者	（人次）	437775	489849	127770	193642	154569	142105	155436	154102
交流论文	（篇）	404812	409040	131941	137186	139678	166722	133193	105132
境内国际学术会议	（次）	1159	1395	649	755	351	366	159	274
参加人数	（人次）	216054	237832	141834	145907	48380	68355	25840	23570
# 企业科技工作者	（人次）	51551	56808	27112	33014	17621	15908	6818	7886
# 境外专家学者	（人次）	14369	12665	10493	8861	2975	2633	901	1171
交流论文	（篇）	35570	35218	20230	22139	11030	8971	4310	4108
港澳台地区学术会议	（次）	236	209	109	99	77	70	50	40
参加人数	（人次）	23152	19080	11785	11087	6822	4120	4545	3873
# 企业科技工作者	（人次）	6592	6074	3124	3670	2112	934	1356	1470
交流论文	（篇）	6086	5707	3022	2757	1587	1449	1477	1501

5-3 2016年各省级科协学术交流活动

地区	国内学术会议							
	合计（次）	高端前沿学术会议	综合交叉学术会议	学术服务会议	#学术年会			
					合计（次）	高端前沿学术会议	综合交叉学术会议	学术服务会议
合计	**604**	**177**	**117**	**310**	**124**	**7**	**19**	**98**
北京	1	0	1	0	0	0	0	0
天津	16	2	9	5	1	1	0	0
河北	5	0	3	2	0	0	0	0
山西	0	0	0	0	0	0	0	0
内蒙古	93	0	1	92	0	0	0	0
辽宁	2	0	2	0	1	0	1	0
吉林	49	31	18	0	3	1	2	0
黑龙江	26	20	3	3	1	1	0	0
上海	28	22	6	0	1	1	0	0
江苏	1	0	1	0	1	0	1	0
浙江	1	1	0	0	1	1	0	0
安徽	1	0	1	0	0	0	0	0
福建	9	5	4	0	1	0	1	0
江西	42	2	0	40	39	0	0	39
山东	45	42	0	3	1	1	0	0
河南	44	0	0	44	1	0	0	1
湖北	0	0	0	0	0	0	0	0
湖南	14	2	8	4	3	0	2	1
广东	0	0	0	0	0	0	0	0
广西	3	1	1	1	0	0	0	0
海南	90	0	1	89	55	0	0	55
重庆	41	8	23	10	9	0	9	0
四川	1	0	1	0	0	0	0	0
贵州	14	1	10	3	0	0	0	0
云南	1	0	1	0	0	0	0	0
西藏	6	2	2	2	2	0	2	0
陕西	29	29	0	0	0	0	0	0
甘肃	2	2	0	0	1	1	0	0
青海	8	2	1	5	0	0	0	0
宁夏	25	5	15	5	0	0	0	0
新疆	4	0	2	2	3	0	1	2
新疆生产建设兵团	3	0	3	0	0	0	0	0

5-3 续表 1

地区	国内学术会议参加人数							
	合计（人次）	高端前沿学术会议	综合交叉学术会议	学术服务会议	合计（人次）	#企业科技工作者		
						高端前沿学术会议	综合交叉学术会议	学术服务会议
合计	**112607**	**48675**	**34180**	**29752**	**12496**	**3057**	**6799**	**2640**
北京	120	0	120	0	0	0	0	0
天津	1726	400	760	566	400	100	0	300
河北	640	0	550	90	0	0	0	0
山西	0	0	0	0	0	0	0	0
内蒙古	4000	0	0	4000	100	0	0	100
辽宁	1500	0	1500	0	500	0	500	0
吉林	6970	2550	4420	0	1450	330	1120	0
黑龙江	3000	2000	500	500	500	260	240	0
上海	14400	14000	400	0	0	0	0	0
江苏	720	0	720	0	300	0	300	0
浙江	5000	5000	0	0	500	500	0	0
安徽	50	0	50	0	0	0	0	0
福建	1340	350	990	0	150	100	50	0
江西	7560	560	0	7000	800	0	0	800
山东	12450	12230	0	220	644	644	0	0
河南	6780	0	0	6780	0	0	0	0
湖北	0	0	0	0	0	0	0	0
湖南	5090	260	3600	1230	10	0	0	10
广东	0	0	0	0	0	0	0	0
广西	730	300	300	130	0	0	0	0
海南	6000	0	200	5800	1000	0	50	950
重庆	13230	800	10930	1500	2713	150	2463	100
四川	300	0	300	0	120	0	120	0
贵州	2000	200	1500	300	1000	100	750	150
云南	400	0	400	0	0	0	0	0
西藏	790	0	760	30	76	0	46	30
陕西	8105	8105	0	0	23	23	0	0
甘肃	700	700	0	0	550	550	0	0
青海	1250	320	80	850	0	0	0	0
宁夏	4650	900	3000	750	1300	300	800	200
新疆	1606	0	1600	6	60	0	60	0
新疆生产建设兵团	1500	0	1500	0	300	0	300	0

5-3 续表 2

地 区	合 计（篇）	国内学术会议交流论文		
		高端前沿学术会议	综合交叉学术会议	学术服务会议
合 计	**14806**	**5071**	**3514**	**6221**
北 京	6	0	6	0
天 津	55	18	0	37
河 北	330	0	200	130
山 西	0	0	0	0
内 蒙 古	700	0	0	700
辽 宁	20	0	20	0
吉 林	954	239	715	0
黑 龙 江	50	40	10	0
上 海	1500	1440	60	0
江 苏	15	0	15	0
浙 江	1681	1681	0	0
安 徽	5	0	5	0
福 建	273	150	123	0
江 西	660	150	0	510
山 东	861	846	0	15
河 南	4280	0	0	4280
湖 北	0	0	0	0
湖 南	144	60	49	35
广 东	0	0	0	0
广 西	164	100	30	34
海 南	480	0	30	450
重 庆	1281	100	1181	0
四 川	120	0	120	0
贵 州	20	20	0	0
云 南	130	0	130	0
西 藏	140	0	140	0
陕 西	57	57	0	0
甘 肃	90	90	0	0
青 海	0	0	0	0
宁 夏	310	80	200	30
新 疆	280	0	280	0
新疆生产建设兵团	200	0	200	0

5–3 续表 3

地　区	合 计（次）	境内国际学术会议			合 计（篇）	境内国际学术会议交流论文		
		高端前沿学术会议	综合交叉学术会议	学术服务会　议		高端前沿学术会议	综合交叉学术会议	学术服务会　议
合　计	**70**	**39**	**18**	**13**	**2247**	**1319**	**757**	**171**
北　京	0	0	0	0	0	0	0	0
天　津	4	2	0	2	30	18	0	12
河　北	0	0	0	0	0	0	0	0
山　西	0	0	0	0	0	0	0	0
内蒙古	3	0	2	1	75	0	45	30
辽　宁	0	0	0	0	0	0	0	0
吉　林	10	10	0	0	295	295	0	0
黑龙江	6	4	2	0	70	50	20	0
上　海	2	2	0	0	11	11	0	0
江　苏	3	1	1	1	271	20	250	1
浙　江	1	1	0	0	80	80	0	0
安　徽	0	0	0	0	0	0	0	0
福　建	0	0	0	0	0	0	0	0
江　西	4	0	1	3	40	0	30	10
山　东	0	0	0	0	0	0	0	0
河　南	0	0	0	0	0	0	0	0
湖　北	0	0	0	0	0	0	0	0
湖　南	3	0	3	0	228	0	228	0
广　东	0	0	0	0	0	0	0	0
广　西	2	2	0	0	50	50	0	0
海　南	3	0	0	3	60	0	0	60
重　庆	19	9	8	2	345	135	182	28
四　川	0	0	0	0	0	0	0	0
贵　州	0	0	0	0	0	0	0	0
云　南	1	0	0	1	30	0	0	30
西　藏	0	0	0	0	0	0	0	0
陕　西	4	3	1	0	602	600	2	0
甘　肃	0	0	0	0	0	0	0	0
青　海	0	0	0	0	0	0	0	0
宁　夏	5	5	0	0	60	60	0	0
新　疆	0	0	0	0	0	0	0	0
新疆生产建设兵团	0	0	0	0	0	0	0	0

5-3 续表 4

地区	境内国际学术会议参加人数							
	合计（人次）	高端前沿学术会议	综合交叉学术会议	学术服务会议	# 企业科技工作者			
					合计（人次）	高端前沿学术会议	综合交叉学术会议	学术服务会议
合计	**17289**	**10360**	**4360**	**2569**	**6326**	**3640**	**2091**	**595**
北京	0	0	0	0	0	0	0	0
天津	800	400	0	400	400	100	0	300
河北	0	0	0	0	0	0	0	0
山西	0	0	0	0	0	0	0	0
内蒙古	320	0	170	150	236	0	136	100
辽宁	0	0	0	0	0	0	0	0
吉林	2900	2900	0	0	2600	2600	0	0
黑龙江	500	450	50	0	235	200	35	0
上海	400	400	0	0	50	50	0	0
江苏	1039	300	600	139	630	250	350	30
浙江	300	300	0	0	300	300	0	0
安徽	0	0	0	0	0	0	0	0
福建	0	0	0	0	0	0	0	0
江西	750	0	150	600	0	0	0	0
山东	0	0	0	0	0	0	0	0
河南	0	0	0	0	0	0	0	0
湖北	0	0	0	0	0	0	0	0
湖南	610	0	610	0	530	0	530	0
广东	0	0	0	0	0	0	0	0
广西	500	500	0	0	100	100	0	0
海南	500	0	0	500	150	0	0	150
重庆	7310	4350	2280	680	760	20	740	0
四川	0	0	0	0	0	0	0	0
贵州	0	0	0	0	0	0	0	0
云南	100	0	0	100	15	0	0	15
西藏	0	0	0	0	0	0	0	0
陕西	1200	700	500	0	300	0	300	0
甘肃	0	0	0	0	0	0	0	0
青海	0	0	0	0	0	0	0	0
宁夏	60	60	0	0	20	20	0	0
新疆	0	0	0	0	0	0	0	0
新疆生产建设兵团	0	0	0	0	0	0	0	0

5-3 续表 5

地　区	境内国际学术会议参加人数			
	合　计（人次）	# 境外专家学者		
		高端前沿学术会议	综合交叉学术会议	学术服务会议
合　计	**1198**	**523**	**520**	**155**
北　京	0	0	0	0
天　津	12	12	0	0
河　北	0	0	0	0
山　西	0	0	0	0
内 蒙 古	84	0	34	50
辽　宁	0	0	0	0
吉　林	150	150	0	0
黑 龙 江	55	40	15	0
上　海	13	13	0	0
江　苏	302	50	250	2
浙　江	14	14	0	0
安　徽	0	0	0	0
福　建	0	0	0	0
江　西	10	0	5	5
山　东	0	0	0	0
河　南	0	0	0	0
湖　北	0	0	0	0
湖　南	49	0	49	0
广　东	0	0	0	0
广　西	50	50	0	0
海　南	50	0	0	50
重　庆	262	184	52	26
四　川	0	0	0	0
贵　州	0	0	0	0
云　南	22	0	0	22
西　藏	0	0	0	0
陕　西	125	10	115	0
甘　肃	0	0	0	0
青　海	0	0	0	0
宁　夏	0	0	0	0
新　疆	0	0	0	0
新疆生产建设兵团	0	0	0	0

5-3 续表 6

地区	港澳台地区学术会议 合计（次）	港澳台地区学术会议 高端前沿学术会议	港澳台地区学术会议 综合交叉学术会议	港澳台地区学术会议 学术服务会议	港澳台地区学术会议交流论文 合计（篇）	港澳台地区学术会议交流论文 高端前沿学术会议	港澳台地区学术会议交流论文 综合交叉学术会议	港澳台地区学术会议交流论文 学术服务会议
合计	**17**	**4**	**5**	**8**	**368**	**60**	**246**	**62**
北京	0	0	0	0	0	0	0	0
天津	0	0	0	0	0	0	0	0
河北	0	0	0	0	0	0	0	0
山西	0	0	0	0	0	0	0	0
内蒙古	2	0	0	2	5	0	0	5
辽宁	0	0	0	0	0	0	0	0
吉林	4	3	0	1	28	8	0	20
黑龙江	0	0	0	0	0	0	0	0
上海	1	1	0	0	52	52	0	0
江苏	0	0	0	0	0	0	0	0
浙江	0	0	0	0	0	0	0	0
安徽	1	0	1	0	100	0	100	0
福建	3	0	2	1	149	0	144	5
江西	0	0	0	0	0	0	0	0
山东	0	0	0	0	0	0	0	0
河南	0	0	0	0	0	0	0	0
湖北	0	0	0	0	0	0	0	0
湖南	0	0	0	0	0	0	0	0
广东	0	0	0	0	0	0	0	0
广西	0	0	0	0	0	0	0	0
海南	2	0	0	2	20	0	0	20
重庆	0	0	0	0	0	0	0	0
四川	0	0	0	0	0	0	0	0
贵州	0	0	0	0	0	0	0	0
云南	0	0	0	0	0	0	0	0
西藏	0	0	0	0	0	0	0	0
陕西	0	0	0	0	0	0	0	0
甘肃	0	0	0	0	0	0	0	0
青海	2	0	0	2	12	0	0	12
宁夏	0	0	0	0	0	0	0	0
新疆	2	0	2	0	2	0	2	0
新疆生产建设兵团	0	0	0	0	0	0	0	0

5-3 续表 7

地　　区	港澳台地区学术会议参加人数							
	合　计（人次）	高端前沿学术会议	综合交叉学术会议	学术服务会　　议	# 企业科技工作者			
					合　计（人次）	高端前沿学术会议	综合交叉学术会议	学术服务会　　议
合　　计	**1399**	**231**	**684**	**484**	**470**	**75**	**174**	**221**
北　　京	0	0	0	0	0	0	0	0
天　　津	0	0	0	0	0	0	0	0
河　　北	0	0	0	0	0	0	0	0
山　　西	0	0	0	0	0	0	0	0
内 蒙 古	70	0	0	70	70	0	0	70
辽　　宁	0	0	0	0	0	0	0	0
吉　　林	181	31	0	150	105	25	0	80
黑 龙 江	0	0	0	0	0	0	0	0
上　　海	200	200	0	0	50	50	0	0
江　　苏	0	0	0	0	0	0	0	0
浙　　江	0	0	0	0	0	0	0	0
安　　徽	200	0	200	0	150	0	150	0
福　　建	496	0	460	36	36	0	0	36
江　　西	0	0	0	0	0	0	0	0
山　　东	0	0	0	0	0	0	0	0
河　　南	0	0	0	0	0	0	0	0
湖　　北	0	0	0	0	0	0	0	0
湖　　南	0	0	0	0	0	0	0	0
广　　东	0	0	0	0	0	0	0	0
广　　西	0	0	0	0	0	0	0	0
海　　南	200	0	0	200	30	0	0	30
重　　庆	0	0	0	0	0	0	0	0
四　　川	0	0	0	0	0	0	0	0
贵　　州	0	0	0	0	0	0	0	0
云　　南	0	0	0	0	0	0	0	0
西　　藏	0	0	0	0	0	0	0	0
陕　　西	0	0	0	0	0	0	0	0
甘　　肃	0	0	0	0	0	0	0	0
青　　海	28	0	0	28	5	0	0	5
宁　　夏	0	0	0	0	0	0	0	0
新　　疆	24	0	24	0	24	0	24	0
新疆生产建设兵团	0	0	0	0	0	0	0	0

5-4 2016年各副省级城市科协、省会城市科协学术交流活动

城　市	国内学术会议							
	合　计（次）	高端前沿学术会议	综合交叉学术会议	学术服务会　议	# 学术年会			
					合　计（次）	高端前沿学术会议	综合交叉学术会议	学术服务会　议
合　计	**2305**	**283**	**1399**	**623**	**121**	**39**	**46**	**36**
副省级城市小计	**1906**	**270**	**1341**	**295**	**107**	**39**	**38**	**30**
宁　波*	60	33	15	12	1	0	1	0
厦　门*	50	25	25	0	25	12	13	0
深　圳*	92	20	50	22	2	1	1	0
青　岛*	453	57	391	5	1	1	0	0
大　连*	75	15	60	0	1	1	0	0
省会城市小计	**1575**	**133**	**858**	**584**	**91**	**24**	**31**	**36**
石家庄	0	0	0	0	0	0	0	0
太　原	23	0	23	0	1	0	1	0
呼和浩特	3	0	1	2	0	0	0	0
沈　阳*	51	21	20	10	1	0	1	0
长　春*	0	0	0	0	0	0	0	0
哈尔滨*	17	3	9	5	0	0	0	0
南　京*	4	0	1	3	4	0	1	3
杭　州*	172	16	48	108	29	4	4	21
合　肥	6	0	5	1	6	0	5	1
福　州	1	0	1	0	1	0	1	0
南　昌	17	3	7	7	0	0	0	0
济　南*	100	10	70	20	0	0	0	0
郑　州	300	10	15	275	0	0	0	0
武　汉*	48	34	14	0	32	18	14	0
长　沙	3	0	3	0	1	0	1	0
广　州*	1	0	1	0	0	0	0	0
南　宁	0	0	0	0	0	0	0	0
海　口	0	0	0	0	0	0	0	0
成　都*	721	31	600	90	1	0	1	0
贵　阳	35	0	0	35	3	0	0	3
昆　明	5	0	0	5	1	0	0	1
拉　萨	1	0	1	0	0	0	0	0
西　安*	62	5	37	20	10	2	2	6
兰　州	0	0	0	0	0	0	0	0
西　宁	2	0	2	0	0	0	0	0
银　川	2	0	0	2	0	0	0	0
乌鲁木齐	1	0	0	1	1	0	0	1

注：城市名称后带“*”的为副省级城市，包括省会城市中带“*”的。

5-4 续表 1

城市	国内学术会议参加人数							
	合计（人次）	高端前沿学术会议	综合交叉学术会议	学术服务会议	# 企业科技工作者			
					合计（人次）	高端前沿学术会议	综合交叉学术会议	学术服务会议
合计	**333531**	**61136**	**177530**	**94865**	**100460**	**19400**	**45100**	**35960**
副省级城市小计	**271272**	**57907**	**166790**	**46575**	**80295**	**18480**	**42545**	**19270**
宁波 *	8315	4320	1830	2165	5240	2800	1010	1430
厦门 *	4300	2200	2100	0	310	160	150	0
深圳 *	19320	3000	12000	4320	15500	2400	9600	3500
青岛 *	43320	17710	25480	130	18230	5420	12780	30
大连 *	7500	1500	6000	0	3000	500	2500	0
省会城市小计	**250776**	**32406**	**130120**	**88250**	**58180**	**8120**	**19060**	**31000**
石家庄	0	0	0	0	0	0	0	0
太原	2000	0	2000	0	0	0	0	0
呼和浩特	300	0	100	200	100	0	100	0
沈阳 *	19000	6000	7000	6000	9000	3000	3000	3000
长春 *	0	0	0	0	0	0	0	0
哈尔滨 *	4100	650	2100	1350	450	40	210	200
南京 *	10710	0	10000	710	4400	0	4000	400
杭州 *	17807	2427	6480	8900	6655	850	2095	3710
合肥	420	0	350	70	61	0	55	6
福州	200	0	200	0	50	0	50	0
南昌	1229	229	500	500	120	20	50	50
济南 *	20000	2000	14000	4000	2000	200	1400	400
郑州	40000	3000	5000	32000	18800	900	1400	16500
武汉 *	4300	1500	2800	0	1000	400	600	0
长沙	2500	0	2500	0	900	0	900	0
广州 *	67000	0	67000	0	0	0	0	0
南宁	0	0	0	0	0	0	0	0
海口	0	0	0	0	0	0	0	0
成都 *	15600	10600	4000	1000	3510	510	3000	0
贵阳	15000	0	0	15000	0	0	0	0
昆明	420	0	0	420	104	0	0	104
拉萨	0	0	0	0	0	0	0	0
西安 *	30000	6000	6000	18000	11000	2200	2200	6600
兰州	0	0	0	0	0	0	0	0
西宁	90	0	90	0	0	0	0	0
银川	0	0	0	0	0	0	0	0
乌鲁木齐	100	0	0	100	30	0	0	30

5-4 续表 2

城市	合计（篇）	国内学术会议交流论文		
		高端前沿学术会议	综合交叉学术会议	学术服务会议
合计	**14138**	**2806**	**8937**	**2395**
副省级城市小计	**11261**	**2746**	**6915**	**1600**
宁波*	1220	800	420	0
厦门*	220	120	100	0
深圳*	552	150	300	102
青岛*	1172	182	900	90
大连*	75	15	60	0
省会城市小计	**10899**	**1539**	**7157**	**2203**
石家庄	0	0	0	0
太原	79	0	79	0
呼和浩特	1	0	1	0
沈阳*	1058	323	424	311
长春*	0	0	0	0
哈尔滨*	280	50	150	80
南京*	600	0	600	0
杭州*	1484	526	241	717
合肥	353	0	297	56
福州	1000	0	1000	0
南昌	70	10	30	30
济南*	800	80	560	160
郑州	780	50	100	630
武汉*	800	240	560	0
长沙	480	0	480	0
广州*	0	0	0	0
南宁	0	0	0	0
海口	0	0	0	0
成都*	2300	120	2180	0
贵阳	45	0	0	45
昆明	27	0	0	27
拉萨	0	0	0	0
西安*	700	140	420	140
兰州	0	0	0	0
西宁	35	0	35	0
银川	7	0	0	7
乌鲁木齐	0	0	0	0

5-4 续表 3

城　　市	合　计（次）	境内国际学术会议			合　计（篇）	境内国际学术会议交流论文		
		高端前沿学术会议	综合交叉学术会议	学术服务会　议		高端前沿学术会议	综合交叉学术会议	学术服务会　议
合　　计	**89**	**40**	**27**	**22**	**2984**	**1815**	**783**	**386**
副省级城市小计	**83**	**39**	**27**	**17**	**2949**	**1800**	**783**	**366**
宁　　波＊	11	9	2	0	310	280	30	0
厦　　门＊	4	0	4	0	350	0	350	0
深　　圳＊	26	5	10	11	360	50	110	200
青　　岛＊	2	2	0	0	370	370	0	0
大　　连＊	0	0	0	0	0	0	0	0
省会城市小计	**46**	**24**	**11**	**11**	**1594**	**1115**	**293**	**186**
石 家 庄	1	1	0	0	15	15	0	0
太　　原	0	0	0	0	0	0	0	0
呼和浩特	0	0	0	0	0	0	0	0
沈　　阳＊	6	4	2	0	216	128	88	0
长　　春＊	2	0	0	2	102	0	0	102
哈 尔 滨＊	0	0	0	0	0	0	0	0
南　　京＊	0	0	0	0	0	0	0	0
杭　　州＊	17	11	6	0	599	479	120	0
合　　肥	0	0	0	0	0	0	0	0
福　　州	0	0	0	0	0	0	0	0
南　　昌	0	0	0	0	0	0	0	0
济　　南＊	1	1	0	0	129	129	0	0
郑　　州	5	0	0	5	20	0	0	20
武　　汉＊	3	3	0	0	60	60	0	0
长　　沙	0	0	0	0	0	0	0	0
广　　州＊	2	2	0	0	299	299	0	0
南　　宁	0	0	0	0	0	0	0	0
海　　口	0	0	0	0	0	0	0	0
成　　都＊	6	2	2	2	20	5	5	10
贵　　阳	0	0	0	0	0	0	0	0
昆　　明	0	0	0	0	0	0	0	0
拉　　萨	0	0	0	0	0	0	0	0
西　　安＊	3	0	1	2	134	0	80	54
兰　　州	0	0	0	0	0	0	0	0
西　　宁	0	0	0	0	0	0	0	0
银　　川	0	0	0	0	0	0	0	0
乌鲁木齐	0	0	0	0	0	0	0	0

5-4 续表 4

城市	境内国际学术会议参加人数							
	合计（人次）	高端前沿学术会议	综合交叉学术会议	学术服务会议	# 企业科技工作者			
					合计（人次）	高端前沿学术会议	综合交叉学术会议	学术服务会议
合　计	**22521**	**11665**	**5462**	**5394**	**9521**	**5104**	**2313**	**2104**
副省级城市小计	**19721**	**11065**	**5462**	**3194**	**9041**	**4924**	**2313**	**1804**
宁　波＊	3195	2390	805	0	2630	2010	620	0
厦　门＊	1650	0	1650	0	230	0	230	0
深　圳＊	4200	800	1400	2000	3330	650	980	1700
青　岛＊	3500	3500	0	0	900	900	0	0
大　连＊	0	0	0	0	0	0	0	0
省会城市小计	**9976**	**4975**	**1607**	**3394**	**2431**	**1544**	**483**	**404**
石家庄	600	600	0	0	180	180	0	0
太　原	0	0	0	0	0	0	0	0
呼和浩特	0	0	0	0	0	0	0	0
沈　阳＊	1500	1000	500	0	500	300	200	0
长　春＊	460	0	0	460	93	0	0	93
哈尔滨＊	0	0	0	0	0	0	0	0
南　京＊	0	0	0	0	0	0	0	0
杭　州＊	2585	1970	615	0	638	550	88	0
合　肥	0	0	0	0	0	0	0	0
福　州	0	0	0	0	0	0	0	0
南　昌	0	0	0	0	0	0	0	0
济　南＊	150	150	0	0	10	10	0	0
郑　州	2200	0	0	2200	300	0	0	300
武　汉＊	400	400	0	0	100	100	0	0
长　沙	0	0	0	0	0	0	0	0
广　州＊	850	850	0	0	400	400	0	0
南　宁	0	0	0	0	0	0	0	0
海　口	0	0	0	0	0	0	0	0
成　都＊	25	5	6	14	20	4	5	11
贵　阳	0	0	0	0	0	0	0	0
昆　明	0	0	0	0	0	0	0	0
拉　萨	0	0	0	0	0	0	0	0
西　安＊	1206	0	486	720	190	0	190	0
兰　州	0	0	0	0	0	0	0	0
西　宁	0	0	0	0	0	0	0	0
银　川	0	0	0	0	0	0	0	0
乌鲁木齐	0	0	0	0	0	0	0	0

5-4 续表 5

城市	境内国际学术会议参加人数			
	合计（人次）	# 境外专家学者		
		高端前沿学术会议	综合交叉学术会议	学术服务会议
合计	**1177**	**764**	**194**	**219**
副省级城市小计	**1161**	**758**	**194**	**209**
宁波*	160	160	0	0
厦门*	67	0	67	0
深圳*	68	11	23	34
青岛*	200	200	0	0
大连*	0	0	0	0
省会城市小计	**682**	**393**	**104**	**185**
石家庄	6	6	0	0
太原	0	0	0	0
呼和浩特	0	0	0	0
沈阳*	108	75	33	0
长春*	120	0	0	120
哈尔滨*	0	0	0	0
南京*	0	0	0	0
杭州*	157	104	53	0
合肥	0	0	0	0
福州	0	0	0	0
南昌	0	0	0	0
济南*	15	15	0	0
郑州	10	0	0	10
武汉*	15	15	0	0
长沙	0	0	0	0
广州*	175	175	0	0
南宁	0	0	0	0
海口	0	0	0	0
成都*	20	3	3	14
贵阳	0	0	0	0
昆明	0	0	0	0
拉萨	0	0	0	0
西安*	56	0	15	41
兰州	0	0	0	0
西宁	0	0	0	0
银川	0	0	0	0
乌鲁木齐	0	0	0	0

5-4 续表 6

城市	合计（次）	港澳台地区学术会议			合计（篇）	港澳台地区学术会议交流论文		
		高端前沿学术会议	综合交叉学术会议	学术服务会议		高端前沿学术会议	综合交叉学术会议	学术服务会议
合　计	**28**	**4**	**7**	**17**	**602**	**179**	**130**	**293**
副省级城市小计	**27**	**3**	**7**	**17**	**542**	**119**	**130**	**293**
宁　波*	2	2	0	0	105	105	0	0
厦　门*	3	0	3	0	60	0	60	0
深　圳*	16	0	3	13	143	0	50	93
青　岛*	2	0	0	2	180	0	0	180
大　连*	0	0	0	0	0	0	0	0
省会城市小计	**5**	**2**	**1**	**2**	**114**	**74**	**20**	**20**
石家庄	0	0	0	0	0	0	0	0
太　原	0	0	0	0	0	0	0	0
呼和浩特	0	0	0	0	0	0	0	0
沈　阳*	0	0	0	0	0	0	0	0
长　春*	0	0	0	0	0	0	0	0
哈尔滨*	0	0	0	0	0	0	0	0
南　京*	0	0	0	0	0	0	0	0
杭　州*	1	1	0	0	14	14	0	0
合　肥	0	0	0	0	0	0	0	0
福　州	1	1	0	0	60	60	0	0
南　昌	0	0	0	0	0	0	0	0
济　南*	0	0	0	0	0	0	0	0
郑　州	0	0	0	0	0	0	0	0
武　汉*	0	0	0	0	0	0	0	0
长　沙	0	0	0	0	0	0	0	0
广　州*	3	0	1	2	40	0	20	20
南　宁	0	0	0	0	0	0	0	0
海　口	0	0	0	0	0	0	0	0
成　都*	0	0	0	0	0	0	0	0
贵　阳	0	0	0	0	0	0	0	0
昆　明	0	0	0	0	0	0	0	0
拉　萨	0	0	0	0	0	0	0	0
西　安*	0	0	0	0	0	0	0	0
兰　州	0	0	0	0	0	0	0	0
西　宁	0	0	0	0	0	0	0	0
银　川	0	0	0	0	0	0	0	0
乌鲁木齐	0	0	0	0	0	0	0	0

5-4 续表 7

城市	港澳台地区学术会议参加人数							
	合计（人次）	高端前沿学术会议	综合交叉学术会议	学术服务会议	# 企业科技工作者			
					合计（人次）	高端前沿学术会议	综合交叉学术会议	学术服务会议
合　　计	**5420**	**1847**	**1300**	**2273**	**3122**	**726**	**746**	**1650**
副省级城市小计	**4734**	**1161**	**1300**	**2273**	**3042**	**646**	**746**	**1650**
宁　　波 *	1031	1031	0	0	620	620	0	0
厦　　门 *	350	0	350	0	76	0	76	0
深　　圳 *	2600	0	800	1800	2100	0	600	1500
青　　岛 *	400	0	0	400	120	0	0	120
大　　连 *	0	0	0	0	0	0	0	0
省会城市小计	**1039**	**816**	**150**	**73**	**206**	**106**	**70**	**30**
石 家 庄	0	0	0	0	0	0	0	0
太　　原	0	0	0	0	0	0	0	0
呼和浩特	0	0	0	0	0	0	0	0
沈　　阳 *	0	0	0	0	0	0	0	0
长　　春 *	0	0	0	0	0	0	0	0
哈 尔 滨 *	0	0	0	0	0	0	0	0
南　　京 *	0	0	0	0	0	0	0	0
杭　　州 *	130	130	0	0	26	26	0	0
合　　肥	0	0	0	0	0	0	0	0
福　　州	686	686	0	0	80	80	0	0
南　　昌	0	0	0	0	0	0	0	0
济　　南 *	0	0	0	0	0	0	0	0
郑　　州	0	0	0	0	0	0	0	0
武　　汉 *	0	0	0	0	0	0	0	0
长　　沙	0	0	0	0	0	0	0	0
广　　州 *	223	0	150	73	100	0	70	30
南　　宁	0	0	0	0	0	0	0	0
海　　口	0	0	0	0	0	0	0	0
成　　都 *	0	0	0	0	0	0	0	0
贵　　阳	0	0	0	0	0	0	0	0
昆　　明	0	0	0	0	0	0	0	0
拉　　萨	0	0	0	0	0	0	0	0
西　　安 *	0	0	0	0	0	0	0	0
兰　　州	0	0	0	0	0	0	0	0
西　　宁	0	0	0	0	0	0	0	0
银　　川	0	0	0	0	0	0	0	0
乌鲁木齐	0	0	0	0	0	0	0	0

5-5 2016年各地区地级科协学术交流活动

地区	国内学术会议							
	合计（次）	高端前沿学术会议	综合交叉学术会议	学术服务会议	#学术年会			
					合计（次）	高端前沿学术会议	综合交叉学术会议	学术服务会议
合计	**2877**	**287**	**1091**	**1499**	**411**	**47**	**97**	**267**
北京	8	1	0	7	0	0	0	0
天津	21	3	15	3	3	0	0	3
河北	187	23	86	78	2	0	2	0
山西	30	2	16	12	0	0	0	0
内蒙古	58	7	35	16	28	2	22	4
辽宁	73	3	25	45	4	1	2	1
吉林	11	2	6	3	3	1	1	1
黑龙江	241	8	173	60	3	0	1	2
上海	236	8	51	177	38	0	6	32
江苏	190	61	61	68	17	4	3	10
浙江	306	12	73	221	99	2	3	94
安徽	148	4	84	60	9	1	3	5
福建	22	2	15	5	7	1	5	1
江西	34	6	13	15	1	1	0	0
山东	97	15	29	53	24	3	5	16
河南	464	35	224	205	34	15	19	0
湖北	215	27	53	135	45	7	5	33
湖南	154	9	18	127	41	1	3	37
广东	63	10	4	49	3	1	0	2
广西	0	0	0	0	0	0	0	0
海南	0	0	0	0	0	0	0	0
重庆	52	6	28	18	0	0	0	0
四川	114	23	25	66	22	0	9	13
贵州	48	3	1	44	7	0	0	7
云南	50	4	45	1	7	4	2	1
西藏	3	0	3	0	2	0	2	0
陕西	11	2	4	5	7	1	4	2
甘肃	18	2	2	14	2	0	0	2
青海	0	0	0	0	0	0	0	0
宁夏	4	0	1	3	0	0	0	0
新疆	0	0	0	0	0	0	0	0
新疆生产建设兵团	19	9	1	9	3	2	0	1

5-5 续表 1

地区	国内学术会议参加人数							
	合计（人次）	高端前沿学术会议	综合交叉学术会议	学术服务会议	# 企业科技工作者			
					合计（人次）	高端前沿学术会议	综合交叉学术会议	学术服务会议
合计	**365591**	**53984**	**134249**	**177358**	**125001**	**17829**	**43955**	**63217**
北京	916	156	0	760	628	126	0	502
天津	2100	300	1300	500	1800	300	1000	500
河北	54862	7421	32654	14787	11234	835	4446	5953
山西	300	300	0	0	20	20	0	0
内蒙古	5859	207	4079	1573	880	3	852	25
辽宁	13376	710	5306	7360	8150	150	3435	4565
吉林	239	9	190	40	181	0	157	24
黑龙江	19167	328	12585	6254	3690	23	2310	1357
上海	19248	2650	4833	11765	9040	1198	2570	5272
江苏	58070	18438	11432	28200	19176	6620	5760	6796
浙江	23313	1486	5322	16505	11392	692	1353	9347
安徽	22902	453	13849	8600	12386	148	6753	5485
福建	3805	1000	1900	905	920	150	460	310
江西	5310	680	3680	950	3740	470	2830	440
山东	15642	1973	4254	9415	8689	1141	2203	5345
河南	43554	7020	18332	18202	13761	2094	5894	5773
湖北	17800	1605	3465	12730	6100	546	1512	4042
湖南	15916	1227	1823	12866	978	385	311	282
广东	12185	1005	750	10430	3196	570	480	2146
广西	0	0	0	0	0	0	0	0
海南	0	0	0	0	0	0	0	0
重庆	5590	620	2850	2120	823	80	467	276
四川	9033	2136	1140	5757	5913	1558	530	3825
贵州	3458	170	40	3248	160	0	0	160
云南	2874	487	2385	2	0	0	0	0
西藏	60	0	60	0	8	0	8	0
陕西	2250	450	700	1100	559	110	332	117
甘肃	837	138	320	379	124	0	52	72
青海	0	0	0	0	0	0	0	0
宁夏	410	0	200	210	150	0	150	0
新疆	0	0	0	0	0	0	0	0
新疆生产建设兵团	6515	3015	800	2700	1303	610	90	603

5-5 续表 2

地　区	合　计（篇）	国内学术会议交流论文		
		高端前沿学术会议	综合交叉学术会议	学术服务会议
合　计	**50222**	**10245**	**17515**	**22462**
北　京	19	10	0	9
天　津	1300	300	500	500
河　北	2683	351	1190	1142
山　西	236	3	28	205
内蒙古	611	0	318	293
辽　宁	1902	332	589	981
吉　林	15	0	8	7
黑龙江	4052	86	1462	2504
上　海	1277	225	275	777
江　苏	7728	4674	2021	1033
浙　江	4978	141	876	3961
安　徽	1827	99	1111	617
福　建	1064	276	563	225
江　西	788	298	280	210
山　东	2465	118	911	1436
河　南	5837	336	1844	3657
湖　北	5050	836	2385	1829
湖　南	2715	357	706	1652
广　东	801	202	46	553
广　西	0	0	0	0
海　南	0	0	0	0
重　庆	1047	138	807	102
四　川	634	361	243	30
贵　州	218	19	0	199
云　南	499	152	347	0
西　藏	11	0	11	0
陕　西	1365	272	863	230
甘　肃	338	59	45	234
青　海	0	0	0	0
宁　夏	30	0	6	24
新　疆	0	0	0	0
新疆生产建设兵团	732	600	80	52

5-5 续表 3

地　区	合计（次）	境内国际学术会议			合计（篇）	境内国际学术会议交流论文		
		高端前沿学术会议	综合交叉学术会议	学术服务会议		高端前沿学术会议	综合交叉学术会议	学术服务会议
合　计	**108**	**55**	**18**	**35**	**5199**	**3135**	**681**	**1383**
北　京	0	0	0	0	0	0	0	0
天　津	6	6	0	0	55	55	0	0
河　北	1	0	1	0	47	0	47	0
山　西	0	0	0	0	0	0	0	0
内蒙古	2	0	2	0	4	0	4	0
辽　宁	0	0	0	0	0	0	0	0
吉　林	0	0	0	0	0	0	0	0
黑龙江	3	3	0	0	30	30	0	0
上　海	5	2	2	1	303	200	83	20
江　苏	24	20	3	1	2828	2255	383	190
浙　江	3	3	0	0	87	87	0	0
安　徽	8	2	0	6	72	40	0	32
福　建	1	1	0	0	266	266	0	0
江　西	0	0	0	0	0	0	0	0
山　东	3	2	0	1	725	25	0	700
河　南	5	1	0	4	14	8	0	6
湖　北	23	2	1	20	610	120	60	430
湖　南	2	2	0	0	8	8	0	0
广　东	2	1	1	0	2	1	1	0
广　西	0	0	0	0	0	0	0	0
海　南	0	0	0	0	0	0	0	0
重　庆	0	0	0	0	0	0	0	0
四　川	17	10	5	2	85	40	40	5
贵　州	0	0	0	0	0	0	0	0
云　南	0	0	0	0	0	0	0	0
西　藏	0	0	0	0	0	0	0	0
陕　西	2	0	2	0	2	0	2	0
甘　肃	0	0	0	0	0	0	0	0
青　海	0	0	0	0	0	0	0	0
宁　夏	0	0	0	0	0	0	0	0
新　疆	1	0	1	0	61	0	61	0
新疆生产建设兵团	0	0	0	0	0	0	0	0

5−5 续表 4

地　　区	境内国际学术会议参加人数							
	合　计（人次）	高端前沿学术会议	综合交叉学术会议	学术服务会　　议	# 企业科技工作者			
					合　计（人次）	高端前沿学术会议	综合交叉学术会议	学术服务会　　议
合　　计	**21963**	**12016**	**3521**	**6426**	**12596**	**5781**	**2137**	**4678**
北　　京	0	0	0	0	0	0	0	0
天　　津	720	720	0	0	580	580	0	0
河　　北	251	0	251	0	30	0	30	0
山　　西	0	0	0	0	0	0	0	0
内 蒙 古	9	0	9	0	0	0	0	0
辽　　宁	0	0	0	0	0	0	0	0
吉　　林	0	0	0	0	0	0	0	0
黑 龙 江	1190	1190	0	0	881	881	0	0
上　　海	1490	670	340	480	1070	520	250	300
江　　苏	7010	5103	795	1112	3160	2270	385	505
浙　　江	506	506	0	0	280	280	0	0
安　　徽	618	400	0	218	414	300	0	114
福　　建	800	800	0	0	130	130	0	0
江　　西	0	0	0	0	0	0	0	0
山　　东	1432	532	0	900	1170	360	0	810
河　　南	166	160	0	6	5	0	0	5
湖　　北	4900	800	400	3700	3400	200	260	2940
湖　　南	800	800	0	0	0	0	0	0
广　　东	800	300	500	0	640	240	400	0
广　　西	0	0	0	0	0	0	0	0
海　　南	0	0	0	0	0	0	0	0
重　　庆	0	0	0	0	0	0	0	0
四　　川	65	35	20	10	36	20	12	4
贵　　州	0	0	0	0	0	0	0	0
云　　南	0	0	0	0	0	0	0	0
西　　藏	0	0	0	0	0	0	0	0
陕　　西	206	0	206	0	0	0	0	0
甘　　肃	0	0	0	0	0	0	0	0
青　　海	0	0	0	0	0	0	0	0
宁　　夏	0	0	0	0	0	0	0	0
新　　疆	1000	0	1000	0	800	0	800	0
新疆生产建设兵团	0	0	0	0	0	0	0	0

5-5 续表 5

地　区	境内国际学术会议参加人数			
	合　计（人次）	#境外专家学者		
		高端前沿学术会议	综合交叉学术会议	学术服务会议
合　计	**2898**	**2194**	**440**	**264**
北　京	0	0	0	0
天　津	55	55	0	0
河　北	17	0	17	0
山　西	0	0	0	0
内 蒙 古	0	0	0	0
辽　宁	0	0	0	0
吉　林	0	0	0	0
黑 龙 江	14	14	0	0
上　海	164	94	37	33
江　苏	2301	1817	324	160
浙　江	40	40	0	0
安　徽	39	20	0	19
福　建	70	70	0	0
江　西	0	0	0	0
山　东	82	32	0	50
河　南	2	2	0	0
湖　北	2	0	0	2
湖　南	7	7	0	0
广　东	52	43	9	0
广　西	0	0	0	0
海　南	0	0	0	0
重　庆	0	0	0	0
四　川	0	0	0	0
贵　州	0	0	0	0
云　南	0	0	0	0
西　藏	0	0	0	0
陕　西	3	0	3	0
甘　肃	0	0	0	0
青　海	0	0	0	0
宁　夏	0	0	0	0
新　疆	50	0	50	0
新疆生产建设兵团	0	0	0	0

5-5 续表 6

地　区	合　计（次）	港澳台地区学术会议			合　计（篇）	港澳台地区学术会议交流论文		
		高端前沿学术会议	综合交叉学术会议	学术服务会　议		高端前沿学术会议	综合交叉学术会议	学术服务会　议
合　计	**9**	**5**	**2**	**2**	**222**	**123**	**71**	**28**
北　京	0	0	0	0	0	0	0	0
天　津	0	4	0	0	55	55	0	0
河　北	0	0	0	0	0	0	0	0
山　西	0	0	0	0	0	0	0	0
内蒙古	0	0	0	0	0	0	0	0
辽　宁	0	0	0	0	0	0	0	0
吉　林	0	0	0	0	0	0	0	0
黑龙江	0	0	0	0	0	0	0	0
上　海	1	0	0	1	8	0	0	8
江　苏	2	1	1	0	88	68	20	0
浙　江	0	0	0	0	0	0	0	0
安　徽	0	0	0	0	0	0	0	0
福　建	1	0	1	0	51	0	51	0
江　西	0	0	0	0	0	0	0	0
山　东	0	0	0	0	0	0	0	0
河　南	0	0	0	0	0	0	0	0
湖　北	1	0	0	1	20	0	0	20
湖　南	0	0	0	0	0	0	0	0
广　东	0	0	0	0	0	0	0	0
广　西	0	0	0	0	0	0	0	0
海　南	0	0	0	0	0	0	0	0
重　庆	0	0	0	0	0	0	0	0
四　川	0	0	0	0	0	0	0	0
贵　州	0	0	0	0	0	0	0	0
云　南	0	0	0	0	0	0	0	0
西　藏	0	0	0	0	0	0	0	0
陕　西	0	0	0	0	0	0	0	0
甘　肃	0	0	0	0	0	0	0	0
青　海	0	0	0	0	0	0	0	0
宁　夏	0	0	0	0	0	0	0	0
新　疆	0	0	0	0	0	0	0	0
新疆生产建设兵团	0	0	0	0	0	0	0	0

5-5 续表 7

地 区	港澳台地区学术会议参加人数							
	合 计（人次）	高端前沿学术会议	综合交叉学术会议	学术服务会 议	#企业科技工作者			
					合 计（人次）	高端前沿学术会议	综合交叉学术会议	学术服务会 议
合 计	**1461**	**804**	**497**	**160**	**701**	**506**	**105**	**90**
北 京	0	0	0	0	0	0	0	0
天 津	480	480	0	0	350	350	0	0
河 北	0	0	0	0	0	0	0	0
山 西	0	0	0	0	0	0	0	0
内 蒙 古	0	0	0	0	0	0	0	0
辽 宁	0	0	0	0	0	0	0	0
吉 林	0	0	0	0	0	0	0	0
黑 龙 江	0	0	0	0	0	0	0	0
上 海	120	0	0	120	90	0	0	90
江 苏	564	324	240	0	226	156	70	0
浙 江	0	0	0	0	0	0	0	0
安 徽	0	0	0	0	0	0	0	0
福 建	257	0	257	0	35	0	35	0
江 西	0	0	0	0	0	0	0	0
山 东	0	0	0	0	0	0	0	0
河 南	0	0	0	0	0	0	0	0
湖 北	40	0	0	40	0	0	0	0
湖 南	0	0	0	0	0	0	0	0
广 东	0	0	0	0	0	0	0	0
广 西	0	0	0	0	0	0	0	0
海 南	0	0	0	0	0	0	0	0
重 庆	0	0	0	0	0	0	0	0
四 川	0	0	0	0	0	0	0	0
贵 州	0	0	0	0	0	0	0	0
云 南	0	0	0	0	0	0	0	0
西 藏	0	0	0	0	0	0	0	0
陕 西	0	0	0	0	0	0	0	0
甘 肃	0	0	0	0	0	0	0	0
青 海	0	0	0	0	0	0	0	0
宁 夏	0	0	0	0	0	0	0	0
新 疆	0	0	0	0	0	0	0	0
新疆生产建设兵团	0	0	0	0	0	0	0	0

5-6　2016年各地区县级科协学术交流活动

地　区	合　计（次）	国内学术会议		
		高端前沿学术会议	综合交叉学术会议	学术服务会议
合　计	**1333**	**234**	**323**	**776**
河　北	10	0	1	9
山　西	1	0	0	1
内蒙古	9	1	5	3
辽　宁	2	0	1	1
吉　林	1	0	0	1
黑龙江	16	0	7	9
江　苏	314	99	80	135
浙　江	301	45	51	205
安　徽	23	0	8	15
福　建	57	0	8	49
江　西	8	2	0	6
山　东	211	52	52	107
河　南	15	0	2	13
湖　北	148	15	53	80
湖　南	74	3	10	61
广　东	24	0	18	6
广　西	0	0	0	0
海　南	0	0	0	0
重　庆	0	0	0	0
四　川	30	6	1	23
贵　州	13	1	1	11
云　南	16	2	10	4
西　藏	16	6	5	5
陕　西	24	1	6	17
甘　肃	16	1	1	14
青　海	2	0	2	0
宁　夏	1	0	1	0
新　疆	1	0	0	1

注：本表数据不含北京、天津和上海地区。

5-6 续表 1

地 区	国内学术会议参加人数							
	合 计（人次）	高端前沿学术会议	综合交叉学术会议	学术服务会 议	# 企业科技工作者			
					合 计（人次）	高端前沿学术会议	综合交叉学术会议	学术服务会 议
合 计	**121144**	**26242**	**31394**	**63508**	**56043**	**16411**	**13417**	**26215**
河 北	1403	0	2	1401	227	0	1	226
山 西	0	0	0	0	0	0	0	0
内蒙古	275	15	15	245	87	1	1	85
辽 宁	70	0	50	20	17	0	15	2
吉 林	360	0	0	360	35	0	0	35
黑龙江	909	0	710	199	175	0	148	27
江 苏	43983	18423	11419	14141	23172	12073	5081	6018
浙 江	30544	5766	7190	17588	20327	3393	5565	11369
安 徽	2993	0	641	2352	464	0	137	327
福 建	2579	0	635	1944	688	0	97	591
江 西	884	202	0	682	436	40	0	396
山 东	9758	330	1386	8042	3769	73	714	2982
河 南	256	0	36	220	92	0	36	56
湖 北	13954	835	6139	6980	2418	680	608	1130
湖 南	4866	35	786	4045	1622	6	384	1232
广 东	2130	0	1451	679	990	0	512	478
广 西	0	0	0	0	0	0	0	0
海 南	0	0	0	0	0	0	0	0
重 庆	0	0	0	0	0	0	0	0
四 川	2232	236	140	1856	622	145	0	477
贵 州	936	110	78	748	161	0	13	148
云 南	527	21	405	101	36	0	36	0
西 藏	206	23	53	130	36	0	18	18
陕 西	1084	1	178	905	543	0	51	492
甘 肃	1085	245	0	840	106	0	0	106
青 海	80	0	80	0	0	0	0	0
宁 夏	0	0	0	0	0	0	0	0
新 疆	30	0	0	30	20	0	0	20

5−6 续表 2

地　区	合　计（篇）	国内学术会议交流论文		
		高端前沿学术会议	综合交叉学术会议	学术服务会议
合　计	**16251**	**1798**	**5580**	**8873**
河　北	34	0	0	34
山　西	5	0	0	5
内蒙古	22	1	4	17
辽　宁	10	0	10	0
吉　林	5	0	0	5
黑龙江	165	0	110	55
江　苏	7548	782	3802	2964
浙　江	2107	507	384	1216
安　徽	192	0	97	95
福　建	684	0	93	591
江　西	24	6	0	18
山　东	1537	262	284	991
河　南	48	0	22	26
湖　北	1054	118	245	691
湖　南	1810	4	304	1502
广　东	64	0	29	35
广　西	0	0	0	0
海　南	0	0	0	0
重　庆	0	0	0	0
四　川	445	52	40	353
贵　州	98	3	10	85
云　南	77	1	67	9
西　藏	40	20	13	7
陕　西	143	0	65	78
甘　肃	138	42	1	95
青　海	0	0	0	0
宁　夏	0	0	0	0
新　疆	1	0	0	1

5-6 续表 3

地区	合计（次）	境内国际学术会议			合计（篇）	境内国际学术会议交流论文		
		高端前沿学术会议	综合交叉学术会议	学术服务会议		高端前沿学术会议	综合交叉学术会议	学术服务会议
合计	**63**	**30**	**11**	**22**	**708**	**371**	**123**	**214**
河北	5	1	1	3	6	1	2	3
山西	0	0	0	0	0	0	0	0
内蒙古	2	0	0	2	26	0	0	26
辽宁	0	0	0	0	0	0	0	0
吉林	0	0	0	0	0	0	0	0
黑龙江	0	0	0	0	0	0	0	0
江苏	28	21	3	4	339	312	9	18
浙江	3	2	0	1	32	12	0	20
安徽	0	0	0	0	0	0	0	0
福建	0	0	0	0	0	0	0	0
江西	0	0	0	0	0	0	0	0
山东	21	5	5	11	287	45	102	140
河南	0	0	0	0	0	0	0	0
湖北	2	0	1	1	15	0	8	7
湖南	1	0	1	0	2	0	2	0
广东	0	0	0	0	0	0	0	0
广西	0	0	0	0	0	0	0	0
海南	0	0	0	0	0	0	0	0
重庆	0	0	0	0	0	0	0	0
四川	1	1	0	0	1	1	0	0
贵州	0	0	0	0	0	0	0	0
云南	0	0	0	0	0	0	0	0
西藏	0	0	0	0	0	0	0	0
陕西	0	0	0	0	0	0	0	0
甘肃	0	0	0	0	0	0	0	0
青海	0	0	0	0	0	0	0	0
宁夏	0	0	0	0	0	0	0	0
新疆	0	0	0	0	0	0	0	0

5-6 续表 4

地区	境内国际学术会议参加人数							
	合计（人次）	高端前沿学术会议	综合交叉学术会议	学术服务会议	# 企业科技工作者			
					合计（人次）	高端前沿学术会议	综合交叉学术会议	学术服务会议
合计	**7400**	**5717**	**489**	**1194**	**4851**	**3967**	**234**	**650**
河北	328	3	5	320	328	3	5	320
山西	0	0	0	0	0	0	0	0
内蒙古	24	0	0	24	0	0	0	0
辽宁	0	0	0	0	0	0	0	0
吉林	0	0	0	0	0	0	0	0
黑龙江	0	0	0	0	0	0	0	0
江苏	5782	5252	180	350	3830	3570	105	155
浙江	600	400	0	200	470	380	0	90
安徽	0	0	0	0	0	0	0	0
福建	0	0	0	0	0	0	0	0
江西	0	0	0	0	0	0	0	0
山东	384	60	124	200	91	12	34	45
河南	0	0	0	0	0	0	0	0
湖北	200	0	100	100	50	0	10	40
湖南	80	0	80	0	80	0	80	0
广东	0	0	0	0	0	0	0	0
广西	0	0	0	0	0	0	0	0
海南	0	0	0	0	0	0	0	0
重庆	0	0	0	0	0	0	0	0
四川	2	2	0	0	2	2	0	0
贵州	0	0	0	0	0	0	0	0
云南	0	0	0	0	0	0	0	0
西藏	0	0	0	0	0	0	0	0
陕西	0	0	0	0	0	0	0	0
甘肃	0	0	0	0	0	0	0	0
青海	0	0	0	0	0	0	0	0
宁夏	0	0	0	0	0	0	0	0
新疆	0	0	0	0	0	0	0	0

5-6 续表 5

地 区	境内国际学术会议参加人数			
	合 计（人次）	# 境外专家学者		
		高端前沿学术会议	综合交叉学术会议	学术服务会议
合 计	**1464**	**1305**	**37**	**122**
河 北	0	0	0	0
山 西	0	0	0	0
内蒙古	26	0	0	26
辽 宁	0	0	0	0
吉 林	0	0	0	0
黑龙江	0	0	0	0
江 苏	1373	1275	35	63
浙 江	53	20	0	33
安 徽	0	0	0	0
福 建	0	0	0	0
江 西	0	0	0	0
山 东	2	0	2	0
河 南	0	0	0	0
湖 北	0	0	0	0
湖 南	0	0	0	0
广 东	0	0	0	0
广 西	0	0	0	0
海 南	0	0	0	0
重 庆	0	0	0	0
四 川	10	10	0	0
贵 州	0	0	0	0
云 南	0	0	0	0
西 藏	0	0	0	0
陕 西	0	0	0	0
甘 肃	0	0	0	0
青 海	0	0	0	0
宁 夏	0	0	0	0
新 疆	0	0	0	0

5-6 续表 6

地　　区	合　计（次）	港澳台地区学术会议			合　计（篇）	港澳台地区学术会议交流论文		
		高端前沿学术会议	综合交叉学术会议	学术服务会　　议		高端前沿学术会议	综合交叉学术会议	学术服务会　　议
合　　计	**9**	**2**	**5**	**2**	**35**	**2**	**30**	**3**
河　　北	0	0	0	0	0	0	0	0
山　　西	0	0	0	0	0	0	0	0
内 蒙 古	0	0	0	0	0	0	0	0
辽　　宁	0	0	0	0	0	0	0	0
吉　　林	0	0	0	0	0	0	0	0
黑 龙 江	0	0	0	0	0	0	0	0
江　　苏	3	1	1	1	5	1	2	2
浙　　江	3	0	3	0	25	0	25	0
安　　徽	0	0	0	0	0	0	0	0
福　　建	0	0	0	0	0	0	0	0
江　　西	0	0	0	0	0	0	0	0
山　　东	0	0	0	0	0	0	0	0
河　　南	0	0	0	0	0	0	0	0
湖　　北	0	0	0	0	0	0	0	0
湖　　南	0	0	0	0	0	0	0	0
广　　东	1	0	0	1	1	0	0	1
广　　西	0	0	0	0	0	0	0	0
海　　南	0	0	0	0	0	0	0	0
重　　庆	0	0	0	0	0	0	0	0
四　　川	0	0	0	0	0	0	0	0
贵　　州	0	0	0	0	0	0	0	0
云　　南	1	0	1	0	3	0	3	0
西　　藏	0	0	0	0	0	0	0	0
陕　　西	0	0	0	0	0	0	0	0
甘　　肃	0	0	0	0	0	0	0	0
青　　海	0	0	0	0	0	0	0	0
宁　　夏	0	0	0	0	0	0	0	0
新　　疆	1	1	0	0	1	1	0	0

5-6 续表 7

地　区	港澳台地区学术会议参加人数							
	合　计（人次）	高端前沿学术会议	综合交叉学术会议	学术服务会　议	合　计（人次）	# 企业科技工作者		
						高端前沿学术会议	综合交叉学术会议	学术服务会　议
合　计	**273**	**53**	**158**	**62**	**66**	**10**	**40**	**16**
河　北	0	0	0	0	0	0	0	0
山　西	0	0	0	0	0	0	0	0
内蒙古	0	0	0	0	0	0	0	0
辽　宁	0	0	0	0	0	0	0	0
吉　林	0	0	0	0	0	0	0	0
黑龙江	0	0	0	0	0	0	0	0
江　苏	70	0	70	0	25	0	25	0
浙　江	0	0	0	0	0	0	0	0
安　徽	0	0	0	0	0	0	0	0
福　建	0	0	0	0	0	0	0	0
江　西	0	0	0	0	0	0	0	0
山　东	0	0	0	0	0	0	0	0
河　南	0	0	0	0	0	0	0	0
湖　北	0	0	0	0	0	0	0	0
湖　南	1	0	0	1	1	0	0	1
广　东	0	0	0	0	0	0	0	0
广　西	0	0	0	0	0	0	0	0
海　南	0	0	0	0	0	0	0	0
重　庆	0	0	0	0	0	0	0	0
四　川	0	0	0	0	0	0	0	0
贵　州	1	0	1	0	0	0	0	0
云　南	0	0	0	0	0	0	0	0
西　藏	0	0	0	0	0	0	0	0
陕　西	0	0	0	0	0	0	0	0
甘　肃	0	0	0	0	0	0	0	0
青　海	0	0	0	0	0	0	0	0
宁　夏	1	1	0	0	0	0	0	0
新　疆	0	0	0	0	0	0	0	0

5-7 2016年各地区省级学会学术交流活动

地区	国内学术会议							
	合计(次)	高端前沿学术会议	综合交叉学术会议	学术服务会议	#学术年会			
					合计(次)	高端前沿学术会议	综合交叉学术会议	学术服务会议
合计	**18890**	**5190**	**5923**	**7777**	**5250**	**1656**	**1794**	**1800**
北京	1175	554	352	269	215	118	68	29
天津	767	164	253	350	211	45	94	72
河北	614	148	226	240	135	50	37	48
山西	246	50	71	125	71	21	26	24
内蒙古	269	74	91	104	148	40	59	49
辽宁	410	138	93	179	195	73	29	93
吉林	573	236	141	196	166	101	32	33
黑龙江	539	116	147	276	310	50	76	184
上海	2095	546	1009	540	332	112	122	98
江苏	930	400	334	196	349	143	174	32
浙江	974	312	199	463	221	58	82	81
安徽	424	71	102	251	102	33	26	43
福建	481	94	192	195	215	31	61	123
江西	390	111	126	153	150	61	36	53
山东	873	257	277	339	251	75	59	117
河南	672	103	297	272	299	44	223	32
湖北	415	119	182	114	151	49	62	40
湖南	1370	384	327	659	228	64	81	83
广东	1286	459	354	473	295	194	61	40
广西	349	107	115	127	162	53	23	86
海南	42	16	3	23	19	7	2	10
重庆	508	125	252	131	139	23	89	27
四川	700	204	130	366	194	62	36	96
贵州	409	54	94	261	143	23	41	79
云南	248	41	92	115	79	13	23	43
西藏	13	4	5	4	3	1	1	1
陕西	396	105	154	137	137	32	37	68
甘肃	121	32	49	40	57	14	19	24
青海	551	27	88	436	100	8	30	62
宁夏	101	15	71	15	55	6	48	1
新疆	949	124	97	728	118	52	37	29

5-7 续表 1

地　　区	国内学术会议参加人数							
	合　计（人次）	高端前沿学术会议	综合交叉学术会议	学术服务会　议	# 企业科技工作者			
					合　计（人次）	高端前沿学术会议	综合交叉学术会议	学术服务会　议
合　　计	**3278450**	**915878**	**848227**	**1514345**	**489849**	**193642**	**142105**	**154102**
北　　京	632266	86896	44755	500615	29314	11849	11713	5752
天　　津	126077	37529	41126	47422	17693	7461	4545	5687
河　　北	96067	27705	32190	36172	8820	2009	4545	2227
山　　西	36696	9248	6220	21228	8218	1249	2138	4831
内 蒙 古	38468	9632	16701	12135	8120	389	1339	6392
辽　　宁	63387	17564	10389	35434	14488	5477	2934	6077
吉　　林	87836	50476	16399	20961	13945	6753	2679	4513
黑 龙 江	50591	5846	15218	29527	1652	167	484	1001
上　　海	251701	73135	115967	62599	49732	16460	20661	12611
江　　苏	165700	82327	64091	19282	29047	12980	10920	5147
浙　　江	168849	75914	34300	58635	25506	10646	3767	11093
安　　徽	69235	14839	17214	37182	13201	2484	3968	6749
福　　建	60803	12008	27583	21212	14184	5053	4826	4305
江　　西	46773	14394	16127	16252	12318	1911	7781	2626
山　　东	122318	32643	64474	25201	18548	4090	7503	6955
河　　南	110231	17632	76375	16224	13766	2739	1082	9945
湖　　北	50747	16889	20268	13590	15664	6025	4477	5162
湖　　南	186590	83860	47550	55180	22696	4912	5120	12664
广　　东	210700	127440	36552	46708	91029	62912	14855	13262
广　　西	46579	14890	14318	17371	8531	1737	4277	2517
海　　南	6453	1477	449	4527	3288	571	50	2667
重　　庆	79884	19915	42779	17190	14834	4184	5822	4828
四　　川	129717	29260	15833	84624	17950	10105	3207	4638
贵　　州	58766	7742	7282	43742	9374	3686	1710	3978
云　　南	82914	5397	20721	56796	5695	1438	2141	2116
西　　藏	384	82	240	62	0	0	0	0
陕　　西	59055	12457	21469	25129	12405	3236	6680	2489
甘　　肃	8955	6066	2484	405	923	298	430	195
青　　海	98744	1219	3669	93856	2622	389	1125	1108
宁　　夏	11020	3620	7300	100	611	0	610	1
新　　疆	120944	17776	8184	94984	5675	2432	677	2566

5-7 续表 2

地　区	合　计（篇）	国内学术会议交流论文		
		高端前沿学术会议	综合交叉学术会议	学术服务会议
合　计	**409040**	**137186**	**166722**	**105132**
北　京	17389	8974	6467	1948
天　津	11775	4810	5102	1863
河　北	10178	3663	3448	3067
山　西	6605	1103	1860	3642
内蒙古	3794	790	2138	866
辽　宁	8511	1659	1182	5670
吉　林	14392	11431	1860	1101
黑龙江	8054	1710	2142	4202
上　海	33201	8097	19271	5833
江　苏	39761	15807	21390	2564
浙　江	37826	16595	14707	6524
安　徽	11458	2148	3241	6069
福　建	11815	2180	5224	4411
江　西	6313	2162	2336	1815
山　东	36743	5108	26247	5388
河　南	24827	2909	18216	3702
湖　北	7020	2615	3274	1131
湖　南	16419	6371	5363	4685
广　东	26492	20244	3238	3010
广　西	14887	5987	1583	7317
海　南	1790	356	180	1254
重　庆	7668	2192	3002	2474
四　川	14768	2180	2104	10484
贵　州	6828	673	2746	3409
云　南	9335	658	3288	5389
西　藏	76	25	44	7
陕　西	11256	2909	4490	3857
甘　肃	1298	545	631	122
青　海	3071	18	425	2628
宁　夏	437	169	252	16
新　疆	5053	3098	1271	684

5-7 续表 3

地区	合计（次）	境内国际学术会议			合计（篇）	境内国际学术会议交流论文		
		高端前沿学术会议	综合交叉学术会议	学术服务会议		高端前沿学术会议	综合交叉学术会议	学术服务会议
合计	**1395**	**755**	**366**	**274**	**35218**	**22139**	**8971**	**4108**
北京	71	51	17	3	2142	1473	591	78
天津	37	29	6	2	917	788	75	54
河北	11	5	4	2	553	329	163	61
山西	18	9	4	5	175	124	9	42
内蒙古	12	7	1	4	74	47	15	12
辽宁	35	19	10	6	629	484	120	25
吉林	41	30	5	6	489	348	92	49
黑龙江	66	33	17	16	981	801	131	49
上海	163	91	53	19	5723	2392	2979	352
江苏	87	55	25	7	5254	3781	1278	195
浙江	77	47	12	18	1829	1466	313	50
安徽	9	5	1	3	338	233	13	92
福建	33	19	11	3	861	443	407	11
江西	45	17	3	25	442	369	32	41
山东	101	52	27	22	2570	1858	408	304
河南	28	8	4	16	511	97	65	349
湖北	75	42	17	16	1654	973	594	87
湖南	53	31	13	9	678	460	55	163
广东	94	33	53	8	2259	1126	136	997
广西	33	10	10	13	694	231	334	129
海南	1	1	0	0	4	4	0	0
重庆	28	16	10	2	608	382	208	18
四川	78	44	13	21	2742	1735	132	875
贵州	55	19	16	20	233	146	75	12
云南	22	8	10	4	161	97	42	22
西藏	0	0	0	0	0	0	0	0
陕西	57	40	15	2	1888	1182	681	25
甘肃	5	1	1	3	21	6	7	8
青海	7	2	4	1	19	7	6	6
宁夏	3	3	0	0	109	109	0	0
新疆	50	28	4	18	660	648	10	2

5-7 续表 4

地 区	境内国际学术会议参加人数							
	合 计（人次）	高端前沿学术会议	综合交叉学术会议	学术服务会 议	# 企业科技工作者			
					合 计（人次）	高端前沿学术会议	综合交叉学术会议	学术服务会 议
合 计	**237832**	**145907**	**68355**	**23570**	**56808**	**33014**	**15908**	**7886**
北 京	237832	15658	1962	287	3429	2557	832	40
天 津	4108	3267	619	222	1356	995	339	22
河 北	3474	2923	461	90	193	110	50	33
山 西	1724	971	390	363	464	329	85	50
内蒙古	529	369	100	60	232	232	0	0
辽 宁	6354	3755	1649	950	2762	1541	721	500
吉 林	4386	3452	668	266	652	522	130	0
黑龙江	2766	2119	418	229	159	117	10	32
上 海	65424	30774	29518	5132	12190	5308	5704	1178
江 苏	19623	9844	9150	629	2705	1761	844	100
浙 江	13636	11183	2023	430	1949	1448	323	178
安 徽	1590	1010	100	480	415	280	45	90
福 建	3103	1571	1190	342	448	235	213	0
江 西	1759	934	158	667	90	87	0	3
山 东	10057	4700	3822	1535	2007	576	816	615
河 南	3892	1720	1120	1052	434	17	8	409
湖 北	8167	4604	1865	1698	2992	833	1105	1054
湖 南	3516	2425	400	691	352	199	33	120
广 东	16234	11824	1664	2746	12018	8462	1340	2216
广 西	6085	1983	2884	1218	2014	680	782	552
海 南	4	4	0	0	0	0	0	0
重 庆	6039	3404	2610	25	2174	1249	920	5
四 川	13228	9463	660	3105	3195	2695	146	354
贵 州	1690	1308	332	50	815	812	3	0
云 南	1486	564	617	305	341	115	75	151
西 藏	0	0	0	0	0	0	0	0
陕 西	10143	7260	2543	340	2446	1246	1140	60
甘 肃	55	5	7	43	5	0	0	5
青 海	1794	389	1160	245	471	165	197	109
宁 夏	3380	3380	0	0	0	0	0	0
新 疆	5679	5044	265	370	500	443	47	10

5-7 续表 5

地　　区	境内国际学术会议参加人数			
	合　计（人次）	# 境外专家学者		
		高端前沿学术会议	综合交叉学术会议	学术服务会议
合　　计	**12665**	**8861**	**2633**	**1171**
北　　京	702	522	168	12
天　　津	257	236	8	13
河　　北	88	75	9	4
山　　西	72	29	19	24
内 蒙 古	66	30	1	35
辽　　宁	90	80	8	2
吉　　林	383	332	43	8
黑 龙 江	307	184	113	10
上　　海	2151	1435	553	163
江　　苏	1601	1181	399	21
浙　　江	520	380	109	31
安　　徽	200	112	21	67
福　　建	459	330	99	30
江　　西	100	87	5	8
山　　东	357	190	158	9
河　　南	106	19	12	75
湖　　北	870	703	133	34
湖　　南	263	174	29	60
广　　东	777	508	48	221
广　　西	716	220	315	181
海　　南	0	0	0	0
重　　庆	764	711	53	0
四　　川	637	492	27	118
贵　　州	54	35	8	11
云　　南	67	29	33	5
西　　藏	0	0	0	0
陕　　西	696	475	215	6
甘　　肃	0	0	0	0
青　　海	92	45	34	13
宁　　夏	45	45	0	0
新　　疆	225	202	13	10

5-7 续表 6

地 区	港澳台地区学术会议				港澳台地区学术会议交流论文			
	合 计（次）	高端前沿学术会议	综合交叉学术会议	学术服务会 议	合 计（篇）	高端前沿学术会议	综合交叉学术会议	学术服务会 议
合 计	**209**	**99**	**70**	**40**	**5707**	**2757**	**1449**	**1501**
北 京	4	1	3	0	72	3	69	0
天 津	3	2	1	0	302	132	170	0
河 北	1	0	1	0	8	0	8	0
山 西	3	3	0	0	2	2	0	0
内 蒙 古	0	0	0	0	0	0	0	0
辽 宁	4	1	3	0	27	3	24	0
吉 林	4	2	1	1	32	24	3	5
黑 龙 江	9	1	5	3	57	15	35	7
上 海	13	8	4	1	479	258	190	31
江 苏	26	18	4	4	597	476	106	15
浙 江	7	3	4	0	118	104	14	0
安 徽	3	2	1	0	29	21	8	0
福 建	25	10	7	8	1594	579	268	747
江 西	6	5	0	1	7	5	0	2
山 东	6	4	1	1	269	256	1	12
河 南	0	0	0	0	0	0	0	0
湖 北	14	6	7	1	68	35	13	20
湖 南	5	4	0	1	103	51	0	52
广 东	20	9	7	4	1280	670	95	515
广 西	24	3	11	10	458	31	346	81
海 南	0	0	0	0	0	0	0	0
重 庆	3	3	0	0	40	40	0	0
四 川	11	2	6	3	25	10	6	9
贵 州	1	0	1	0	1	0	1	0
云 南	3	1	1	1	17	5	10	2
西 藏	0	0	0	0	0	0	0	0
陕 西	12	10	2	0	118	36	82	0
甘 肃	1	1	0	0	1	1	0	0
青 海	1	0	0	1	3	0	0	3
宁 夏	0	0	0	0	0	0	0	0
新 疆	0	0	0	0	0	0	0	0

5–7 续表 7

地　区	港澳台地区学术会议参加人数							
	合　计（人次）	高端前沿学术会议	综合交叉学术会议	学术服务会　议	# 企业科技工作者			
					合　计（人次）	高端前沿学术会议	综合交叉学术会议	学术服务会　议
合　计	**19080**	**11087**	**4120**	**3873**	**6074**	**3670**	**934**	**1470**
北　京	682	200	482	0	116	6	110	0
天　津	910	430	480	0	0	0	0	0
河　北	3	0	3	0	0	0	0	0
山　西	47	47	0	0	0	0	0	0
内蒙古	0	0	0	0	0	0	0	0
辽　宁	242	30	212	0	55	30	25	0
吉　林	285	270	3	12	24	12	0	12
黑龙江	101	4	87	10	6	0	6	0
上　海	1700	1177	423	100	789	777	12	0
江　苏	1781	1425	268	88	479	400	31	48
浙　江	333	209	124	0	110	25	85	0
安　徽	256	223	33	0	48	31	17	0
福　建	3436	1107	754	1575	279	114	144	21
江　西	41	34	0	7	1	1	0	0
山　东	1451	1438	8	5	82	72	5	5
河　南	0	0	0	0	0	0	0	0
湖　北	308	108	120	80	104	40	54	10
湖　南	453	253	0	200	256	189	0	67
广　东	4843	3343	121	1379	2774	1582	63	1129
广　西	1329	150	800	379	620	118	352	150
海　南	0	0	0	0	0	0	0	0
重　庆	300	300	0		260	260	0	0
四　川	51	20	6	25	36	10	6	20
贵　州	3	0	3	0	0	0	0	0
云　南	25	5	10	10	11	3	0	8
西　藏	0	0	0	0	0	0	0	0
陕　西	496	313	183	0	24	0	24	0
甘　肃	1	1	0	0	0	0	0	0
青　海	3	0	0	3	0	0	0	0
宁　夏	0	0	0	0	0	0	0	0
新　疆	0	0	0	0	0	0	0	0

六、科技期刊

简要说明

本篇统计资料为：

1. 汇总数据，反映中国科协、地方科协、全国学会和省级学会主办科技期刊的总体情况。

2. 地方科协和省级学会统计数据，分别反映各省级科协及其所属学会、副省级城市科协、省会城市科协、地级科协、县级科协主办科技期刊种数、印数及发表论文数。

3. 相关统计指标包括：中文学术期刊、科普期刊、技术期刊、英文学术期刊、实行开放存取的期刊种数、印数及科技期刊发表论文数等。

6-1 2016年各级科协科技期刊汇总表

指 标		科协合计		中国科协机关及直属单位		省级科协	
		2015年	2016年	2015年	2016年	2015年	2016年
主办科技期刊	（种）	468	443	9	8	66	58
# 中文学术期刊	（种）	63	56	6	5	13	17
# 科普期刊	（种）	362	344	3	3	52	40
# 技术期刊	（种）	43	43	0	0	1	1
# 英文学术期刊	（种）	0	0	0	0	0	0
# 实行开放存取的期刊	（种）	—	10	—	1	—	0
科技期刊总印数	（万册）	4228.0	3463.6	92.0	88.7	3833.0	3137.5
# 中文学术期刊	（万册）	91.0	85.3	32.0	28.7	32.0	43.2
# 科普期刊	（万册）	4108.0	3353.8	60.0	60.0	3797.0	3093.3
# 技术期刊	（万册）	27.0	24.5	0	0	4.0	1.0
# 英文学术期刊	（万册）	0	0	0	0	0	0
科技期刊发表论文数	（篇）	20362	28228	1276	1064	11226	20820
# 英文期刊发表论文数	（篇）	0	0	0	0	0	0

6-1 续表

指标		副省级城市科协、省会城市科协		地级科协		县级科协	
		2015 年	2016 年	2015 年	2016 年	2015 年	2016 年
主办科技期刊	（种）	11	10	127	108	255	259
# 中文学术期刊	（种）	3	2	30	21	11	11
# 科普期刊	（种）	8	7	81	74	218	220
# 技术期刊	（种）	0	1	16	13	26	28
# 英文学术期刊	（种）	0	0	0	0	0	0
# 实行开放存取的期刊	（种）	—	1	—	5	—	3
科技期刊总印数	（万册）	24.0	44.0	122.0	67.9	157.0	125.5
# 中文学术期刊	（万册）	9.0	4.3	12.0	5.1	6.0	4.1
# 科普期刊	（万册）	14.0	39.2	105.0	58.9	132.0	102.4
# 技术期刊	（万册）	0	0.6	5.0	3.9	19.0	19.0
# 英文学术期刊	（万册）	0	0	0	0	0	0
科技期刊发表论文数	（篇）	1079	772	3930	3405	2851	2167
# 英文期刊发表论文数	（篇）	0	0	0	0	0	0

6-2 2016年全国学会、省级学会科技期刊汇总表

指　　标		学会合计		全国学会		省级学会	
		2015年	2016年	2015年	2016年	2015年	2016年
主办科技期刊	（种）	2202	2088	1064	1015	1138	1073
#中文学术期刊	（种）	1437	1424	736	728	701	696
#科普期刊	（种）	212	212	79	73	133	139
#技术期刊	（种）	350	292	127	79	223	213
#英文学术期刊	（种）	203	160	122	135	81	25
#实行开放存取的期刊	（种）	—	889	—	69	—	820
科技期刊总印数	（万册）	8198.0	11086.7	4929.0	8670.0	3269.0	2416.7
#中文学术期刊	（万册）	3872.0	2903.9	2281.0	1574.2	1591.0	1329.7
#科普期刊	（万册）	3183.0	7424.7	1973.0	6671.6	1210.0	753.1
#技术期刊	（万册）	1075.0	687.6	618.0	364.2	457.0	323.4
#英文学术期刊	（万册）	67.0	70.5	57.0	60.0	10.0	10.5
科技期刊发表论文数	（篇）	525813	558000	304641	286874	221172	271126
#英文期刊发表论文数	（篇）	16451	17074	14469	15673	1982	1401

6-3 2016年各省级科协科技期刊

地　区	主办科技期刊（种）	# 中文学术期刊（种）	# 科普期刊（种）	# 技术期刊（种）	# 英文学术期刊（种）	# 实行开放存取的期刊（种）
合　计	**58**	**17**	**40**	**1**	**0**	**0**
北　京	7	3	3	1	0	0
天　津	3	2	1	0	0	0
河　北	1	1	0	0	0	0
山　西	8	5	3	0	0	0
内蒙古	1	0	1	0	0	0
辽　宁	0	0	0	0	0	0
吉　林	1	0	1	0	0	0
黑龙江	2	0	2	0	0	0
上　海	1	0	1	0	0	0
江　苏	4	0	4	0	0	0
浙　江	2	1	1	0	0	0
安　徽	0	0	0	0	0	0
福　建	3	2	1	0	0	0
江　西	2	0	2	0	0	0
山　东	2	1	1	0	0	0
河　南	2	0	2	0	0	0
湖　北	0	0	0	0	0	0
湖　南	0	0	0	0	0	0
广　东	0	0	0	0	0	0
广　西	1	0	1	0	0	0
海　南	0	0	0	0	0	0
重　庆	6	0	6	0	0	0
四　川	5	0	5	0	0	0
贵　州	1	1	0	0	0	0
云　南	2	0	2	0	0	0
西　藏	0	0	0	0	0	0
陕　西	0	0	0	0	0	0
甘　肃	2	0	2	0	0	0
青　海	1	1	0	0	0	0
宁　夏	0	0	0	0	0	0
新　疆	1	0	1	0	0	0
新疆生产建设兵团	0	0	0	0	0	0

6-3 续表

地区	科技期刊总印数（册）	# 中文学术期刊（册）	# 科普期刊（册）	# 技术期刊（册）	# 英文学术期刊（册）	科技期刊发表论文数（篇）	# 英文期刊发表论文数（篇）
合　计	**31375048**	**431900**	**30933148**	**10000**	**0**	**20820**	**0**
北　京	194500	30500	154000	10000	0	69	0
天　津	1400	400	1000	0	0	303	0
河　北	12000	12000	0	0	0	210	0
山　西	450000	192000	258000	0	0	9270	0
内蒙古	40000	0	40000	0	0	1	0
辽　宁	0	0	0	0	0	0	0
吉　林	24000	0	24000	0	0	35	0
黑龙江	1000000	0	1000000	0	0	2	0
上　海	241200	0	241200	0	0	120	0
江　苏	3577000	0	3577000	0	0	1800	0
浙　江	828000	12000	816000	0	0	660	0
安　徽	0	0	0	0	0	0	0
福　建	45400	40000	5400	0	0	732	0
江　西	20000	0	20000	0	0	8	0
山　东	152000	140000	12000	0	0	2885	0
河　南	378000	0	378000	0	0	150	0
湖　北	0	0	0	0	0	0	0
湖　南	0	0	0	0	0	0	0
广　东	0	0	0	0	0	0	0
广　西	820716	0	820716	0	0	1152	0
海　南	0	0	0	0	0	0	0
重　庆	20596000	0	20596000	0	0	3276	0
四　川	1912848	0	1912848	0	0	50	0
贵　州	3000	3000	0	0	0	12	0
云　南	366984	0	366984	0	0	20	0
西　藏	0	0	0	0	0	0	0
陕　西	0	0	0	0	0	0	0
甘　肃	10000	0	10000	0	0	50	0
青　海	2000	2000	0	0	0	10	0
宁　夏	0	0	0	0	0	0	0
新　疆	700000	0	700000	0	0	5	0
新疆生产建设兵团	0	0	0	0	0	0	0

6-4 2016年各副省级城市科协、省会城市科协科技期刊

城　　市	主办科技期刊（种）	# 中文学术期刊（种）	# 科普期刊（种）	# 技术期刊（种）	# 英文学术期刊（种）	# 实行开放存取的期刊（种）
合　　计	**10**	**2**	**7**	**1**	**0**	**1**
副省级城市小计	**5**	**1**	**3**	**1**	**0**	**1**
宁　　波 *	0	0	0	0	0	0
厦　　门 *	0	0	0	0	0	0
深　　圳 *	1	0	0	1	0	1
青　　岛 *	1	0	1	0	0	0
大　　连 *	0	0	0	0	0	0
省会城市小计	**8**	**2**	**6**	**0**	**0**	**0**
石 家 庄	0	0	0	0	0	0
太　　原	1	0	1	0	0	0
呼和浩特	0	0	0	0	0	0
沈　　阳 *	0	0	0	0	0	0
长　　春 *	1	0	1	0	0	0
哈 尔 滨 *	0	0	0	0	0	0
南　　京 *	1	0	1	0	0	0
杭　　州 *	0	0	0	0	0	0
合　　肥	1	1	0	0	0	0
福　　州	0	0	0	0	0	0
南　　昌	0	0	0	0	0	0
济　　南 *	0	0	0	0	0	0
郑　　州	1	0	1	0	0	0
武　　汉 *	1	1	0	0	0	0
长　　沙	0	0	0	0	0	0
广　　州 *	0	0	0	0	0	0
南　　宁	0	0	0	0	0	0
海　　口	0	0	0	0	0	0
成　　都 *	0	0	0	0	0	0
贵　　阳	1	0	1	0	0	0
昆　　明	1	0	1	0	0	0
拉　　萨	0	0	0	0	0	0
西　　安 *	0	0	0	0	0	0
兰　　州	0	0	0	0	0	0
西　　宁	0	0	0	0	0	0
银　　川	0	0	0	0	0	0
乌鲁木齐	0	0	0	0	0	0

注：城市名称后带“*”的为副省级城市，包括省会城市中带“*”的。

6-4 续表

城市	科技期刊总印数（册）	# 中文学术期刊（册）	# 科普期刊（册）	# 技术期刊（册）	# 英文学术期刊（册）	科技期刊发表论文数（篇）	# 英文期刊发表论文数（篇）
合计	**440400**	**42600**	**391800**	**6000**	**0**	**772**	**0**
副省级城市小计	**342000**	**30000**	**306000**	**6000**	**0**	**327**	**0**
宁波*	0	0	0	0	0	0	0
厦门*	0	0	0	0	0	0	0
深圳*	6000	0	0	6000	0	21	0
青岛*	280000	0	280000	0	0	36	0
大连*	0	0	0	0	0	0	0
省会城市小计	**154400**	**42600**	**111800**	**0**	**0**	**715**	**0**
石家庄	0	0	0	0	0	0	0
太原	36000	0	36000	0	0	3	0
呼和浩特	0	0	0	0	0	0	0
沈阳*	0	0	0	0	0	0	0
长春*	6000	0	6000	0	0	20	0
哈尔滨*	0	0	0	0	0	0	0
南京*	20000	0	20000	0	0	10	0
杭州*	0	0	0	0	0	0	0
合肥	12600	12600	0	0	0	176	0
福州	0	0	0	0	0	0	0
南昌	0	0	0	0	0	0	0
济南*	0	0	0	0	0	0	0
郑州	5000	0	5000	0	0	260	0
武汉*	30000	30000	0	0	0	240	0
长沙	0	0	0	0	0	0	0
广州*	0	0	0	0	0	0	0
南宁	0	0	0	0	0	0	0
海口	0	0	0	0	0	0	0
成都*	0	0	0	0	0	0	0
贵阳	2800	0	2800	0	0	5	0
昆明	42000	0	42000	0	0	1	0
拉萨	0	0	0	0	0	0	0
西安*	0	0	0	0	0	0	0
兰州	0	0	0	0	0	0	0
西宁	0	0	0	0	0	0	0
银川	0	0	0	0	0	0	0
乌鲁木齐	0	0	0	0	0	0	0

6–5 2016年各地区地级科协科技期刊

地区	主办科技期刊（种）	#中文学术期刊（种）	#科普期刊（种）	#技术期刊（种）	#英文学术期刊（种）	#实行开放存取的期刊（种）
合计	**108**	**21**	**74**	**13**	**0**	**5**
北京	2	0	2	0	0	0
天津	0	0	0	0	0	0
河北	4	0	4	0	0	0
山西	4	0	4	0	0	0
内蒙古	10	6	2	2	0	3
辽宁	2	0	1	1	0	0
吉林	0	0	0	0	0	0
黑龙江	0	0	0	0	0	0
上海	1	0	1	0	0	0
江苏	4	1	3	0	0	0
浙江	6	0	6	0	0	0
安徽	1	0	1	0	0	0
福建	0	0	0	0	0	0
江西	2	0	2	0	0	1
山东	5	2	2	1	0	0
河南	3	0	3	0	0	0
湖北	1	0	1	0	0	0
湖南	22	5	15	2	0	0
广东	3	0	3	0	0	0
广西	0	0	0	0	0	0
海南	0	0	0	0	0	0
重庆	1	0	1	0	0	0
四川	0	0	0	0	0	0
贵州	3	2	1	0	0	0
云南	14	1	8	5	0	0
西藏	0	0	0	0	0	0
陕西	1	0	1	0	0	0
甘肃	4	1	3	0	0	1
青海	1	0	1	0	0	0
宁夏	2	0	2	0	0	0
新疆	6	2	4	0	0	0
新疆生产建设兵团	6	1	3	2	0	0

6-5 续表

地区	科技期刊总印数（册）	# 中文学术期刊（册）	# 科普期刊（册）	# 技术期刊（册）	# 英文学术期刊（册）	科技期刊发表论文数（篇）	# 英文期刊发表论文数（篇）
合计	**679009**	**50706**	**589275**	**39028**	**0**	**3405**	**0**
北京	22200	0	22200	0	0	70	0
天津	0	0	0	0	0	0	0
河北	8400	0	8400	0	0	95	0
山西	24200	0	24200	0	0	13	0
内蒙古	7816	6	7802	8	0	156	0
辽宁	8670	0	8300	370	0	466	0
吉林	0	0	0	0	0	0	0
黑龙江	0	0	0	0	0	0	0
上海	24000	0	24000	0	0	12	0
江苏	82500	6000	76500	0	0	90	0
浙江	28900	0	28900	0	0	140	0
安徽	4000	0	4000	0	0	50	0
福建	0	0	0	0	0	0	0
江西	24000	0	24000	0	0	11	0
山东	12100	4000	5000	3100	0	188	0
河南	8098	0	8098	0	0	209	0
湖北	45000	0	45000	0	0	9	0
湖南	73655	9000	60655	4000	0	699	0
广东	5020	0	5020	0	0	152	0
广西	0	0	0	0	0	0	0
海南	0	0	0	0	0	0	0
重庆	6000	0	6000	0	0	56	0
四川	0	0	0	0	0	0	0
贵州	5700	700	5000	0	0	43	0
云南	60400	2000	34300	24100	0	402	0
西藏	0	0	0	0	0	0	0
陕西	10000	0	10000	0	0	16	0
甘肃	122000	20000	102000	0	0	74	0
青海	8000	0	8000	0	0	1	0
宁夏	23000	0	23000	0	0	9	0
新疆	40000	8000	32000	0	0	65	0
新疆生产建设兵团	25350	1000	16900	7450	0	379	0

6–6　2016 年各地区县级科协科技期刊

地　区	主办科技期刊（种）	# 中文学术期刊（种）	# 科普期刊（种）	# 技术期刊（种）	# 英文学术期刊（种）	# 实行开放存取的期刊（种）
合　计	**259**	**11**	**220**	**28**	**0**	**3**
河　北	11	0	7	4	0	0
山　西	17	0	16	1	0	1
内蒙古	13	0	12	1	0	1
辽　宁	2	0	2	0	0	1
吉　林	0	0	0	0	0	0
黑龙江	6	0	6	0	0	0
江　苏	20	3	14	3	0	0
浙　江	12	2	10	0	0	0
安　徽	1	0	1	0	0	0
福　建	0	0	0	0	0	0
江　西	4	0	2	2	0	0
山　东	31	2	28	1	0	0
河　南	12	0	11	1	0	0
湖　北	18	0	14	4	0	0
湖　南	37	2	28	7	0	0
广　东	1	0	1	0	0	0
广　西	0	0	0	0	0	0
海　南	5	0	5	0	0	0
重　庆	0	0	0	0	0	0
四　川	14	0	14	0	0	0
贵　州	1	0	1	0	0	0
云　南	2	0	2	0	0	0
西　藏	35	1	33	1	0	0
陕　西	7	1	4	2	0	0
甘　肃	3	0	3	0	0	0
青　海	0	0	0	0	0	0
宁　夏	7	0	6	1	0	0
新　疆	0	0	0	0	0	0

注：本表数据不含北京、天津和上海地区。

6–6 续表

地区	科技期刊总印数（册）	# 中文学术期刊（册）	# 科普期刊（册）	# 技术期刊（册）	# 英文学术期刊（册）	科技期刊发表论文数（篇）	# 英文期刊发表论文数（篇）
合计	**1254844**	**41303**	**1023600**	**189941**	**0**	**2167**	**0**
河北	89400	0	32400	57000	0	25	0
山西	41747	0	41447	300	0	75	0
内蒙古	48523	0	48483	40	0	54	0
辽宁	2000	0	2000	0	0	3	0
吉林	0	0	0	0	0	0	0
黑龙江	16500	0	16500	0	0	2	0
江苏	267506	15000	195506	57000	0	583	0
浙江	43710	4300	39410	0	0	245	0
安徽	9600	0	9600	0	0	25	0
福建	0	0	0	0	0	0	0
江西	9000	0	7000	2000	0	28	0
山东	107341	2000	103341	2000	0	608	0
河南	235500	0	230500	5000	0	108	0
湖北	56120	0	52920	3200	0	87	0
湖南	93189	20000	55189	18000	0	117	0
广东	900	0	900	0	0	10	0
广西	0	0	0	0	0	0	0
海南	20000	0	20000	0	0	16	0
重庆	0	0	0	0	0	0	0
四川	95500	0	95500	0	0	52	0
贵州	5000	0	5000	0	0	40	0
云南	3000	0	3000	0	0	2	0
西藏	3007	2	3004	1	0	2	0
陕西	55601	1	23200	32400	0	15	0
甘肃	10700	0	10700	0	0	43	0
青海	0	0	0	0	0	0	0
宁夏	41000	0	28000	13000	0	27	0
新疆	0	0	0	0	0	0	0

6–7 2016年各地区省级学会科技期刊

地区	主办科技期刊（种）	# 中文学术期刊（种）	# 科普期刊（种）	# 技术期刊（种）	# 英文学术期刊（种）	# 实行开放存取的期刊（种）
合计	**1073**	**696**	**139**	**213**	**25**	**820**
北京	32	24	2	6	0	0
天津	44	33	4	7	0	0
河北	32	21	6	5	0	0
山西	51	30	3	4	14	0
内蒙古	19	13	1	5	0	1
辽宁	33	22	2	8	1	2
吉林	29	13	11	5	0	0
黑龙江	37	24	6	6	1	0
上海	73	46	10	14	3	2
江苏	48	23	9	16	0	3
浙江	53	38	5	10	0	0
安徽	50	36	4	9	1	4
福建	55	44	6	5	0	1
江西	36	27	2	7	0	0
山东	50	32	5	11	2	1
河南	35	26	2	7	0	0
湖北	35	24	2	7	2	0
湖南	44	25	10	8	1	0
广东	36	18	3	15	0	2
广西	25	15	1	9	0	0
海南	6	4	1	1	0	0
重庆	35	19	10	6	0	1
四川	40	29	5	6	0	1
贵州	32	20	4	8	0	1
云南	26	13	8	5	0	0
西藏	10	8	1	1	0	0
陕西	43	31	2	10	0	1
甘肃	10	7	1	2	0	0
青海	14	11	1	2	0	0
宁夏	3	2	0	1	0	0
新疆	37	18	12	7	0	800

6-7 续表

地　　区	科技期刊总印数（册）	# 中文学术期刊（册）	# 科普期刊（册）	# 技术期刊（册）	# 英文学术期刊（册）	科技期刊发表论文数（篇）	# 英文期刊发表论文数（篇）
合　　计	**24166734**	**13296806**	**7531091**	**3234025**	**104812**	**271126**	**1401**
北　　京	1107073	808073	150000	149000	0	22209	0
天　　津	873048	602080	158000	112968	0	34657	0
河　　北	825336	477240	302836	45260	0	6372	0
山　　西	274558	236594	4251	28701	5012	7447	53
内 蒙 古	266621	226610	400	39611	0	19510	0
辽　　宁	555700	454700	16300	72700	12000	9010	140
吉　　林	261600	95800	115050	50750	0	3610	0
黑 龙 江	559840	440400	8900	110040	500	10315	20
上　　海	4496780	778830	3274600	383550	59800	13021	526
江　　苏	522804	235154	87000	200650	0	6965	0
浙　　江	995120	745030	168000	82090	0	6171	0
安　　徽	602400	453400	74500	68500	6000	7515	140
福　　建	3068550	2870050	116500	82000	0	16324	0
江　　西	857485	767932	64900	24653	0	7060	0
山　　东	1316232	634530	434400	242202	5100	15600	65
河　　南	752300	577300	65600	109400	0	7656	0
湖　　北	270340	193340	9600	51400	16000	9061	220
湖　　南	2231670	460270	1407400	363600	400	15008	237
广　　东	531066	264551	25460	241055	0	6205	0
广　　西	417818	144918	50000	222900	0	6093	0
海　　南	16940	14550	950	1440	0	727	0
重　　庆	513700	241300	240400	32000	0	5836	0
四　　川	838233	661712	33700	142821	0	6152	0
贵　　州	182960	142856	12300	27804	0	3477	0
云　　南	802850	111050	639000	52800	0	8623	0
西　　藏	66800	60800	4000	2000	0	141	0
陕　　西	573586	377416	4400	191770	0	9888	0
甘　　肃	61720	40360	1000	20360	0	736	0
青　　海	63600	48600	4000	11000	0	1744	0
宁　　夏	54100	18100	0	36000	0	1228	0
新　　疆	205904	113260	57644	35000	0	2765	0

七、科技开放与交流

简要说明

本篇统计资料为：

1．汇总数据，反映中国科协、地方科协、全国学会和省级学会参与国际民间科技开放与交流情况。

2．省级科协的统计数据为本年度加入国际民间科技组织、参加国际科学计划、双边合作交流项目、海智计划工作基地等情况。

3．副省级城市科协、省会城市科协、地级科协、县级科协、省级学会的统计数据为本年度加入国际民间科技组织、参加国际科学计划、双边合作交流项目等情况。

7-1　2016年各级科协科技开放与交流汇总表

指　标		科协合计		中国科协机关及直属单位		省级科协	
		2015年	2016年	2015年	2016年	2015年	2016年
加入国际民间科技组织	（个）	355	382	345	373	1	2
任职专家	（位）	547	552	532	533	0	1
# 高级别任职专家	（位）	—	190	—	186	—	0
# 一般级别任职专家	（位）	—	362	—	347	—	1
参加国际科学计划	（项）	10	20	1	9	2	3
参加国外科技活动人数	（人次）	1311	1374	404	268	431	629
参加港澳台地区科技活动人数	（人次）	1285	1644	123	37	654	427
接待国外专家学者	（人次）	5008	9740	611	502	1619	6361
接待港澳台地区专家学者	（人次）	3142	4397	848	474	952	1255
双边合作交流项目	（个）	—	612	—	15	—	307
海智计划工作基地	（个）	—	—	—	55	—	90

7-1 续表

指　　标		副省级城市科协、省会城市科协		地级科协		县级科协	
		2015年	2016年	2015年	2016年	2015年	2016年
加入国际民间科技组织	（个）	1	0	4	4	4	3
任职专家	（位）	1	0	12	13	2	5
# 高级别任职专家	（位）	—	0	—	1	—	3
# 一般级别任职专家	（位）	—	0	—	12	—	2
参加国际科学计划	（项）	0	1	5	3	2	4
参加国外科技活动人数	（人次）	54	78	93	82	329	317
参加港澳台地区科技活动人数	（人次）	145	420	128	58	235	702
接待国外专家学者	（人次）	546	529	426	845	1806	1503
接待港澳台地区专家学者	（人次）	636	1306	337	761	369	601
双边合作交流项目	（个）	—	28	—	132	—	130
海智计划工作基地	（个）	—	—	—	—	—	—

7-2 2016年全国学会、省级学会科技开放与交流汇总表

指　　标		学会合计		全国学会		省级学会	
		2015年	2016年	2015年	2016年	2015年	2016年
加入国际民间科技组织	（个）	806	1041	414	486	392	555
任职专家	（位）	1485	4666	839	1001	646	3665
# 高级别任职专家	（位）	—	1531	—	421	—	1110
# 一般级别任职专家	（位）	—	3135	—	580	—	2555
参加国际科学计划	（项）	321	309	98	102	223	207
参加国外科技活动人数	（人次）	18390	23120	9760	10855	8630	12265
参加港澳台地区科技活动人数	（人次）	10626	8712	2069	3225	8557	5487
接待国外专家学者	（人次）	23138	27538	11745	14136	11393	13402
接待港澳台地区专家学者	（人次）	6786	7196	2711	2866	4075	4330
双边合作交流项目	（个）	—	411	—	138	—	273

7–3 2016 年各省级科协科技开放与交流

地 区	加入国际民间科技组织		参加国际科学计划（项）	参加国外科技活动人数（人次）	参加港澳台地区科技活动人数（人次）	接待国外专家学者（人次）	接待港澳台地区专家学者（人次）	双边合作交流项目（个）	海智计划工作基地（个）
	个数（个）	任职专家（位）							
合 计	**2**	**1**	**3**	**629**	**427**	**6361**	**1255**	**307**	**90**
北 京	0	0	1	183	23	315	80	0	0
天 津	0	0	0	34	16	20	0	0	0
河 北	0	0	1	5	0	0	0	0	0
山 西	0	0	0	0	4	0	0	0	0
内蒙古	0	0	0	0	1	24	27	0	0
辽 宁	1	0	0	0	0	0	0	0	0
吉 林	0	0	0	65	3	19	1	0	3
黑龙江	0	0	0	0	0	0	0	0	0
上 海	0	0	0	18	9	98	74	0	2
江 苏	0	0	0	6	143	4777	111	278	62
浙 江	0	0	0	12	0	304	0	5	5
安 徽	0	0	0	5	12	8	10	13	0
福 建	0	0	0	8	9	61	690	8	3
江 西	0	0	0	0	0	20	29	0	1
山 东	1	1	0	0	30	153	46	0	9
河 南	0	0	0	0	0	8	0	0	0
湖 北	0	0	0	1	0	0	2	0	0
湖 南	0	0	0	266	100	0	0	0	5
广 东	0	0	0	0	0	0	0	0	0
广 西	0	0	0	0	0	2	2	0	0
海 南	0	0	1	0	0	17	1	0	0
重 庆	0	0	0	0	0	500	0	0	0
四 川	0	0	0	0	3	11	79	2	0
贵 州	0	0	0	0	0	21	28	0	0
云 南	0	0	0	15	6	0	34	0	0
西 藏	0	0	0	0	0	0	0	0	0
陕 西	0	0	0	0	0	1	1	0	0
甘 肃	0	0	0	5	20	2	40	1	0
青 海	0	0	0	6	28	0	0	0	0
宁 夏	0	0	0	0	20	0	0	0	0
新 疆	0	0	0	0	0	0	0	0	0
新疆生产建设兵团	0	0	0	0	0	0	0	0	0

7-4　2016年各副省级城市科协、省会城市科协科技开放与交流

城　　市	参加国际科学计划（项）	参加国外科技活动人数（人次）	参加港澳台地区科技活动人数（人次）	接待国外专家学者（人次）	接待港澳台地区专家学者（人次）	双边合作交流项目（个）
合　　计	**1**	**78**	**420**	**529**	**1306**	**28**
副省级城市小计	**1**	**77**	**417**	**460**	**1293**	**28**
宁　　波*	0	6	14	70	18	0
厦　　门*	0	0	0	0	15	0
深　　圳*	1	10	200	62	530	10
青　　岛*	0	0	0	0	0	2
大　　连*	0	8	2	2	2	0
省会城市小计	**0**	**54**	**204**	**395**	**741**	**16**
石 家 庄	0	0	0	0	0	0
太　　原	0	0	0	0	0	0
呼和浩特	0	0	0	0	0	0
沈　　阳*	0	26	0	1	1	0
长　　春*	0	0	0	0	0	0
哈 尔 滨*	0	0	1	5	0	0
南　　京*	0	0	65	100	2	0
杭　　州*	0	0	0	62	0	0
合　　肥	0	0	2	1	5	0
福　　州	0	0	0	25	8	0
南　　昌	0	1	0	0	0	0
济　　南*	0	12	0	60	7	16
郑　　州	0	0	0	10	0	0
武　　汉*	0	15	0	27	19	0
长　　沙	0	0	0	0	0	0
广　　州*	0	0	135	30	540	0
南　　宁	0	0	0	33	0	0
海　　口	0	0	0	0	0	0
成　　都*	0	0	0	0	17	0
贵　　阳	0	0	0	0	0	0
昆　　明	0	0	0	0	0	0
拉　　萨	0	0	0	0	0	0
西　　安*	0	0	0	41	142	0
兰　　州	0	0	0	0	0	0
西　　宁	0	0	0	0	0	0
银　　川	0	0	0	0	0	0
乌鲁木齐	0	0	1	0	0	0

注：城市名称后带“*”的为副省级城市，包括省会城市中带“*”的。

7–5 2016年各地区地级科协科技开放与交流

地区	加入国际民间科技组织				参加国际科学计划（项）	参加国外科技活动人数（人次）	参加港澳台地区科技活动人数（人次）	接待国外专家学者（人次）	接待港澳台地区专家学者（人次）	双边合作交流项目（个）
	个数（个）	任职专家（位）	#高级别任职专家（位）	#一般级别任职专家（位）						
合计	**4**	**13**	**1**	**12**	**3**	**82**	**58**	**845**	**761**	**132**
北京	0	0	0	0	0	0	0	0	0	0
天津	0	0	0	0	0	0	0	48	19	0
河北	0	0	0	0	0	0	0	30	0	0
山西	0	0	0	0	0	0	0	0	0	0
内蒙古	0	0	0	0	0	0	0	0	0	0
辽宁	0	0	0	0	0	0	0	0	0	0
吉林	0	0	0	0	0	0	0	0	0	0
黑龙江	0	0	0	0	0	0	0	0	0	0
上海	1	3	0	3	1	12	0	9	0	3
江苏	2	2	0	2	2	25	22	271	288	101
浙江	0	0	0	0	0	0	0	25	0	0
安徽	1	8	1	7	0	12	6	61	72	8
福建	0	0	0	0	0	0	0	23	134	0
江西	0	0	0	0	0	0	0	0	0	0
山东	0	0	0	0	0	22	8	72	23	8
河南	0	0	0	0	0	0	0	1	0	0
湖北	0	0	0	0	0	0	10	27	17	10
湖南	0	0	0	0	0	0	0	2	0	0
广东	0	0	0	0	0	2	11	7	160	0
广西	0	0	0	0	0	0	1	0	0	0
海南	0	0	0	0	0	0	0	0	1	0
重庆	0	0	0	0	0	0	0	0	0	0
四川	0	0	0	0	0	0	0	30	45	0
贵州	0	0	0	0	0	0	0	0	1	0
云南	0	0	0	0	0	3	0	220	1	1
西藏	0	0	0	0	0	0	0	0	0	0
陕西	0	0	0	0	0	0	0	1	0	0
甘肃	0	0	0	0	0	0	0	0	0	0
青海	0	0	0	0	0	0	0	0	0	0
宁夏	0	0	0	0	0	0	0	0	0	0
新疆	0	0	0	0	0	0	0	0	0	0
新疆生产建设兵团	0	0	0	0	0	6	0	18	0	1

7-6 2016年各地区县级科协科技开放与交流

地　区	加入国际民间科技组织				参加国际科学计划（项）	参加国外科技活动人数（人次）	参加港澳台地区科技活动人数（人次）	接待国外专家学者（人次）	接待港澳台地区专家学者（人次）	双边合作交流项目（个）
	个数（个）	任职专家（位）	#高级别任职专家（位）	#一般级别任职专家（位）						
合　计	**3**	**5**	**3**	**2**	**4**	**317**	**702**	**1503**	**601**	**130**
河　北	0	0	0	0	0	0	0	0	0	0
山　西	0	0	0	0	0	0	0	0	0	1
内蒙古	1	2	2	0	1	2	0	38	6	1
辽　宁	0	0	0	0	0	18	0	5	50	0
吉　林	0	0	0	0	0	2	0	1	0	0
黑龙江	0	0	0	0	0	0	0	0	0	0
江　苏	1	2	0	2	2	228	81	1212	354	114
浙　江	0	0	0	0	0	14	38	140	26	3
安　徽	0	0	0	0	0	1	25	33	35	1
福　建	0	0	0	0	0	0	11	19	15	2
江　西	0	0	0	0	0	0	0	0	0	0
山　东	0	0	0	0	0	2	0	9	15	0
河　南	0	0	0	0	0	0	0	0	0	0
湖　北	0	0	0	0	0	1	1	7	6	1
湖　南	0	0	0	0	1	28	8	8	1	2
广　东	0	0	0	0	0	0	525	24	79	1
广　西	0	0	0	0	0	10	10	3	0	0
海　南	0	0	0	0	0	0	0	0	0	0
重　庆	0	0	0	0	0	0	0	0	0	0
四　川	1	1	1	0	0	1	0	1	10	0
贵　州	0	0	0	0	0	0	0	0	0	0
云　南	0	0	0	0	0	0	0	0	0	0
西　藏	0	0	0	0	0	0	0	0	0	0
陕　西	0	0	0	0	0	0	0	2	1	2
甘　肃	0	0	0	0	0	10	1	0	0	0
青　海	0	0	0	0	0	0	0	0	0	0
宁　夏	0	0	0	0	0	0	0	0	3	1
新　疆	0	0	0	0	0	0	2	1	0	1

注：本表数据不含北京、天津和上海地区。

7-7 2016年各地区省级学会科技开放与交流

地区	加入国际民间科技组织				参加国际科学计划（项）	参加国外科技活动人数（人次）	参加港澳台地区科技活动人数（人次）	接待国外专家学者（人次）	接待港澳台地区专家学者（人次）	双边合作交流项目（个）
	个数（个）	任职专家（位）	#高级别任职专家（位）	#一般级别任职专家（位）						
合计	**555**	**3665**	**1110**	**2555**	**207**	**12265**	**5487**	**13402**	**4330**	**273**
北京	18	48	16	32	2	380	144	677	327	13
天津	75	41	24	17	9	226	323	234	103	4
河北	4	3	2	1	1	134	25	179	25	0
山西	9	43	14	29	3	77	316	169	36	9
内蒙古	3	3	3	0	4	9	28	29	47	4
辽宁	24	35	10	25	13	202	35	246	44	7
吉林	15	50	8	42	3	1419	61	269	34	7
黑龙江	33	19	10	9	14	155	22	249	27	10
上海	13	35	11	24	5	841	262	1645	188	14
江苏	14	139	17	122	4	1064	362	1289	332	22
浙江	25	33	13	20	20	655	208	2460	211	13
安徽	4	6	5	1	5	237	77	268	103	7
福建	18	17	8	9	4	90	315	276	524	32
江西	10	3	0	3	3	371	154	179	140	5
山东	40	58	33	25	28	633	280	467	183	18
河南	10	2632	685	1947	0	142	38	230	76	2
湖北	82	91	62	29	16	524	143	600	153	15
湖南	37	15	7	8	17	639	208	699	171	2
广东	12	12	11	1	4	362	751	669	717	23
广西	8	17	8	9	2	567	1041	493	318	10
海南	0	0	0	0	0	3	15	2	7	2
重庆	17	19	8	11	13	399	196	241	91	12
四川	13	44	23	21	9	601	138	553	107	17
贵州	13	49	24	25	4	39	62	114	106	7
云南	3	6	0	6	1	112	25	121	41	1
西藏	0	0	0	0	0	0	0	0	0	0
陕西	10	13	4	9	7	503	158	623	108	5
甘肃	34	49	23	26	2	11	0	37	0	4
青海	3	3	0	3	0	272	44	131	6	3
宁夏	0	0	0	0	0	36	28	32	6	0
新疆	8	182	81	101	14	1562	28	221	99	5

八、科学技术普及活动

简要说明

本篇统计资料为：

1．汇总数据，反映中国科协、地方科协、全国学会和省级学会开展科普活动总体情况。

2．地方科协和省级学会统计数据，分别反映各省级科协及其所属学会、副省级城市科协、省会城市科协、地级科协、县级科协在科普日、科技周期间以及日常科普活动的基本情况。

3．相关统计指标包括：科普活动数量、参加科普活动的科技人员数量、学会参加科普活动的数量、科普活动覆盖面等。

8-1 2016年各级科协科普活动汇总表

指标		科协合计		小计		中国科协机关及直属单位			
						科普日			
						科技进村		科教进社区	
		2015年	2016年	2015年	2016年	2015年	2016年	2015年	2016年
举办科普宣讲活动	（次）	280966	286667	1405	1403	0	0	0	42
# 院士科普报告会	（次）	3928	4278	13	2	0	0	0	0
# 举办专题展览	（次）	38894	47225	11	12	0	0	0	0
# 流动科技馆巡展	（次）	15317	16813	600	572	0	0	0	0
# 开展科技咨询	（次）	101358	113600	0	0	0	0	0	0
宣讲活动受众人数	（万人次）	18529.0	37961.7	2364.0	22279.2	0	0	0	4.2
# 流动科技馆巡展受众人数	（万人次）	5704.0	5831	2055	2021	0	0	0	0
播放科技广播、影视节目	（小时）	209254.0	277025	323	933	0	0	0	0
# 电台电视台播放科技节目	（小时）	68398.0	138080	275	288	0	0	0	0
举办实用技术培训	（次）	243837	221738	16	49	0	0	0	0
实用技术培训人数	（万人次）	3006.2	3227.5	0.2	2.3	0	0	0	0
推广新技术、新品种	（项）	57228	55247	7	23	0	0	0	0
参加活动科技人员总数	（人次）	2878043	3359835	9045	16158	0	0	0	78
# 专家人数	（人次）	335188	305336	1080	583	0	0	0	44
参加活动的学会、协会、研究会	（个次）	117954	105074	35	75	0	0	0	0
覆盖村	（个）	466443	340275	50	32	0	0	—	—
覆盖社区	（个）	104098	96364	0	11	—	—	0	8

8-1 续表 1

指 标		中国科协机关及直属单位									
		科技周				日 常				其 他	
		科技进村		科教进社区		科技进村		科教进社区			
		2015年	2016年	2015年	2016年	2015年	2016年	2015年	2016年	2015年	2016年
举办科普宣讲活动	（次）	0	0	0	0	0	0	0	0	1405	1361
# 院士科普报告会	（次）	0	0	0	0	0	0	0	0	13	2
# 举办专题展览	（次）	0	0	0	0	0	0	0	0	11	12
# 流动科技馆巡展	（次）	0	0	0	0	0	0	0	0	600	572
# 开展科技咨询	（次）	0	0	0	0	0	0	0	0	0	0
宣讲活动受众人数	（万人次）	0	0	0	0	0	0	0	0	2364.0	22275.0
# 流动科技馆巡展受众人数	（万人次）	0	0	0	0	0	0	0	0	2055	2021
播放科技广播、影视节目	（小时）	0	0	0	0	0	0	0	0	323	933
# 电台电视台播放科技节目	（小时）	0	0	0	0	0	0	0	0	275	288
举办实用技术培训	（次）	0	0	0	0	15	44	0	5	1	0
实用技术培训人数	（万人次）	0	0	0	0	0.2	2.2	0	0.1	0	0
推广新技术、新品种	（项）	0	0	0	0	7	19	0	4	0	0
参加活动科技人员总数	（人次）	0	0	0	0	460	900	0	150	8585	15030
# 专家人数	（人次）	0	0	0	0	20	31	0	8	1060	500
参加活动的学会、协会、研究会	（个次）	0	0	0	0	35	0	0	0	0	75
覆盖村	（个）	0	0	—	—	50	32	—	—	—	0
覆盖社区	（个）	—	—	0	0	—	—	0	3	—	0

8-1 续表 2

指标		小计		省级科协 科普日 科技进村		科教进社区	
		2015年	2016年	2015年	2016年	2015年	2016年
举办科普宣讲活动	（次）	9483	8358	798	619	1494	1195
# 院士科普报告会	（次）	1190	962	223	11	240	67
# 举办专题展览	（次）	1409	1137	71	95	262	271
# 流动科技馆巡展	（次）	819	1221	33	93	37	69
# 开展科技咨询	（次）	1958	2399	142	180	527	535
宣讲活动受众人数	（万人次）	3428.0	2878.2	272.0	215.5	537.0	334.1
# 流动科技馆巡展受众人数	（万人次）	1413.0	1640.3	15.0	43.4	59.0	69.2
播放科技广播、影视节目	（小时）	24822.0	20951.1	48.0	169.9	276.0	284.0
# 电台电视台播放科技节目	（小时）	1430.0	1021.4	33.0	55.1	83.0	114.9
举办实用技术培训	（次）	11948	6776	387	528	232	170
实用技术培训人数	（万人次）	175.0	748.3	4.0	10.1	3.0	3.6
推广新技术、新品种	（项）	1410	2891	182	176	112	116
参加活动科技人员总数	（人次）	529586	595614	23795	30298	75953	109675
# 专家人数	（人次）	19857	14801	1079	866	1931	1407
参加活动的学会、协会、研究会	（个次）	4523	2450	288	246	604	576
覆盖村	（个）	125850	31627	14371	729	—	—
覆盖社区	（个）	9631	4522	—	—	2387	968

8-1 续表 3

指 标		省级科协									
		科技周				日 常				其 他	
		科技进村		科教进社区		科技进村		科教进社区			
		2015年	2016年	2015年	2016年	2015年	2016年	2015年	2016年	2015年	2016年
举办科普宣讲活动	（次）	473	329	1160	689	1420	1405	2283	1624	1855	2497
# 院士科普报告会	（次）	3	1	17	42	188	4	262	33	257	804
# 举办专题展览	（次）	82	44	216	80	147	136	250	273	381	238
# 流动科技馆巡展	（次）	36	51	47	110	167	311	144	240	355	347
# 开展科技咨询	（次）	211	121	106	291	389	465	465	636	118	171
宣讲活动受众人数	（万人次）	130.0	97.6	310.0	134.1	324.0	192.7	601.0	516.8	1254.0	1387.5
# 流动科技馆巡展受众人数	（万人次）	15.0	22.4	74.0	66.8	135.0	95.4	304.0	337.3	812.0	1005.9
播放科技广播、影视节目	（小时）	120.0	111.0	129.0	236.7	4790.0	1519.2	2382.0	1078.8	17079.0	17551.6
# 电台电视台播放科技节目	（小时）	52.0	90.0	47.0	40.1	94.0	62.6	201.0	186.7	920.0	472.0
举办实用技术培训	（次）	181	230	109	119	9379	4959	413	390	1247	380
实用技术培训人数	（万人次）	2.0	2.0	1.0	0.7	96.0	722.5	5.0	5.4	65.0	3.9
推广新技术、新品种	（项）	214	113	99	160	581	682	116	176	106	1468
参加活动科技人员总数	（人次）	7276	16480	23804	131336	54768	149766	85825	90773	258165	67286
# 专家人数	（人次）	544	399	1047	646	7689	3609	3801	1393	3766	6481
参加活动的学会、协会、研究会	（个次）	178	144	445	171	1812	539	782	599	414	175
覆盖村	（个）	990	407	—	—	110489	30311	—	—	—	180
覆盖社区	（个）	—	—	818	996	—	—	6426	2488	—	70

8-1 续表 4

指 标		小 计		副省级城市科协、省会城市科协			
				科普日			
				科技进村		科教进社区	
		2015 年	2016 年	2015 年	2016 年	2015 年	2016 年
举办科普宣讲活动	（次）	7361	9133	156	218	391	725
# 院士科普报告会	（次）	149	262	2	2	8	6
# 举办专题展览	（次）	938	501	30	35	74	96
# 流动科技馆巡展	（次）	472	265	22	26	54	24
# 开展科技咨询	（次）	1390	826	47	72	110	88
宣讲活动受众人数	（万人次）	623.0	1360.2	16.0	509.7	85.0	197.1
# 流动科技馆巡展受众人数	（万人次）	104.0	76.6	4.0	3.5	27.0	6.5
播放科技广播、影视节目	（小时）	9908.0	3813.5	139.0	76.1	138.0	85.2
# 电台电视台播放科技节目	（小时）	1049.0	527.8	76.0	55.1	53.0	18.2
举办实用技术培训	（次）	3956	5731	278	794	316	191
实用技术培训人数	（万人次）	31.0	55.3	3.0	4.7	2.0	1.3
推广新技术、新品种	（项）	898	1421	169	69	144	109
参加活动科技人员总数	（人次）	94338	636154	4208	57547	7387	66192
# 专家人数	（人次）	10247	18919	980	1884	1318	3996
参加活动的学会、协会、研究会	（个次）	1734	1155	79	123	212	203
覆盖村	（个）	3245	3487	487	605	—	—
覆盖社区	（个）	4933	5139	—	—	961	1300

8-1 续表 5

指　标		副省级城市科协、省会城市科协									
		科技周				日　常				其　他	
		科技进村		科教进社区		科技进村		科教进社区			
		2015年	2016年	2015年	2016年	2015年	2016年	2015年	2016年	2015年	2016年
举办科普宣讲活动	（次）	187	234	493	492	1265	737	3466	4652	1403	2075
# 院士科普报告会	（次）	1	3	77	5	11	7	17	33	33	206
# 举办专题展览	（次）	36	33	70	59	66	62	608	132	54	84
# 流动科技馆巡展	（次）	20	27	81	28	95	27	159	62	41	71
# 开展科技咨询	（次）	46	49	81	101	208	286	819	159	79	71
宣讲活动受众人数	（万人次）	10.0	10.3	40.0	19.9	31.0	48.8	161.0	168.0	280.0	406.2
# 流动科技馆巡展受众人数	（万人次）	2.0	3.5	24.0	6.6	9.0	4.1	20.0	20.5	18.0	31.8
播放科技广播、影视节目	（小时）	84.0	6.0	3418.0	47.7	170.0	14.4	4667.0	3157.6	1292.0	426.4
# 电台电视台播放科技节目	（小时）	53.0	2.0	52.0	4.9	74.0	5.7	582.0	153.1	159.0	288.7
举办实用技术培训	（次）	321	537	219	156	2305	1130	346	2186	171	737
实用技术培训人数	（万人次）	2.0	5.4	2.0	1.1	18.0	11.7	3.0	12.3	1.0	18.8
推广新技术、新品种	（项）	96	81	33	107	262	439	130	454	64	162
参加活动科技人员总数	（人次）	4994	31233	10569	48922	14208	70668	30304	246869	22668	114723
# 专家人数	（人次）	1207	1005	1475	942	1778	3283	1575	6143	1914	1666
参加活动的学会、协会、研究会	（个次）	112	73	174	122	190	261	508	225	459	148
覆盖村	（个）	409	741	—	—	2349	2111	—	—	—	30
覆盖社区	（个）	—	—	955	1276	—	—	3017	2453	—	110

8-1　续表 6

指　　标		小　计		地级科协			
				科普日			
				科技进村		科教进社区	
		2015 年	2016 年	2015 年	2016 年	2015 年	2016 年
举办科普宣讲活动	（次）	48252	47659	3894	3552	7065	5757
# 院士科普报告会	（次）	752	744	46	16	112	125
# 举办专题展览	（次）	9190	10092	749	888	1619	1598
# 流动科技馆巡展	（次）	4781	4215	253	282	580	667
# 开展科技咨询	（次）	15198	15042	1535	1298	2475	1958
宣讲活动受众人数	（万人次）	2942.0	3078.9	280.0	325.2	397.0	437.4
# 流动科技馆巡展受众人数	（万人次）	680.0	705.6	43.0	49.1	85.0	91.4
播放科技广播、影视节目	（小时）	30846.0	96069.8	2665.0	1243.7	2425.0	1416.0
# 电台电视台播放科技节目	（小时）	9738.0	83137.8	881.0	771.4	733.0	679.2
举办实用技术培训	（次）	29033	31643	4324	2517	2090	2495
实用技术培训人数	（万人次）	380.0	393.8	43.0	38.4	17.0	27.2
推广新技术、新品种	（项）	7243	13071	1044	1258	469	448
参加活动科技人员总数	（人次）	434071	530734	63100	137058	66361	54691
# 专家人数	（人次）	59481	61607	7866	7679	6824	7765
参加活动的学会、协会、研究会	（个次）	18562	20131	2509	2253	2705	2358
覆盖村	（个）	36374	37639	9206	7794	—	—
覆盖社区	（个）	20990	20691	—	—	5970	4927

8-1 续表 7

指 标		地级科协									
		科技周				日 常				其 他	
		科技进村		科教进社区		科技进村		科教进社区			
		2015年	2016年	2015年	2016年	2015年	2016年	2015年	2016年	2015年	2016年
举办科普宣讲活动	（次）	4133	3288	8196	7756	5752	10736	13131	12967	6081	3603
# 院士科普报告会	（次）	32	17	122	65	30	39	153	119	257	363
# 举办专题展览	（次）	915	659	1970	2021	1317	1844	2244	2542	376	540
# 流动科技馆巡展	（次）	251	237	635	666	477	647	1465	1309	1120	407
# 开展科技咨询	（次）	1629	1163	2725	3120	2501	3038	3684	3739	649	726
宣讲活动受众人数	（万人次）	266.0	304.2	483.0	503.7	448.0	468.7	706.0	636.0	362.0	403.7
# 流动科技馆巡展受众人数	（万人次）	33.0	32.6	85.0	96.8	73.0	92.6	189.0	180.6	172.0	162.5
播放科技广播、影视节目	（小时）	2555.0	973.8	3053.0	1600.2	6704.0	78434.0	6243.0	6703.0	7201.0	5699.1
# 电台电视台播放科技节目	（小时）	800.0	447.0	960.0	728.4	2338.0	75853.6	2635.0	2364.7	1391.0	2293.6
举办实用技术培训	（次）	3201	2339	1972	2073	9090	15014	4290	4839	4066	2366
实用技术培训人数	（万人次）	35.0	44.6	18.0	21.3	125.0	176.9	48.0	55.0	94.0	30.5
推广新技术、新品种	（项）	1333	1271	641	637	2281	7383	878	1598	597	476
参加活动科技人员总数	（人次）	53820	47131	63125	57432	79066	101470	77268	94536	31331	38416
# 专家人数	（人次）	6951	6474	7543	7578	13331	15803	11386	11979	5580	4329
参加活动的学会、协会、研究会	（个次）	2474	1913	2563	2294	3933	6787	3406	3549	972	977
覆盖村	（个）	10030	7650	—	—	17138	19769	—	—	—	2426
覆盖社区	（个）	—	—	6079	5865	—	—	8941	9004	—	895

8-1 续表 8

指 标		小 计		县级科协			
				科普日			
				科技进村		科教进社区	
		2015 年	2016 年	2015 年	2016 年	2015 年	2016 年
举办科普宣讲活动	（次）	214465	220114	19354	19966	20204	23395
# 院士科普报告会	（次）	1824	2308	132	148	279	236
# 举办专题展览	（次）	27346	35483	3296	3328	3968	4181
# 流动科技馆巡展	（次）	8645	10540	924	857	1018	1119
# 开展科技咨询	（次）	82812	95333	10486	9720	8556	10346
宣讲活动受众人数	（万人次）	9172.0	8365.2	1057.0	918.7	1148.0	867.2
# 流动科技馆巡展受众人数	（万人次）	1450.0	1387.5	110.0	81.4	143.0	124.2
播放科技广播、影视节目	（小时）	143354.0	155257.8	8865.0	9413.2	9210.0	6686.4
# 电台电视台播放科技节目	（小时）	55904.0	53105.1	4347.0	4553.7	4041.0	2753.4
举办实用技术培训	（次）	198884	177539	21493	16070	12142	11868
实用技术培训人数	（万人次）	2419.0	2028.0	298.0	244.7	159.0	123.8
推广新技术、新品种	（项）	47670	37841	6555	4856	3298	3676
参加活动科技人员总数	（人次）	1811003	1581175	251525	172438	184578	152353
# 专家人数	（人次）	244523	209426	33779	23160	24303	18338
参加活动的学会、协会、研究会	（个次）	93100	81263	14260	10059	10163	7501
覆盖村	（个）	300924	267490	75083	49455	—	—
覆盖社区	（个）	68544	66001	—	—	20323	16216

8-1 续表 9

指标		县级科协									
		科技周				日常				其他	
		科技进村		科教进社区		科技进村		科教进社区			
		2015年	2016年	2015年	2016年	2015年	2016年	2015年	2016年	2015年	2016年
举办科普宣讲活动	（次）	20633	19361	21337	30752	45175	53419	41791	58056	45971	15165
# 院士科普报告会	（次）	102	123	225	805	236	285	410	354	440	357
# 举办专题展览	（次）	3263	3198	3703	5327	5996	10422	5919	7588	1201	1439
# 流动科技馆巡展	（次）	886	1135	970	1317	1901	2168	1784	2832	1162	1112
# 开展科技咨询	（次）	10206	9653	8994	10983	24514	27421	16847	23562	3209	3648
宣讲活动受众人数	（万人次）	1047.0	798.8	1042.0	1004.9	2008.0	2161.0	1799.0	1753.3	1071.0	861.3
# 流动科技馆巡展受众人数	（万人次）	78.0	63.4	119.0	121.1	173.0	202.8	302.0	367.5	526.0	427.2
播放科技广播、影视节目	（小时）	8890.0	8547.7	9425.0	8554.7	27411.0	36329.8	59018.0	60416.1	20535.0	25310.1
# 电台电视台播放科技节目	（小时）	3912.0	3422.2	3569.0	3741.2	14715.0	17632.6	13245.0	11930.4	12077.0	9071.6
举办实用技术培训	（次）	19457	16143	11213	11285	76428	72025	40192	35632	17959	14516
实用技术培训人数	（万人次）	306.0	239.2	172.0	149.7	986.0	884.3	293.0	276.3	205.0	110.0
推广新技术、新品种	（项）	6371	5152	2973	3980	19257	12432	6511	4699	2705	3046
参加活动科技人员总数	（人次）	223853	164094	186802	194711	454495	474617	307960	304877	201790	118085
# 专家人数	（人次）	31701	23224	23296	31270	81846	69433	38708	36140	10890	7861
参加活动的学会、协会、研究会	（个次）	13877	9357	9571	8942	25624	24411	14839	17089	4766	3904
覆盖村	（个）	74410	48209	—	—	151431	159496	—	—	—	10330
覆盖社区	（个）	—	—	19369	19181	—	—	28852	28610	—	1994

8–2　2016 年全国学会、省级学会科普活动汇总表

指　　标		学会合计		小　计		全国学会			
						科普日			
						科技进村		科教进社区	
		2015 年	2016 年	2015 年	2016 年	2015 年	2016 年	2015 年	2016 年
举办科普宣讲活动	（次）	99804	113754	8449	20242	90	246	370	837
# 院士科普报告会	（次）	1053	1569	379	375	1	6	11	19
# 举办专题展览	（次）	16332	15555	821	2978	17	26	85	142
# 流动科技馆巡展	（次）	1022	2953	124	199	8	4	8	14
# 开展科技咨询	（次）	33763	41800	2649	11338	52	145	104	449
宣讲活动受众人数	（万人次）	13648.4	24257.2	9098.4	16475.2	7.0	12.6	79.3	370.0
# 流动科技馆巡展受众人数	（万人次）	248.0	190.8	37.0	30.8	0.1	0.2	0.2	1.2
播放科技广播、影视节目	（小时）	14398.2	11628.0	749.2	1107.8	3.0	20.2	162.0	207.0
# 电台电视台播放科技节目	（小时）	5105.7	2993.5	170.7	139.5	0.2	1.7	23.0	14.9
举办实用技术培训	（次）	26910	31832	2792	1922	46	22	151	153
实用技术培训人数	（万人次）	170.2	203.3	25.2	14.2	0.6	0.3	0.5	0.5
推广新技术、新品种	（项）	10130	7748	914	648	16	37	20	40
参加活动科技人员总数	（人次）	1193773	1406547	196251	230364	754	2713	15052	15908
# 专家人数	（人次）	137763	157133	22562	15995	174	415	1302	1844
参加活动的学会、协会、研究会	（个次）	18221	21038	1049	1641	20	33	148	178
覆盖村	（个）	58016	65793	6116	4443	277	350	—	—
覆盖社区	（个）	39465	28735	13507	4434	—	—	406	2546

8−2 续表 1

指 标		全国学会									
		科技周				日 常				其 他	
		科技进村		科教进社区		科技进村		科教进社区			
		2015年	2016年	2015年	2016年	2015年	2016年	2015年	2016年	2015年	2016年
举办科普宣讲活动	（次）	132	313	240	382	1228	1078	865	7795	5524	9591
# 院士科普报告会	（次）	8	9	16	21	23	5	9	23	311	292
# 举办专题展览	（次）	23	72	68	75	26	55	94	2166	508	442
# 流动科技馆巡展	（次）	8	18	5	7	61	66	12	53	22	37
# 开展科技咨询	（次）	72	193	120	145	1056	268	363	5255	882	4883
宣讲活动受众人数	（万人次）	15.0	975.5	6435.1	45.1	180.0	52.4	703.0	9273.4	1679.0	5746.2
# 流动科技馆巡展受众人数	（万人次）	0.3	1.6	1.0	3.8	33.0	3.4	0.4	3.6	2.0	17.1
播放科技广播、影视节目	（小时）	7.0	308.6	142.0	116.1	47.0	30.3	37.0	57.9	351.2	367.8
# 电台电视台播放科技节目	（小时）	3.0	0.6	32.0	17.2	0.3	2.8	37.0	6.8	75.2	95.6
举办实用技术培训	（次）	68	43	137	143	1016	278	261	213	1113	1070
实用技术培训人数	（万人次）	0.8	0.4	0.4	0.6	9.0	2.1	3.0	3.6	11.0	6.6
推广新技术、新品种	（项）	23	39	22	59	278	45	22	59	533	369
参加活动科技人员总数	（人次）	6643	677	19001	17090	22823	4125	13055	27312	118923	162539
# 专家人数	（人次）	303	287	814	986	7893	1730	1570	2581	10506	8152
参加活动的学会、协会、研究会	（个次）	41	38	119	77	49	33	112	137	560	1145
覆盖村	（个）	803	2099	—	—	5036	1959	—	—	—	35
覆盖社区	（个）	—	—	12439	375	—	—	662	1412	—	101

8-2 续表 2

指　　标		小　计		省级学会			
				科普日			
				科技进村		科教进社区	
		2015 年	2016 年	2015 年	2016 年	2015 年	2016 年
举办科普宣讲活动	（次）	91355	93512	22426	4841	6130	4182
# 院士科普报告会	（次）	674	1194	26	32	76	99
# 举办专题展览	（次）	15511	12577	690	1066	1139	1250
# 流动科技馆巡展	（次）	898	2754	58	102	115	188
# 开展科技咨询	（次）	31114	30462	2559	1338	2782	1598
宣讲活动受众人数	（万人次）	4550.0	7782.0	266.0	90.0	779.0	620.2
# 流动科技馆巡展受众人数	（万人次）	211.0	159.9	4.0	2.4	15.0	3.7
播放科技广播、影视节目	（小时）	13649.0	10520.2	585.0	343.9	635.0	620.9
# 电台电视台播放科技节目	（小时）	4935.0	2853.6	207.0	106.9	144.0	126.6
举办实用技术培训	（次）	24118	29910	4589	6995	1069	847
实用技术培训人数	（万人次）	145.0	189.1	22.0	25.8	8.0	5.3
推广新技术、新品种	（项）	9216	7100	562	347	261	294
参加活动科技人员总数	（人次）	997522	1176183	81994	48442	143760	91431
# 专家人数	（人次）	115201	141138	15873	16013	11004	11701
参加活动的学会、协会、研究会	（个次）	17172	19397	1245	1315	1104	961
覆盖村	（个）	51900	61350	14368	9245	—	—
覆盖社区	（个）	25958	24301	—	—	5596	5222

8-2 续表 3

指标		省级学会									
		科技周				日常				其他	
		科技进村		科教进社区		科技进村		科教进社区			
		2015年	2016年	2015年	2016年	2015年	2016年	2015年	2016年	2015年	2016年
举办科普宣讲活动	（次）	4974	6304	8137	7966	15484	13668	21144	15941	13060	40610
# 院士科普报告会	（次）	22	25	37	102	40	83	68	304	405	549
# 举办专题展览	（次）	798	680	2157	1485	3217	3560	6404	3066	1106	1470
# 流动科技馆巡展	（次）	70	199	121	481	148	517	188	1006	198	261
# 开展科技咨询	（次）	3531	3502	4664	4724	6611	6544	7403	6332	3564	6424
宣讲活动受众人数	（万人次）	75.0	89.8	171.0	309.1	680.0	292.7	887.0	434.2	1692.0	5946.2
# 流动科技馆巡展受众人数	（万人次）	2.0	4.6	8.0	15.2	57.0	40.2	10.0	73.7	115.0	20.0
播放科技广播、影视节目	（小时）	398.0	504.6	689.0	747.2	1364.0	2256.6	2143.0	3499.2	7835.0	2547.8
# 电台电视台播放科技节目	（小时）	102.0	152.2	138.0	112.0	492.0	451.2	774.0	368.3	3078.0	1536.5
举办实用技术培训	（次）	2835	5092	1516	1186	6655	9417	4053	4086	3401	2287
实用技术培训人数	（万人次）	10.0	31.2	6.0	5.2	50.0	47.6	19.0	34.2	30.0	39.9
推广新技术、新品种	（项）	490	516	278	745	2636	2490	964	817	4025	1891
参加活动科技人员总数	（人次）	61365	264836	92938	75725	198507	194478	115456	286800	303502	214471
# 专家人数	（人次）	14321	13766	8192	11614	25076	27343	16815	40761	23920	19940
参加活动的学会、协会、研究会	（个次）	775	708	1133	1277	8475	11026	2649	2280	1791	1830
覆盖村	（个）	6992	8496	—	—	30540	43317	—	—	—	292
覆盖社区	（个）	—	—	4000	5077	—	—	16362	13405	—	597

8-3 2016年各省级科协科普活动

地区	合计（次）	举办科普宣讲活动						
		科普日		科技周		日常		其他
		科技进村	科教进社区	科技进村	科教进社区	科技进村	科教进社区	
合计	**8358**	**619**	**1195**	**329**	**689**	**1405**	**1624**	**2497**
北京	584	0	5	8	5	112	113	341
天津	519	1	1	1	4	82	257	173
河北	237	3	2	12	26	75	108	11
山西	262	22	25	22	9	108	63	13
内蒙古	138	11	9	9	8	10	11	80
辽宁	107	0	0	0	0	7	0	100
吉林	107	20	11	7	9	44	16	0
黑龙江	980	154	314	31	34	295	125	27
上海	348	11	38	13	68	61	98	59
江苏	666	103	92	51	269	48	80	23
浙江	122	28	23	7	6	5	13	40
安徽	77	3	2	3	10	2	17	40
福建	106	0	2	0	0	1	16	87
江西	148	0	1	0	1	0	119	27
山东	699	9	14	0	0	55	101	520
河南	214	0	94	3	3	3	5	106
湖北	139	0	0	0	0	2	27	110
湖南	107	0	1	0	1	1	0	104
广东	222	0	12	0	1	2	60	147
广西	147	1	5	2	9	17	13	100
海南	180	41	20	25	23	29	37	5
重庆	223	2	92	0	15	1	10	103
四川	0	0	0	0	0	0	0	0
贵州	59	3	3	3	2	6	5	37
云南	385	0	223	0	14	7	47	94
西藏	320	74	68	6	10	100	62	0
陕西	131	15	13	1	2	14	10	76
甘肃	15	2	1	2	1	6	3	0
青海	496	92	71	43	77	84	77	52
宁夏	183	18	20	26	31	31	37	20
新疆	302	0	26	10	44	144	78	0
新疆生产建设兵团	135	6	7	44	7	53	16	2

8-3 续表 1

地区	举办科普宣讲活动							
	合计（次）	#院士科普报告会						其他
		科普日		科技周		日常		
		科技进村	科教进社区	科技进村	科教进社区	科技进村	科教进社区	
合计	**962**	**11**	**67**	**1**	**42**	**4**	**33**	**804**
北京	56	0	0	0	0	0	0	56
天津	6	0	0	0	2	0	0	4
河北	1	0	0	0	0	0	0	1
山西	11	0	6	0	0	0	0	5
内蒙古	1	0	0	0	0	0	0	1
辽宁	4	0	0	0	0	0	0	4
吉林	0	0	0	0	0	0	0	0
黑龙江	18	0	18	0	0	0	0	0
上海	5	0	0	0	0	0	0	5
江苏	88	5	36	1	33	0	12	1
浙江	2	0	0	0	0	0	0	2
安徽	2	0	0	0	1	0	1	0
福建	20	0	0	0	0	0	0	20
江西	0	0	0	0	0	0	0	0
山东	524	0	0	0	0	1	3	520
河南	0	0	0	0	0	0	0	0
湖北	90	0	0	0	0	0	0	90
湖南	11	0	0	0	0	0	0	11
广东	13	0	1	0	0	0	0	12
广西	0	0	0	0	0	0	0	0
海南	2	2	0	0	0	0	0	0
重庆	50	0	0	0	0	0	0	50
四川	0	0	0	0	0	0	0	0
贵州	0	0	0	0	0	0	0	0
云南	0	0	0	0	0	0	0	0
西藏	0	0	0	0	0	0	0	0
陕西	14	4	2	0	0	3	4	1
甘肃	0	0	0	0	0	0	0	0
青海	30	0	0	0	0	0	10	20
宁夏	1	0	0	0	0	0	0	1
新疆	13	0	4	0	6	0	3	0
新疆生产建设兵团	0	0	0	0	0	0	0	0

8–3 续表 2

地区	举办科普宣讲活动							
	合计（次）	# 举办专题展览						
		科普日		科技周		日常		其他
		科技进村	科教进社区	科技进村	科教进社区	科技进村	科教进社区	
合计	**1137**	**95**	**271**	**44**	**80**	**136**	**273**	**238**
北京	20	0	1	0	1	0	18	0
天津	3	0	0	0	2	0	0	1
河北	8	1	0	0	2	0	3	2
山西	18	1	2	2	1	4	8	0
内蒙古	38	5	6	5	5	7	6	4
辽宁	1	0	0	0	0	0	0	1
吉林	28	5	7	2	3	2	9	0
黑龙江	229	40	80	19	16	20	50	4
上海	11	0	0	0	5	0	2	4
江苏	2	0	1	0	0	0	0	1
浙江	20	1	4	2	2	0	3	8
安徽	38	2	1	2	8	1	6	18
福建	4	0	1	0	0	0	2	1
江西	3	0	1	0	1	0	1	0
山东	2	1	1	0	0	0	0	0
河南	88	0	84	1	1	1	1	0
湖北	0	0	0	0	0	0	0	0
湖南	68	0	1	0	1	1	0	65
广东	47	0	1	0	0	1	39	6
广西	39	0	3	0	4	7	12	13
海南	1	1	0	0	0	0	0	0
重庆	47	0	30	0	5	0	4	8
四川	0	0	0	0	0	0	0	0
贵州	3	0	0	0	0	1	1	1
云南	105	0	3	0	2	1	26	73
西藏	110	26	28	0	0	30	26	0
陕西	8	0	0	0	0	3	0	5
甘肃	0	0	0	0	0	0	0	0
青海	57	8	4	3	2	13	8	19
宁夏	24	4	3	4	3	4	4	2
新疆	113	0	9	4	16	40	44	0
新疆生产建设兵团	2	0	0	0	0	0	0	2

8-3 续表 3

地 区	举办科普宣讲活动							
	合 计（次）	# 流动科技馆巡展						
		科普日		科技周		日 常		其 他
		科技进村	科教进社区	科技进村	科教进社区	科技进村	科教进社区	
合 计	**1221**	**93**	**69**	**51**	**110**	**311**	**240**	**347**
北 京	9	0	0	0	0	0	0	9
天 津	0	0	0	0	0	0	0	0
河 北	42	0	0	0	2	0	40	0
山 西	134	16	15	15	5	57	26	0
内 蒙 古	78	1	2	2	2	2	3	66
辽 宁	7	0	0	0	0	7	0	0
吉 林	0	0	0	0	0	0	0	0
黑 龙 江	138	0	0	0	0	120	0	18
上 海	8	0	2	0	3	0	3	0
江 苏	145	53	5	4	61	3	19	0
浙 江	32	1	0	0	1	0	0	30
安 徽	22	0	0	0	0	0	8	14
福 建	13	0	0	0	0	0	13	0
江 西	27	0	0	0	0	0	0	27
山 东	19	1	2	0	0	0	16	0
河 南	56	0	0	0	0	0	0	56
湖 北	27	0	0	0	0	0	27	0
湖 南	23	0	0	0	0	0	0	23
广 东	6	0	1	0	1	1	2	1
广 西	18	0	1	0	1	0	1	15
海 南	57	5	3	11	8	13	12	5
重 庆	9	0	0	0	0	0	0	9
四 川	0	0	0	0	0	0	0	0
贵 州	23	0	0	0	0	0	0	23
云 南	65	0	14	0	10	0	20	21
西 藏	56	6	8	0	0	34	8	0
陕 西	36	5	6	1	1	3	3	17
甘 肃	10	1	1	1	1	4	2	0
青 海	10	0	0	0	0	0	10	0
宁 夏	49	3	4	3	8	7	11	13
新 疆	76	0	3	0	4	54	15	0
新疆生产建设兵团	26	1	2	14	2	6	1	0

8-3 续表 4

地区	举办科普宣讲活动							
	合计（次）	# 开展科技咨询						
		科普日		科技周		日常		其他
		科技进村	科教进社区	科技进村	科教进社区	科技进村	科教进社区	
合计	**2399**	**180**	**535**	**121**	**291**	**465**	**636**	**171**
北京	65	0	4	0	0	7	54	0
天津	338	1	0	1	0	82	253	1
河北	69	2	2	10	10	20	20	5
山西	23	0	0	0	0	3	17	3
内蒙古	12	5	1	2	1	1	2	0
辽宁	0	0	0	0	0	0	0	0
吉林	70	15	4	5	4	38	4	0
黑龙江	266	19	99	12	16	40	75	5
上海	294	10	35	12	50	60	85	42
江苏	173	0	16	0	136	0	0	21
浙江	26	7	5	4	3	2	5	0
安徽	12	0	1	1	1	1	2	6
福建	3	0	1	0	0	1	0	1
江西	0	0	0	0	0	0	0	0
山东	18	7	11	0	0	0	0	0
河南	17	0	10	2	2	2	1	0
湖北	22	0	0	0	0	2	0	20
湖南	1	0	0	0	0	0	0	1
广东	0	0	0	0	0	0	0	0
广西	18	1	1	1	2	10	0	3
海南	73	20	12	0	0	16	25	0
重庆	98	2	52	0	10	1	5	28
四川	0	0	0	0	0	0	0	0
贵州	26	2	3	2	2	5	4	8
云南	215	0	206	0	2	6	1	0
西藏	154	42	32	6	10	36	28	0
陕西	34	6	5	0	1	5	3	14
甘肃	5	1	0	1	0	2	1	0
青海	151	32	19	24	18	26	19	13
宁夏	9	3	1	2	0	2	1	0
新疆	100	0	10	6	18	50	16	0
新疆生产建设兵团	107	5	5	30	5	47	15	0

8-3 续表 5

地区	宣讲活动受众人数							
	合计（人次）	科普日		科技周		日常		其他
		科技进村	科教进社区	科技进村	科教进社区	科技进村	科教进社区	
合计	**28782460**	**2155364**	**3340842**	**975558**	**1340926**	**1927291**	**5167881**	**13874598**
北京	462087	0	20200	1600	1100	22877	90200	326110
天津	59930	80	400	150	15600	3700	14005	25995
河北	116610	200	120	700	10210	8000	95230	2150
山西	758100	32600	30110	80600	9500	376400	221690	7200
内蒙古	1722654	5700	4600	3800	4200	4700	2800	1696854
辽宁	230770	0	0	0	0	200000	0	30770
吉林	158400	12000	34000	300	22500	54500	35100	0
黑龙江	1627000	12000	31000	8000	12000	72000	22000	1470000
上海	225788	1300	8100	1460	30400	7000	16800	160728
江苏	2175722	305000	355100	200000	510800	100000	700422	4400
浙江	2730000	1450000	120000	500000	80000	360000	90000	130000
安徽	352450	7100	1500	5350	12000	4500	257000	65000
福建	1115438	0	3000	0	0	500	1034873	77065
江西	164283	0	3000	0	5000	0	21283	135000
山东	1149444	2100	6600	0	0	20000	873090	247654
河南	4860000	0	1795000	1000	1500	900	1600	3060000
湖北	470222	0	0	0	0	80	445142	25000
湖南	1520357	0	5000	0	5000	800	0	1509557
广东	400550	0	40000	0	60000	500	208050	92000
广西	1740810	1240	12050	1470	15780	19200	14970	1676100
海南	224562	38680	34682	22000	15200	41000	67000	6000
重庆	1276440	150	71130	0	38380	70	2400	1164310
四川	0	0	0	0	0	0	0	0
贵州	411900	1700	1000	2300	1000	3000	1800	401100
云南	1590260	0	393600	0	274400	29260	471800	421200
西藏	316558	49014	48800	1068	2316	117904	97456	0
陕西	1181431	150000	120000	30000	10000	40100	10200	821131
甘肃	64400	12000	4000	11000	5200	23000	9200	0
青海	763024	56000	41200	37400	34200	102000	215300	276924
宁夏	292400	15300	25200	41500	51000	49000	68300	42100
新疆	578300	0	130000	8000	112000	250000	78300	0
新疆生产建设兵团	42570	3200	1450	17860	1640	16300	1870	250

8-3 续表 6

地区	宣讲活动受众人数							
	合计（人次）	#流动科技馆巡展受众人数						其他
		科普日		科技周		日常		
		科技进村	科教进社区	科技进村	科教进社区	科技进村	科教进社区	
合计	**16403182**	**433768**	**691614**	**223500**	**668130**	**954074**	**3372813**	**10059283**
北京	179500	0	0	0	0	0	0	179500
天津	0	0	0	0	0	0	0	0
河北	73000	0	0	0	8000	0	65000	0
山西	682000	29000	25610	69000	5000	341000	212390	0
内蒙古	1425254	1500	2000	1700	1600	1500	1600	1415354
辽宁	200000	0	0	0	0	200000	0	0
吉林	0	0	0	0	0	0	0	0
黑龙江	1260000	0	0	0	0	60000	0	1200000
上海	6000	0	1500	0	2200	0	2300	0
江苏	1435722	290000	241000	100000	307000	100000	397722	0
浙江	90000	20000	0	0	10000	0	0	60000
安徽	269000	0	0	0	0	0	214000	55000
福建	630000	0	0	0	0	0	630000	0
江西	135000	0	0	0	0	0	0	135000
山东	864590	300	1200	0	0	0	863090	0
河南	3000000	0	0	0	0	0	0	3000000
湖北	68997	0	0	0	0	0	68997	0
湖南	1272729	0	0	0	0	0	0	1272729
广东	280350	0	15000	0	58470	500	205880	500
广西	1204000	0	1000	0	2000	0	1000	1200000
海南	130000	15000	11000	19000	15000	33000	31000	6000
重庆	400100	0	0	0	0	0	0	400100
四川	0	0	0	0	0	0	0	0
贵州	400000	0	0	0	0	0	0	400000
云南	1230000	0	245000	0	172300	0	433400	379300
西藏	180660	11668	7904	0	0	87384	73704	0
陕西	469000	50000	40000	10000	7000	8000	4000	350000
甘肃	37200	7500	2200	5800	3100	13300	5300	0
青海	113300	0	0	0	0	0	113300	0
宁夏	77800	6000	17000	4500	25000	4500	15000	5800
新疆	264300	0	80000	0	50000	100000	34300	0
新疆生产建设兵团	24680	2800	1200	13500	1460	4890	830	0

8-3 续表 7

地区	合计（分钟）	播放科技广播、影视节目						
		科普日		科技周		日常		其他
		科技进村	科教进社区	科技进村	科教进社区	科技进村	科教进社区	
合计	**1257064**	**10192**	**17040**	**6659**	**14200**	**91149**	**64728**	**1053096**
北京	0	0	0	0	0	0	0	0
天津	1920	0	270	0	600	0	450	600
河北	0	0	0	0	0	0	0	0
山西	12280	5	5	5	5	5	5	12250
内蒙古	9090	820	760	870	780	880	860	4120
辽宁	1569	0	0	0	0	7	0	1562
吉林	3300	0	0	0	0	0	0	3300
黑龙江	9480	0	3000	0	0	0	6000	480
上海	10328	0	0	0	3000	0	2600	4728
江苏	9250	5000	500	0	600	0	900	2250
浙江	5084	0	0	0	0	0	5084	0
安徽	0	0	0	0	0	0	0	0
福建	291970	0	0	0	0	0	0	291970
江西	0	0	0	0	0	0	0	0
山东	30660	0	0	0	0	0	30660	0
河南	0	0	0	0	0	0	0	0
湖北	0	0	0	0	0	0	0	0
湖南	314550	0	0	0	0	0	0	314550
广东	510	0	135	0	50	45	200	80
广西	141890	0	0	0	0	0	0	141890
海南	3942	540	500	240	182	750	530	1200
重庆	169011	1500	1870	500	500	0	0	164641
四川	0	0	0	0	0	0	0	0
贵州	3623	3	0	5	0	0	0	3615
云南	42720	0	8210	0	7530	6000	12450	8530
西藏	4666	922	970	648	242	1062	822	0
陕西	1187	0	0	0	0	0	1187	0
甘肃	4	2	0	1	1	0	0	0
青海	103320	1340	760	790	650	2000	1180	96600
宁夏	3100	0	0	0	0	1200	1200	700
新疆	78500	0	0	0	0	78500	0	0
新疆生产建设兵团	5110	60	60	3600	60	700	600	30

8-3 续表 8

地区	播放科技广播、影视节目							
	合计（分钟）	# 电台电视台播放科技节目						
		科普日		科技周		日常		其他
		科技进村	科教进社区	科技进村	科教进社区	科技进村	科教进社区	
合计	**61284**	**3306**	**6893**	**5403**	**2407**	**3757**	**11200**	**28318**
北京	0	0	0	0	0	0	0	0
天津	390	0	90	0	0	0	0	300
河北	0	0	0	0	0	0	0	0
山西	12280	5	5	5	5	5	5	12250
内蒙古	5170	820	760	870	780	880	860	200
辽宁	1562	0	0	0	0	0	0	1562
吉林	600	0	0	0	0	0	0	600
黑龙江	8240	0	3000	0	0	0	5000	240
上海	3575	0	0	0	0	0	0	3575
江苏	3918	0	300	0	600	0	900	2118
浙江	840	0	0	0	0	0	840	0
安徽	0	0	0	0	0	0	0	0
福建	4000	0	0	0	0	0	0	4000
江西	0	0	0	0	0	0	0	0
山东	100	0	0	0	0	0	100	0
河南	0	0	0	0	0	0	0	0
湖北	0	0	0	0	0	0	0	0
湖南	57	0	0	0	0	0	0	57
广东	30	0	0	0	0	0	0	30
广西	1040	0	0	0	0	0	0	1040
海南	1300	200	0	0	0	0	0	1100
重庆	4691	1500	1870	500	500	0	0	321
四川	0	0	0	0	0	0	0	0
贵州	0	0	0	0	0	0	0	0
云南	0	0	0	0	0	0	0	0
西藏	2168	490	528	228	212	472	238	0
陕西	1187	0	0	0	0	0	1187	0
甘肃	1	1	0	0	0	0	0	0
青海	1955	230	280	200	250	500	270	225
宁夏	3100	0	0	0	0	1200	1200	700
新疆	0	0	0	0	0	0	0	0
新疆生产建设兵团	5080	60	60	3600	60	700	600	0

8-3 续表 9

地区	合计（次）	举办实用技术培训						
		科普日		科技周		日常		其他
		科技进村	科教进社区	科技进村	科教进社区	科技进村	科教进社区	
合计	**6776**	**528**	**170**	**230**	**119**	**4959**	**390**	**380**
北京	520	0	0	0	0	506	10	4
天津	87	1	1	1	2	82	0	0
河北	109	0	0	4	12	55	38	0
山西	1119	5	0	5	0	1086	0	23
内蒙古	85	15	16	10	11	12	11	10
辽宁	6	0	0	0	0	0	0	6
吉林	216	15	8	17	4	23	12	137
黑龙江	244	32	52	6	6	102	42	4
上海	22	0	0	0	0	16	0	6
江苏	11	1	0	0	2	0	0	8
浙江	0	0	0	0	0	0	0	0
安徽	0	0	0	0	0	0	0	0
福建	0	0	0	0	0	0	0	0
江西	410	0	0	0	0	410	0	0
山东	54	2	3	0	0	39	10	0
河南	8	0	0	0	0	1	0	7
湖北	1920	20	0	0	0	1900	0	0
湖南	24	0	0	0	0	0	0	24
广东	2	0	0	0	0	0	0	2
广西	18	1	0	1	0	16	0	0
海南	200	20	8	8	4	12	32	116
重庆	31	1	0	0	0	2	0	28
四川	20	0	0	0	0	20	0	0
贵州	51	5	2	6	2	31	4	1
云南	13	0	0	0	0	13	0	0
西藏	54	8	6	4	6	18	12	0
陕西	21	6	5	2	2	3	3	0
甘肃	15	6	1	0	0	5	3	0
青海	1405	382	62	150	63	547	201	0
宁夏	44	6	5	11	2	15	4	1
新疆	20	0	0	0	0	20	0	0
新疆生产建设兵团	47	2	1	5	3	25	8	3

8-3 续表 10

地　区	合　计（人次）	实用技术培训人数						
		科普日		科技周		日　常		其　他
		科技进村	科教进社区	科技进村	科教进社区	科技进村	科教进社区	
合　计	**7482526**	**101376**	**36309**	**19772**	**7151**	**7224705**	**54090**	**39123**
北　京	15580	0	0	0	0	14200	1000	380
天　津	4930	80	400	150	600	3700	0	0
河　北	10310	0	0	220	350	6620	3120	0
山　西	6910871	3000	0	3000	0	6904200	0	671
内蒙古	10970	1650	1840	1610	1640	1750	1650	830
辽　宁	277	0	0	0	0	0	0	277
吉　林	36289	2080	1040	2550	400	2930	1030	26259
黑龙江	60600	9400	13400	1000	1000	16000	19000	800
上　海	1280	0	0	0	0	833	0	447
江　苏	2894	120	0	0	250	0	0	2524
浙　江	0	0	0	0	0	0	0	0
安　徽	0	0	0	0	0	0	0	0
福　建	0	0	0	0	0	0	0	0
江　西	27000	0	0	0	0	27000	0	0
山　东	8280	160	240	0	0	6682	1198	0
河　南	1815	0	0	0	0	300	0	1515
湖　北	180230	20000	0	0	0	160230	0	0
湖　南	740	0	0	0	0	0	0	740
广　东	300	0	0	0	0	0	0	300
广　西	3720	110	0	160	0	3450	0	0
海　南	1695	650	221	6	18	260	420	120
重　庆	3170	120	0	0	0	280	0	2770
四　川	3500	0	0	0	0	3500	0	0
贵　州	4380	440	180	760	150	1550	200	1100
云　南	2348	0	0	0	0	2348	0	0
西　藏	15610	3166	2568	1726	1256	4752	2142	0
陕　西	5600	2000	1600	400	500	800	300	0
甘　肃	86000	23000	8000	0	0	42000	13000	0
青　海	70287	34620	6500	7000	567	11520	10080	0
宁　夏	4980	600	260	800	220	2500	450	150
新　疆	7000	0	0	0	0	7000	0	0
新疆生产建设兵团	1870	180	60	390	200	300	500	240

8-3 续表 11

地区	合计（项）	推广新技术、新品种						
		科普日		科技周		日常		其他
		科技进村	科教进社区	科技进村	科教进社区	科技进村	科教进社区	
合计	**2891**	**176**	**116**	**113**	**160**	**682**	**176**	**1468**
北京	45	0	0	0	0	45	0	0
天津	95	2	1	2	5	85	0	0
河北	47	0	0	2	5	25	15	0
山西	5	1	0	2	0	2	0	0
内蒙古	546	95	88	88	90	95	90	0
辽宁	0	0	0	0	0	0	0	0
吉林	63	11	3	4	1	13	1	30
黑龙江	10	2	0	0	0	8	0	0
上海	0	0	0	0	0	0	0	0
江苏	1425	25	0	0	0	0	0	1400
浙江	0	0	0	0	0	0	0	0
安徽	0	0	0	0	0	0	0	0
福建	0	0	0	0	0	0	0	0
江西	50	0	0	0	0	50	0	0
山东	325	2	2	0	0	301	20	0
河南	0	0	0	0	0	0	0	0
湖北	10	0	0	0	0	0	10	0
湖南	0	0	0	0	0	0	0	0
广东	0	0	0	0	0	0	0	0
广西	0	0	0	0	0	0	0	0
海南	170	16	12	2	50	22	36	32
重庆	2	0	0	0	0	2	0	0
四川	0	0	0	0	0	0	0	0
贵州	0	0	0	0	0	0	0	0
云南	0	0	0	0	0	0	0	0
西藏	34	4	6	4	6	12	2	0
陕西	1	0	0	0	0	1	0	0
甘肃	4	2	2	0	0	0	0	0
青海	52	16	2	8	3	21	2	0
宁夏	2	0	0	1	0	0	0	1
新疆	0	0	0	0	0	0	0	0
新疆生产建设兵团	5	0	0	0	0	0	0	5

8-3 续表 12

地　区	合　计（人次）	参加活动科技人员总数						
		科普日		科技周		日　常		其　他
		科技进村	科教进社区	科技进村	科教进社区	科技进村	科教进社区	
合　计	**595614**	**30298**	**109675**	**16480**	**131336**	**149766**	**90773**	**67286**
北　京	13440	0	103	7	4	1331	504	11491
天　津	3077	5	2	5	7	178	910	1970
河　北	594	9	6	40	94	190	200	55
山　西	32295	5326	5228	5128	5020	5509	5333	751
内蒙古	1741	175	180	175	167	172	165	707
辽　宁	404	0	0	0	0	55	0	349
吉　林	3205	230	222	170	50	793	320	1420
黑龙江	81354	13009	29009	3009	4009	15009	17009	300
上　海	31255	290	577	413	2203	1580	5361	20831
江　苏	83877	7050	15103	5000	17560	15000	15160	9004
浙　江	1240	400	300	180	120	100	80	60
安　徽	466	20	23	28	115	10	120	150
福　建	3203	0	200	0	0	120	2013	870
江　西	1623	0	16	0	16	500	639	452
山　东	7924	310	1070	0	0	1983	4041	520
河　南	1031	0	300	15	20	15	20	661
湖　北	1085	10	0	0	0	350	405	320
湖　南	2545	0	5	0	5	13	0	2522
广　东	5867	0	1400	0	500	100	1000	2867
广　西	3525	13	141	22	96	212	41	3000
海　南	8155	936	1066	808	505	2120	2400	320
重　庆	6361	48	369	10	92	35	197	5610
四　川	50	0	0	0	0	50	0	0
贵　州	362	44	40	59	25	50	45	99
云　南	4803	0	2901	0	270	438	502	692
西　藏	470	70	34	24	18	234	90	0
陕　西	1259	130	100	50	40	573	150	216
甘　肃	542	300	30	60	32	80	40	0
青　海	9450	1760	1066	886	214	2515	1205	1804
宁　夏	1468	158	161	366	119	277	145	242
新　疆	282800	0	50020	12	100025	100090	32653	0
新疆生产建设兵团	143	5	3	13	10	84	25	3

8-3 续表 13

地　区	参加活动科技人员总数							
	合　计（人次）	# 专家人数						
		科普日		科技周		日　常		其　他
		科技进村	科教进社区	科技进村	科教进社区	科技进村	科教进社区	
合　计	**14801**	**866**	**1407**	**399**	**646**	**3609**	**1393**	**6481**
北　京	1364	0	10	0	0	1044	27	283
天　津	905	3	2	3	7	88	240	562
河　北	64	0	0	3	8	20	33	0
山　西	199	19	19	10	6	125	10	10
内蒙古	158	28	20	15	18	25	20	32
辽　宁	73	0	0	0	0	0	0	73
吉　林	635	120	155	75	13	105	132	35
黑龙江	111	17	32	7	8	21	26	0
上　海	3292	0	10	0	15	0	6	3261
江　苏	812	183	105	30	309	15	55	115
浙　江	300	100	60	30	30	30	20	30
安　徽	126	15	8	12	23	3	25	40
福　建	583	0	150	0	0	100	80	253
江　西	468	0	0	0	0	350	118	0
山　东	1593	21	105	0	0	828	119	520
河　南	671	0	120	10	15	10	5	511
湖　北	142	0	0	0	0	52	0	90
湖　南	63	0	0	0	0	2	0	61
广　东	172	0	0	0	0	0	0	172
广　西	269	0	0	3	6	8	2	250
海　南	43	20	3	0	0	0	0	20
重　庆	279	26	121	9	44	20	6	53
四　川	50	0	0	0	0	50	0	0
贵　州	48	4	2	5	2	31	4	0
云　南	387	0	257	0	20	11	42	57
西　藏	248	26	18	14	8	128	54	0
陕　西	233	45	30	25	20	33	30	50
甘　肃	56	35	3	6	3	6	3	0
青　海	765	130	46	38	20	270	260	1
宁　夏	480	72	40	94	44	184	46	0
新　疆	184	0	90	5	24	40	25	0
新疆生产建设兵团	28	2	1	5	3	10	5	2

8-3 续表 14

地 区	合 计（个次）	参加活动的学会、协会、研究会						
		科普日		科技周		日 常		其 他
		科技进村	科教进社区	科技进村	科教进社区	科技进村	科教进社区	
合 计	**2450**	**246**	**576**	**144**	**171**	**539**	**599**	**175**
北 京	90	0	0	0	0	86	0	4
天 津	353	2	2	1	3	85	240	20
河 北	22	1	1	2	3	2	12	1
山 西	48	0	48	0	0	0	0	0
内蒙古	34	5	7	4	6	5	7	0
辽 宁	4	0	0	0	0	0	0	4
吉 林	119	21	8	10	3	6	11	60
黑龙江	333	25	45	8	20	80	155	0
上 海	0	0	0	0	0	0	0	0
江 苏	175	30	30	30	35	20	20	10
浙 江	0	0	0	0	0	0	0	0
安 徽	21	2	8	1	2	3	5	0
福 建	37	0	18	0	0	0	0	19
江 西	0	0	0	0	0	0	0	0
山 东	113	7	11	0	0	86	9	0
河 南	19	0	15	0	1	3	0	0
湖 北	2	0	0	0	0	2	0	0
湖 南	15	0	0	0	0	0	0	15
广 东	0	0	0	0	0	0	0	0
广 西	0	0	0	0	0	0	0	0
海 南	27	1	0	0	0	0	0	26
重 庆	163	23	67	12	24	11	10	16
四 川	0	0	0	0	0	0	0	0
贵 州	89	10	12	15	10	22	20	0
云 南	210	0	210	0	0	0	0	0
西 藏	144	30	12	8	6	56	32	0
陕 西	50	15	10	6	5	6	8	0
甘 肃	11	11	0	0	0	0	0	0
青 海	73	17	13	5	4	16	18	0
宁 夏	144	23	24	19	24	27	27	0
新 疆	50	0	30	0	10	0	10	0
新疆生产建设兵团	104	23	5	23	15	23	15	0

8-3 续表 15

地区	覆盖村					覆盖社区				
	合计（个）	科普日科技进村	科技周科技进村	日常科技进村	其他	合计（个）	科普日科教进社区	科技周科教进社区	日常科教进社区	其他
合计	**31627**	**729**	**407**	**30311**	**180**	**4522**	**968**	**996**	**2488**	**70**
北京	129	0	8	121	0	127	3	5	119	0
天津	105	1	4	100	0	731	64	421	246	0
河北	67	2	3	62	0	43	1	14	28	0
山西	28497	47	68	28382	0	48	12	9	27	0
内蒙古	35	15	10	10	0	52	21	15	15	1
辽宁	7	0	0	7	0	0	0	0	0	0
吉林	347	150	80	117	0	66	21	10	35	0
黑龙江	170	67	15	88	0	620	187	10	423	0
上海	44	20	10	14	0	295	54	138	103	0
江苏	114	49	20	45	0	860	79	201	580	0
浙江	13	5	5	3	0	35	18	10	7	0
安徽	54	12	6	36	0	19	1	6	12	0
福建	20	0	0	20	0	48	15	0	33	0
江西	200	0	0	200	0	138	1	1	109	27
山东	79	2	0	77	0	174	5	0	168	1
河南	6	0	3	3	0	9	1	3	5	0
湖北	202	0	0	202	0	70	0	0	70	0
湖南	1	0	0	1	0	4	1	1	0	2
广东	71	0	0	71	0	74	0	13	61	0
广西	37	14	3	20	0	19	4	8	6	1
海南	32	4	1	3	0	21	1	1	1	0
重庆	47	17	10	20	24	343	144	13	186	18
四川	240	0	0	240	0	0	0	0	0	0
贵州	42	5	6	31	0	11	3	3	5	0
云南	27	0	0	27	0	254	221	12	21	0
西藏	30	8	4	18	0	24	6	6	12	0
陕西	17	6	1	10	0	9	4	1	4	0
甘肃	139	55	0	84	0	50	23	0	27	0
青海	151	52	42	53	4	105	35	20	50	0
宁夏	481	175	75	79	152	139	20	34	65	20
新疆	154	0	10	144	0	99	18	26	55	0
新疆生产建设兵团	69	23	23	23	0	35	5	15	15	0

8-4 2016年各副省级城市科协、省会城市科协科普活动

城市	合计（次）	举办科普宣讲活动						
		科普日		科技周		日常		其他
		科技进村	科教进社区	科技进村	科教进社区	科技进村	科教进社区	
合　计	**9133**	**218**	**725**	**234**	**492**	**737**	**4652**	**2075**
副省级城市小计	**4925**	**133**	**524**	**172**	**289**	**586**	**1311**	**1910**
宁　波*	639	0	0	0	0	100	100	439
厦　门*	191	22	50	21	55	15	28	0
深　圳*	282	0	5	0	4	0	40	233
青　岛*	297	29	57	25	56	41	82	7
大　连*	98	0	2	0	2	42	0	52
省会城市小计	**7626**	**167**	**611**	**188**	**375**	**539**	**4402**	**1344**
石家庄	42	0	4	0	4	0	12	22
太　原	113	5	10	3	10	20	15	50
呼和浩特	23	4	3	2	3	1	5	5
沈　阳*	98	10	5	8	7	38	30	0
长　春*	125	2	2	4	4	87	23	3
哈尔滨*	47	7	8	7	9	8	8	0
南　京*	214	6	7	5	9	14	36	137
杭　州*	688	3	12	45	4	19	562	43
合　肥	43	5	6	2	3	12	15	0
福　州	21	21	0	0	0	0	0	0
南　昌	176	8	20	12	18	35	83	0
济　南*	91	0	22	7	8	11	43	0
郑　州	3330	0	111	0	111	0	3108	0
武　汉*	372	4	1	10	7	8	8	334
长　沙	0	0	0	0	0	0	0	0
广　州*	1067	18	298	0	1	34	63	653
南　宁	25	0	2	1	0	0	22	0
海　口	100	30	10	20	10	20	10	0
成　都*	697	28	52	40	123	168	286	0
贵　阳	73	2	1	6	3	51	7	3
昆　明	43	0	9	0	1	3	28	2
拉　萨	23	1	2	2	2	3	3	10
西　安*	19	4	3	0	0	1	2	9
兰　州	0	0	0	0	0	0	0	0
西　宁	53	0	8	0	5	0	5	35
银　川	14	3	0	1	3	1	1	5
乌鲁木齐	129	6	15	13	30	5	27	33

注：城市名称后带“*”的为副省级城市，包括省会城市中带“*”的。

8-4 续表 1

城市	举办科普宣讲活动							
	合计（次）	# 院士科普报告会						
		科普日		科技周		日常		其他
		科技进村	科教进社区	科技进村	科教进社区	科技进村	科教进社区	
合计	**262**	**2**	**6**	**3**	**5**	**7**	**33**	**206**
副省级城市小计	**253**	**1**	**6**	**3**	**3**	**7**	**31**	**202**
宁波*	120	0	0	0	0	0	20	100
厦门*	0	0	0	0	0	0	0	0
深圳*	80	0	0	0	0	0	0	80
青岛*	6	0	1	0	0	0	5	0
大连*	2	0	1	0	1	0	0	0
省会城市小计	**54**	**2**	**4**	**3**	**4**	**7**	**8**	**26**
石家庄	0	0	0	0	0	0	0	0
太原	0	0	0	0	0	0	0	0
呼和浩特	0	0	0	0	0	0	0	0
沈阳*	0	0	0	0	0	0	0	0
长春*	8	0	0	1	0	6	1	0
哈尔滨*	8	1	1	2	1	1	2	0
南京*	2	0	0	0	0	0	2	0
杭州*	4	0	0	0	0	0	0	4
合肥	0	0	0	0	0	0	0	0
福州	0	0	0	0	0	0	0	0
南昌	0	0	0	0	0	0	0	0
济南*	0	0	0	0	0	0	0	0
郑州	0	0	0	0	0	0	0	0
武汉*	18	0	1	0	1	0	0	16
长沙	0	0	0	0	0	0	0	0
广州*	3	0	1	0	0	0	0	2
南宁	2	0	0	0	0	0	2	0
海口	0	0	0	0	0	0	0	0
成都*	0	0	0	0	0	0	0	0
贵阳	0	0	0	0	0	0	0	0
昆明	0	0	0	0	0	0	0	0
拉萨	0	0	0	0	0	0	0	0
西安*	2	0	1	0	0	0	1	0
兰州	0	0	0	0	0	0	0	0
西宁	0	0	0	0	0	0	0	0
银川	4	0	0	0	0	0	0	4
乌鲁木齐	3	1	0	0	2	0	0	0

8-4 续表 2

城市	举办科普宣讲活动							
	合计（次）	# 举办专题展览						
		科普日		科技周		日常		其他
		科技进村	科教进社区	科技进村	科教进社区	科技进村	科教进社区	
合计	**501**	**35**	**96**	**33**	**59**	**62**	**132**	**84**
副省级城市小计	**383**	**29**	**77**	**30**	**47**	**49**	**84**	**67**
宁波*	1	0	0	0	0	0	0	1
厦门*	35	5	13	4	8	3	2	0
深圳*	8	0	2	0	1	0	5	0
青岛*	125	16	33	12	23	18	23	0
大连*	2	0	1	0	1	0	0	0
省会城市小计	**330**	**14**	**47**	**17**	**26**	**41**	**102**	**83**
石家庄	0	0	0	0	0	0	0	0
太原	19	0	2	0	2	0	5	10
呼和浩特	5	0	1	0	1	0	1	2
沈阳*	22	2	2	3	2	8	5	0
长春*	6	1	1	0	1	2	1	0
哈尔滨*	7	2	1	1	1	1	1	0
南京*	41	1	1	1	1	4	2	31
杭州*	30	1	0	1	0	0	0	28
合肥	11	1	1	1	1	2	5	0
福州	4	4	0	0	0	0	0	0
南昌	28	1	4	2	3	6	12	0
济南*	91	0	22	7	8	11	43	0
郑州	0	0	0	0	0	0	0	0
武汉*	7	0	0	1	1	2	2	1
长沙	0	0	0	0	0	0	0	0
广州*	2	0	0	0	0	0	0	2
南宁	0	0	0	0	0	0	0	0
海口	11	0	3	0	3	3	2	0
成都*	0	0	0	0	0	0	0	0
贵阳	3	0	0	0	0	0	0	3
昆明	27	0	3	0	0	0	22	2
拉萨	0	0	0	0	0	0	0	0
西安*	6	1	1	0	0	0	0	4
兰州	0	0	0	0	0	0	0	0
西宁	8	0	5	0	2	0	1	0
银川	0	0	0	0	0	0	0	0
乌鲁木齐	2	0	0	0	0	2	0	0

8-4 续表 3

城市	举办科普宣讲活动							
	合计（次）	# 流动科技馆巡展						
		科普日		科技周		日常		其他
		科技进村	科教进社区	科技进村	科教进社区	科技进村	科教进社区	
合　计	**265**	**26**	**24**	**27**	**28**	**27**	**62**	**71**
副省级城市小计	**193**	**16**	**11**	**19**	**14**	**23**	**46**	**64**
宁　波*	0	0	0	0	0	0	0	0
厦　门*	19	4	3	4	3	3	2	0
深　圳*	24	0	1	0	1	0	15	7
青　岛*	46	3	3	3	2	13	16	6
大　连*	10	0	0	0	0	0	0	10
省会城市小计	**166**	**19**	**17**	**20**	**22**	**11**	**29**	**48**
石家庄	0	0	0	0	0	0	0	0
太　原	0	0	0	0	0	0	0	0
呼和浩特	10	2	1	1	1	1	2	2
沈　阳*	0	0	0	0	0	0	0	0
长　春*	3	0	0	0	0	0	0	3
哈尔滨*	7	0	1	2	2	1	1	0
南　京*	34	3	3	3	3	1	3	18
杭　州*	18	2	0	0	0	1	4	11
合　肥	6	1	1	0	0	2	2	0
福　州	0	0	0	0	0	0	0	0
南　昌	0	0	0	0	0	0	0	0
济　南*	0	0	0	0	0	0	0	0
郑　州	0	0	0	0	0	0	0	0
武　汉*	30	4	0	7	3	4	5	7
长　沙	0	0	0	0	0	0	0	0
广　州*	0	0	0	0	0	0	0	0
南　宁	0	0	0	0	0	0	0	0
海　口	9	2	2	1	1	1	2	0
成　都*	0	0	0	0	0	0	0	0
贵　阳	3	0	0	0	0	0	3	0
昆　明	0	0	0	0	0	0	0	0
拉　萨	5	0	1	1	1	0	0	2
西　安*	2	0	0	0	0	0	0	2
兰　州	0	0	0	0	0	0	0	0
西　宁	6	0	3	0	1	0	2	0
银　川	0	0	0	0	0	0	0	0
乌鲁木齐	33	5	5	5	10	0	5	3

8-4 续表 4

城市	举办科普宣讲活动							
	合计（次）	#开展科技咨询						
		科普日		科技周		日常		其他
		科技进村	科教进社区	科技进村	科教进社区	科技进村	科教进社区	
合　计	**826**	**72**	**88**	**49**	**101**	**286**	**159**	**71**
副省级城市小计	**516**	**32**	**59**	**28**	**73**	**191**	**109**	**24**
宁　波*	0	0	0	0	0	0	0	0
厦　门*	103	11	28	8	36	4	16	0
深　圳*	23	0	2	0	1	0	20	0
青　岛*	91	10	20	10	20	10	20	1
大　连*	42	0	0	0	0	42	0	0
省会城市小计	**567**	**51**	**38**	**31**	**44**	**230**	**103**	**70**
石家庄	0	0	0	0	0	0	0	0
太　原	67	5	5	2	5	20	10	20
呼和浩特	8	2	1	1	1	0	2	1
沈　阳*	68	5	3	5	5	30	20	0
长　春*	108	1	1	3	3	79	21	0
哈尔滨*	25	4	5	2	5	5	4	0
南　京*	9	0	0	0	1	6	2	0
杭　州*	18	0	0	0	0	13	5	0
合　肥	25	3	3	1	2	8	8	0
福　州	17	17	0	0	0	0	0	0
南　昌	39	2	5	3	5	9	15	0
济　南*	0	0	0	0	0	0	0	0
郑　州	0	0	0	0	0	0	0	0
武　汉*	6	0	0	0	2	1	1	2
长　沙	0	0	0	0	0	0	0	0
广　州*	18	0	0	0	0	0	0	18
南　宁	3	0	2	1	0	0	0	0
海　口	20	5	5	5	5	0	0	0
成　都*	0	0	0	0	0	0	0	0
贵　阳	67	2	1	6	3	51	4	0
昆　明	16	0	6	0	1	3	6	0
拉　萨	15	1	1	1	1	3	3	5
西　安*	5	1	0	0	0	1	0	3
兰　州	0	0	0	0	0	0	0	0
西　宁	24	0	0	0	2	0	1	21
银　川	9	3	0	1	3	1	1	0
乌鲁木齐	0	0	0	0	0	0	0	0

8-4 续表 5

城　　市	宣讲活动受众人数							
	合　计（人次）	科普日		科技周		日　常		其　他
		科技进村	科教进社区	科技进村	科教进社区	科技进村	科教进社区	
合　　计	**13601852**	**5097304**	**1971277**	**103410**	**198797**	**488236**	**1680463**	**4062365**
副省级城市小计	**12857916**	**5058769**	**1885753**	**64274**	**131464**	**426316**	**1399525**	**3891815**
宁　　波*	80000	0	0	0	0	20000	20000	40000
厦　　门*	21800	2200	6000	2100	7000	1500	3000	0
深　　圳*	225000	0	15000	0	12000	0	115000	83000
青　　岛*	609000	30000	222000	30000	62000	70000	165000	30000
大　　连*	144410	0	1920	0	1920	40570	0	100000
省会城市小计	**12521642**	**5065104**	**1726357**	**71310**	**115877**	**356166**	**1377463**	**3809365**
石 家 庄	7900	0	260	0	240	0	800	6600
太　　原	11000	500	2000	2000	2000	500	3000	1000
呼和浩特	4300	600	700	300	600	100	1000	1000
沈　　阳*	42500	5000	4500	3000	4000	18000	8000	0
长　　春*	40145	299	258	532	356	10600	3100	25000
哈 尔 滨*	17465	3350	3035	2792	2253	2650	3385	0
南　　京*	235355	4000	17800	5350	21920	2800	98250	85235
杭　　州*	961440	3120	2600	2700	200	23600	94420	834800
合　　肥	67730	2580	3500	1860	2590	25500	31700	0
福　　州	10000	10000	0	0	0	0	0	0
南　　昌	99500	12000	21000	15000	11000	13500	27000	0
济　　南*	180200	0	101000	9300	11300	15400	43200	0
郑　　州	126540	0	4218	0	4218	0	118104	0
武　　汉*	213651	6290	300	3520	1315	6496	3070	192660
长　　沙	0	0	0	0	0	0	0	0
广　　州*	9967620	5000000	1501000	0	400	200000	809600	2456620
南　　宁	6650	0	800	2000	0	0	3850	0
海　　口	60000	10000	10000	10000	10000	10000	10000	0
成　　都*	64330	4210	6140	4980	6800	14200	28000	0
贵　　阳	84577	105	65	226	5235	2120	6126	70700
昆　　明	70009	0	25181	0	3000	3500	38078	250
拉　　萨	30100	600	800	2600	2300	3600	3200	17000
西　　安*	55000	300	4200	0	0	500	5500	44500
兰　　州	0	0	0	0	0	0	0	0
西　　宁	46000	0	9000	0	1000	0	1000	35000
银　　川	3630	150	0	150	150	100	80	3000
乌鲁木齐	116000	2000	8000	5000	25000	3000	37000	36000

8-4 续表 6

城市	宣讲活动受众人数							
	合计（人次）	# 流动科技馆巡展受众人数						
		科普日		科技周		日常		其他
		科技进村	科教进社区	科技进村	科教进社区	科技进村	科教进社区	
合计	**765564**	**35320**	**65089**	**34920**	**66390**	**40938**	**204907**	**318000**
副省级城市小计	**705616**	**32190**	**50039**	**26920**	**47990**	**38943**	**193234**	**316300**
宁波*	0	0	0	0	0	0	0	0
厦门*	1900	400	300	400	300	300	200	0
深圳*	72500	0	3500	0	3000	0	52000	14000
青岛*	250000	20000	42000	20000	40000	30000	78000	20000
大连*	70000	0	0	0	0	0	0	70000
省会城市小计	**371164**	**14920**	**19289**	**14520**	**23090**	**10638**	**74707**	**214000**
石家庄	0	0	0	0	0	0	0	0
太原	0	0	0	0	0	0	0	0
呼和浩特	1600	300	200	100	100	100	300	500
沈阳*	0	0	0	0	0	0	0	0
长春*	25000	0	0	0	0	0	0	25000
哈尔滨*	2055	0	739	200	575	247	294	0
南京*	99170	2500	3500	3400	3800	300	50670	35000
杭州*	35000	3000	0	0	0	2400	10000	19600
合肥	5348	530	550	0	0	1595	2673	0
福州	0	0	0	0	0	0	0	0
南昌	0	0	0	0	0	0	0	0
济南*	0	0	0	0	0	0	0	0
郑州	0	0	0	0	0	0	0	0
武汉*	109991	6290	0	2920	315	5696	2070	92700
长沙	0	0	0	0	0	0	0	0
广州*	0	0	0	0	0	0	0	0
南宁	0	0	0	0	0	0	0	0
海口	1500	300	200	300	200	300	200	0
成都*	0	0	0	0	0	0	0	0
贵阳	6000	0	0	0	0	0	6000	0
昆明	0	0	0	0	0	0	0	0
拉萨	6300	0	800	2600	2300	0	0	600
西安*	40000	0	0	0	0	0	0	40000
兰州	0	0	0	0	0	0	0	0
西宁	6600	0	5300	0	800	0	500	0
银川	0	0	0	0	0	0	0	0
乌鲁木齐	32600	2000	8000	5000	15000	0	2000	600

8-4 续表 7

城市	合计（分钟）	播放科技广播、影视节目						
		科普日		科技周		日常		其他
		科技进村	科教进社区	科技进村	科教进社区	科技进村	科教进社区	
合计	**228811**	**4568**	**5113**	**363**	**2864**	**864**	**189454**	**25585**
副省级城市小计	**210448**	**68**	**3462**	**363**	**794**	**864**	**184644**	**20253**
宁波*	7400	0	0	0	0	0	0	7400
厦门*	0	0	0	0	0	0	0	0
深圳*	7230	0	150	0	120	0	3600	3360
青岛*	177540	60	130	40	110	50	177050	100
大连*	0	0	0	0	0	0	0	0
省会城市小计	**36641**	**4508**	**4833**	**323**	**2634**	**814**	**8804**	**14725**
石家庄	0	0	0	0	0	0	0	0
太原	1040	0	0	0	0	0	0	1040
呼和浩特	1	0	1	0	0	0	0	0
沈阳*	0	0	0	0	0	0	0	0
长春*	200	8	2	3	14	114	19	40
哈尔滨*	0	0	0	0	0	0	0	0
南京*	45	0	0	0	0	0	0	45
杭州*	11318	0	0	0	0	0	3000	8318
合肥	1040	0	0	0	0	0	1040	0
福州	3300	3300	0	0	0	0	0	0
南昌	0	0	0	0	0	0	0	0
济南*	5200	0	3120	260	550	600	670	0
郑州	3650	0	0	0	0	0	3650	0
武汉*	340	0	60	60	0	0	60	160
长沙	0	0	0	0	0	0	0	0
广州*	75	0	0	0	0	0	45	30
南宁	120	0	0	0	0	0	120	0
海口	1620	0	0	0	0	0	0	1620
成都*	0	0	0	0	0	0	0	0
贵阳	642	0	0	0	0	0	0	642
昆明	0	0	0	0	0	0	0	0
拉萨	0	0	0	0	0	0	0	0
西安*	1100	0	0	0	0	100	200	800
兰州	0	0	0	0	0	0	0	0
西宁	1560	0	0	0	0	0	0	1560
银川	280	200	80	0	0	0	0	0
乌鲁木齐	5110	1000	1570	0	2070	0	0	470

8-4 续表 8

城市	播放科技广播、影视节目							
	合计（分钟）	# 电台电视台播放科技节目						其他
		科普日		科技周		日常		
		科技进村	科教进社区	科技进村	科教进社区	科技进村	科教进社区	
合　计	**31665**	**3308**	**1092**	**123**	**294**	**344**	**9184**	**17320**
副省级城市小计	**18543**	**8**	**1092**	**123**	**294**	**344**	**4374**	**12308**
宁　波＊	2000	0	0	0	0	0	0	2000
厦　门＊	0	0	0	0	0	0	0	0
深　圳＊	2240	0	0	0	0	0	0	2240
青　岛＊	1575	0	130	40	110	50	1145	100
大　连＊	0	0	0	0	0	0	0	0
省会城市小计	**25850**	**3308**	**962**	**83**	**184**	**294**	**8039**	**12980**
石家庄	0	0	0	0	0	0	0	0
太　原	1040	0	0	0	0	0	0	1040
呼和浩特	0	0	0	0	0	0	0	0
沈　阳＊	0	0	0	0	0	0	0	0
长　春＊	200	8	2	3	14	114	19	40
哈尔滨＊	0	0	0	0	0	0	0	0
南　京＊	0	0	0	0	0	0	0	0
杭　州＊	10898	0	0	0	0	0	3000	7898
合　肥	1040	0	0	0	0	0	1040	0
福　州	3300	3300	0	0	0	0	0	0
南　昌	0	0	0	0	0	0	0	0
济　南＊	1600	0	960	80	170	180	210	0
郑　州	3650	0	0	0	0	0	3650	0
武　汉＊	0	0	0	0	0	0	0	0
长　沙	0	0	0	0	0	0	0	0
广　州＊	30	0	0	0	0	0	0	30
南　宁	120	0	0	0	0	0	120	0
海　口	1620	0	0	0	0	0	0	1620
成　都＊	0	0	0	0	0	0	0	0
贵　阳	642	0	0	0	0	0	0	642
昆　明	0	0	0	0	0	0	0	0
拉　萨	0	0	0	0	0	0	0	0
西　安＊	0	0	0	0	0	0	0	0
兰　州	0	0	0	0	0	0	0	0
西　宁	1560	0	0	0	0	0	0	1560
银　川	0	0	0	0	0	0	0	0
乌鲁木齐	150	0	0	0	0	0	0	150

8-4 续表 9

城市	合计（次）	举办实用技术培训						
		科普日		科技周		日常		其他
		科技进村	科教进社区	科技进村	科教进社区	科技进村	科教进社区	
合计	**5731**	**794**	**191**	**537**	**156**	**1130**	**2186**	**737**
副省级城市小计	**4357**	**125**	**159**	**168**	**151**	**878**	**2167**	**709**
宁波*	683	0	0	0	0	0	0	683
厦门*	26	4	5	3	4	7	3	0
深圳*	14	0	1	0	1	0	5	7
青岛*	40	10	0	10	0	20	0	0
大连*	252	0	0	0	0	252	0	0
省会城市小计	**4716**	**780**	**185**	**524**	**151**	**851**	**2178**	**47**
石家庄	23	8	0	0	0	15	0	0
太原	47	5	30	3	2	2	0	5
呼和浩特	9	2	1	2	1	1	1	1
沈阳*	346	5	3	5	3	320	10	0
长春*	96	2	1	3	3	79	8	0
哈尔滨*	30	7	3	5	5	6	4	0
南京*	619	95	90	110	100	120	100	4
杭州*	8	0	0	2	0	2	2	2
合肥	12	1	0	0	0	11	0	0
福州	240	240	0	0	0	0	0	0
南昌	32	5	0	7	0	20	0	0
济南*	2220	0	52	30	35	70	2033	0
郑州	0	0	0	0	0	0	0	0
武汉*	4	0	1	0	0	0	0	3
长沙	0	0	0	0	0	0	0	0
广州*	0	0	0	0	0	0	0	0
南宁	2	0	0	0	0	2	0	0
海口	20	5	0	5	0	10	0	0
成都*	0	0	0	0	0	0	0	0
贵阳	137	2	1	6	2	122	4	0
昆明	90	0	0	0	0	69	14	7
拉萨	0	0	0	0	0	0	0	0
西安*	19	2	3	0	0	2	2	10
兰州	0	0	0	0	0	0	0	0
西宁	14	0	0	0	0	0	0	14
银川	1	1	0	0	0	0	0	0
乌鲁木齐	747	400	0	346	0	0	0	1

8-4 续表 10

城　　市	合　计（人次）	实用技术培训人数						
		科普日		科技周		日　常		其　他
		科技进村	科教进社区	科技进村	科教进社区	科技进村	科教进社区	
合　　计	**552623**	**46581**	**13008**	**54412**	**10938**	**117194**	**122834**	**187656**
副省级城市小计	**488625**	**29650**	**10903**	**29892**	**10492**	**101207**	**121518**	**184963**
宁　　波 *	183000	0	0	0	0	0	0	183000
厦　　门 *	1040	200	150	150	210	240	90	0
深　　圳 *	2720	0	260	0	240	0	1600	620
青　　岛 *	80000	20000	0	20000	0	40000	0	0
大　　连 *	30050	0	0	0	0	30050	0	0
省会城市小计	**255813**	**26381**	**12598**	**34262**	**10488**	**46904**	**121144**	**4036**
石 家 庄	2000	600	0	0	0	1400	0	0
太　　原	3900	300	2000	300	300	500	0	500
呼和浩特	440	50	60	70	60	50	100	50
沈　　阳 *	17400	300	150	300	150	16000	500	0
长　　春 *	5141	206	73	252	190	3900	520	0
哈 尔 滨 *	7679	1544	450	1150	1550	1747	1238	0
南　　京 *	41786	7100	7000	6900	7050	6800	6500	436
杭　　州 *	870	0	0	200	0	120	250	300
合　　肥	1664	120	0	0	0	1544	0	0
福　　州	12000	12000	0	0	0	0	0	0
南　　昌	1600	250	0	350	0	1000	0	0
济　　南 *	115582	0	1020	940	1102	2200	110320	0
郑　　州	0	0	0	0	0	0	0	0
武　　汉 *	400	0	200	0	0	0	0	200
长　　沙	0	0	0	0	0	0	0	0
广　　州 *	0	0	0	0	0	0	0	0
南　　宁	250	0	0	0	0	250	0	0
海　　口	1100	500	0	500	0	100	0	0
成　　都 *	0	0	0	0	0	0	0	0
贵　　阳	6770	92	45	300	86	6039	208	0
昆　　明	6822	0	0	0	0	5104	1008	710
拉　　萨	0	0	0	0	0	0	0	0
西　　安 *	2957	300	1600	0	0	150	500	407
兰　　州	0	0	0	0	0	0	0	0
西　　宁	1233	0	0	0	0	0	0	1233
银　　川	19	19	0	0	0	0	0	0
乌鲁木齐	26200	3000	0	23000	0	0	0	200

8-4 续表 11

城市	合计（项）	推广新技术、新品种						
		科普日		科技周		日常		其他
		科技进村	科教进社区	科技进村	科教进社区	科技进村	科教进社区	
合计	**1421**	**69**	**109**	**81**	**107**	**439**	**454**	**162**
副省级城市小计	**1354**	**67**	**105**	**68**	**105**	**412**	**445**	**152**
宁波*	0	0	0	0	0	0	0	0
厦门*	10	2	2	1	2	2	1	0
深圳*	531	0	60	0	50	0	400	21
青岛*	0	0	0	0	0	0	0	0
大连*	183	0	0	0	0	183	0	0
省会城市小计	**697**	**67**	**47**	**80**	**55**	**254**	**53**	**141**
石家庄	0	0	0	0	0	0	0	0
太原	17	0	0	3	2	1	1	10
呼和浩特	0	0	0	0	0	0	0	0
沈阳*	186	10	3	10	3	150	10	0
长春*	7	0	0	1	0	6	0	0
哈尔滨*	81	15	9	13	17	19	8	0
南京*	350	40	30	42	32	50	25	131
杭州*	2	0	0	0	0	2	0	0
合肥	23	0	0	0	0	23	0	0
福州	0	0	0	0	0	0	0	0
南昌	0	0	0	0	0	0	0	0
济南*	2	0	1	0	1	0	0	0
郑州	0	0	0	0	0	0	0	0
武汉*	2	0	0	1	0	0	1	0
长沙	0	0	0	0	0	0	0	0
广州*	0	0	0	0	0	0	0	0
南宁	3	0	0	0	0	3	0	0
海口	2	2	0	0	0	0	0	0
成都*	0	0	0	0	0	0	0	0
贵阳	0	0	0	0	0	0	0	0
昆明	12	0	4	0	0	0	8	0
拉萨	0	0	0	0	0	0	0	0
西安*	0	0	0	0	0	0	0	0
兰州	0	0	0	0	0	0	0	0
西宁	0	0	0	0	0	0	0	0
银川	0	0	0	0	0	0	0	0
乌鲁木齐	10	0	0	10	0	0	0	0

8-4 续表 12

城市	合计（人次）	参加活动科技人员总数						
		科普日		科技周		日常		其他
		科技进村	科教进社区	科技进村	科教进社区	科技进村	科教进社区	
合计	**636154**	**57547**	**66192**	**31233**	**48922**	**70668**	**246869**	**114723**
副省级城市小计	**570400**	**44957**	**55736**	**23019**	**43624**	**61846**	**233516**	**107702**
宁波*	8000	0	0	0	0	500	500	7000
厦门*	228	30	40	25	35	70	28	0
深圳*	945	0	30	0	35	0	300	580
青岛*	220910	20030	40240	20030	40250	20100	60250	20010
大连*	960	0	110	0	110	220	0	520
省会城市小计	**405111**	**37487**	**25772**	**11178**	**8492**	**49778**	**185791**	**86613**
石家庄	65	8	4	0	4	15	12	22
太原	178	20	30	10	5	10	3	100
呼和浩特	52	10	8	8	6	5	5	10
沈阳*	1232	50	6	50	6	1100	20	0
长春*	221	15	7	10	9	128	37	15
哈尔滨*	136	27	15	31	22	23	18	0
南京*	14286	2135	1940	2335	2125	2830	1660	1261
杭州*	3083	50	128	23	42	1155	458	1227
合肥	474	23	26	15	17	198	195	0
福州	450	450	0	0	0	0	0	0
南昌	880	40	100	60	110	160	410	0
济南*	1800	0	1080	80	100	150	390	0
郑州	80	0	11	0	12	0	57	0
武汉*	5802	1000	20	305	70	620	205	3582
长沙	0	0	0	0	0	0	0	0
广州*	286434	20000	10020	0	100	30000	153250	73064
南宁	420	0	60	50	0	10	300	0
海口	45	5	5	5	5	15	5	5
成都*	22370	120	500	130	720	4900	16000	0
贵阳	1572	8	4	24	38	127	59	1312
昆明	503	0	51	0	30	180	201	41
拉萨	50	5	6	6	6	9	9	9
西安*	3993	1500	1600	0	0	50	400	443
兰州	0	0	0	0	0	0	0	0
西宁	707	0	134	0	35	0	35	503
银川	278	21	17	36	30	93	62	19
乌鲁木齐	60000	12000	10000	8000	5000	8000	12000	5000

8-4 续表 13

城　市	参加活动科技人员总数							
	合　计（人次）	# 专家人数						
		科普日		科技周		日　常		其　他
		科技进村	科教进社区	科技进村	科教进社区	科技进村	科教进社区	
合　计	**18919**	**1884**	**3996**	**1005**	**942**	**3283**	**6143**	**1666**
副省级城市小计	**17238**	**1759**	**3792**	**805**	**830**	**2832**	**5717**	**1503**
宁　波*	0	0	0	0	0	0	0	0
厦　门*	98	10	15	9	20	30	14	0
深　圳*	102	0	5	0	6	0	80	11
青　岛*	100	5	20	5	20	20	20	10
大　连*	200	0	52	0	56	40	0	52
省会城市小计	**18419**	**1869**	**3904**	**991**	**840**	**3193**	**6029**	**1593**
石家庄	31	8	4	0	4	15	0	0
太　原	20	0	0	0	0	0	0	20
呼和浩特	18	3	3	5	2	3	2	0
沈　阳*	320	10	0	10	0	300	0	0
长　春*	12	0	0	0	0	10	2	0
哈尔滨*	73	19	7	17	9	14	7	0
南　京*	4508	700	650	750	700	800	550	358
杭　州*	276	15	40	14	18	118	29	42
合　肥	70	5	4	2	2	28	29	0
福　州	70	70	0	0	0	0	0	0
南　昌	503	22	67	41	62	96	215	0
济　南*	0	0	0	0	0	0	0	0
郑　州	34	0	2	0	1	0	31	0
武　汉*	71	0	2	0	0	0	2	67
长　沙	0	0	0	0	0	0	0	0
广　州*	11469	1000	3001	0	1	1500	5013	954
南　宁	37	0	10	20	0	2	5	0
海　口	35	5	5	5	0	15	5	0
成　都*	0	0	0	0	0	0	0	0
贵　阳	143	0	0	0	16	127	0	0
昆　明	246	0	35	0	10	104	86	11
拉　萨	6	3	0	0	3	0	0	0
西　安*	9	0	0	0	0	0	0	9
兰　州	0	0	0	0	0	0	0	0
西　宁	194	0	68	0	5	0	5	116
银　川	174	9	6	27	7	61	48	16
乌鲁木齐	100	0	0	100	0	0	0	0

8-4 续表 14

城市	合计（个次）	参加活动的学会、协会、研究会						
		科普日		科技周		日常		其他
		科技进村	科教进社区	科技进村	科教进社区	科技进村	科教进社区	
合计	**1155**	**123**	**203**	**73**	**122**	**261**	**225**	**148**
副省级城市小计	**750**	**61**	**135**	**58**	**78**	**165**	**125**	**128**
宁波*	0	0	0	0	0	0	0	0
厦门*	24	4	5	3	4	5	3	0
深圳*	56	0	10	0	12	0	21	13
青岛*	43	3	7	3	7	3	20	0
大连*	113	0	47	0	0	66	0	0
省会城市小计	**919**	**116**	**134**	**67**	**99**	**187**	**181**	**135**
石家庄	0	0	0	0	0	0	0	0
太原	0	0	0	0	0	0	0	0
呼和浩特	9	1	2	2	1	2	1	0
沈阳*	30	3	0	3	0	24	0	0
长春*	0	0	0	0	0	0	0	0
哈尔滨*	29	4	4	3	5	6	7	0
南京*	312	35	30	38	29	38	36	106
杭州*	128	12	31	8	19	22	27	9
合肥	22	2	2	2	2	6	8	0
福州	45	45	0	0	0	0	0	0
南昌	60	10	8	7	11	11	13	0
济南*	0	0	0	0	0	0	0	0
郑州	0	0	0	0	0	0	0	0
武汉*	2	0	0	0	1	1	0	0
长沙	0	0	0	0	0	0	0	0
广州*	13	0	1	0	1	0	11	0
南宁	30	0	0	0	0	0	30	0
海口	0	0	0	0	0	0	0	0
成都*	0	0	0	0	0	0	0	0
贵阳	8	0	0	0	8	0	0	0
昆明	120	0	14	0	6	71	27	2
拉萨	0	0	0	0	0	0	0	0
西安*	0	0	0	0	0	0	0	0
兰州	0	0	0	0	0	0	0	0
西宁	47	0	34	0	3	0	10	0
银川	64	4	8	4	13	6	11	18
乌鲁木齐	0	0	0	0	0	0	0	0

8-4 续表 15

城市	覆盖村					覆盖社区				
	合计（个）	科普日科技进村	科技周科技进村	日常科技进村	其他	合计（个）	科普日科教进社区	科技周科教进社区	日常科教进社区	其他
合计	**3487**	**605**	**741**	**2111**	**30**	**5139**	**1300**	**1276**	**2453**	**110**
副省级城市小计	**2229**	**251**	**290**	**1683**	**5**	**3732**	**879**	**910**	**1878**	**65**
宁波*	75	0	0	75	0	60	0	0	60	0
厦门*	66	20	16	30	0	110	30	45	25	10
深圳*	0	0	0	0	0	79	5	4	40	30
青岛*	74	18	14	41	1	245	60	49	136	0
大连*	124	0	0	124	0	194	105	89	0	0
省会城市小计	**3148**	**567**	**711**	**1841**	**30**	**4451**	**1100**	**1089**	**2192**	**45**
石家庄	45	30	0	15	0	20	4	4	12	0
太原	700	150	400	150	0	500	150	150	200	0
呼和浩特	12	3	4	5	0	13	5	4	4	0
沈阳*	720	20	20	680	0	380	50	30	300	0
长春*	93	2	4	87	0	27	2	4	21	0
哈尔滨*	195	59	55	81	0	187	55	61	71	0
南京*	153	46	44	63	0	995	321	393	281	0
杭州*	21	7	4	6	4	44	15	8	12	9
合肥	29	6	2	21	0	36	7	3	26	0
福州	130	130	0	0	0	60	60	0	0	0
南昌	55	8	12	35	0	121	20	18	83	0
济南*	130	0	60	70	0	307	52	35	220	0
郑州	0	0	0	0	0	333	111	111	111	0
武汉*	17	4	8	5	0	22	1	6	8	7
长沙	0	0	0	0	0	0	0	0	0	0
广州*	1	0	0	1	0	141	0	0	132	9
南宁	12	0	10	2	0	22	2	0	20	0
海口	20	5	5	10	0	20	5	5	10	0
成都*	550	65	65	420	0	936	180	186	570	0
贵阳	129	4	6	119	0	42	1	2	39	0
昆明	12	0	0	12	0	24	5	10	9	0
拉萨	9	1	1	2	5	10	2	2	2	4
西安*	10	10	0	0	0	5	3	0	2	0
兰州	0	0	0	0	0	0	0	0	0	0
西宁	40	0	0	40	0	18	8	5	5	0
银川	8	2	4	2	0	14	5	7	2	0
乌鲁木齐	57	15	7	15	20	174	36	45	52	41

8–5 2016 年各地区地级科协科普活动

地区	合计（次）	举办科普宣讲活动						
		科普日		科技周		日常		其他
		科技进村	科教进社区	科技进村	科教进社区	科技进村	科教进社区	
合计	**47659**	**3552**	**5757**	**3288**	**7756**	**10736**	**12967**	**3603**
北京	7365	362	899	586	2014	701	2596	207
天津	5909	38	552	74	1971	1122	2152	0
河北	321	38	58	28	59	67	67	4
山西	674	78	106	56	46	118	86	184
内蒙古	1848	227	289	129	173	511	499	20
辽宁	1823	87	89	114	101	170	1098	164
吉林	199	2	4	43	23	42	83	2
黑龙江	596	47	66	52	46	196	179	10
上海	3388	81	523	139	878	250	1023	494
江苏	1854	135	292	163	452	134	452	226
浙江	1692	317	357	147	169	223	156	323
安徽	893	96	114	61	87	233	209	93
福建	304	26	27	30	32	60	54	75
江西	439	31	56	39	45	117	147	4
山东	2077	225	262	182	258	462	538	150
河南	1335	187	288	170	153	275	233	29
湖北	957	87	172	50	158	194	251	45
湖南	650	51	277	55	42	89	114	22
广东	1278	65	118	58	68	111	178	680
广西	358	40	19	20	26	90	47	116
海南	31	3	28	0	0	0	0	0
重庆	1194	132	212	87	150	131	423	59
四川	1129	161	126	76	116	266	314	70
贵州	263	22	27	8	14	61	75	56
云南	519	142	74	50	39	113	56	45
西藏	759	59	21	12	18	22	625	2
陕西	248	22	27	15	18	99	45	22
甘肃	1719	297	242	180	165	325	357	153
青海	184	5	7	12	17	56	57	30
宁夏	261	22	26	28	32	81	72	0
新疆	5738	281	171	455	168	4163	406	94
新疆生产建设兵团	1654	186	228	169	218	254	375	224

8-5 续表 1

地 区	举办科普宣讲活动							
	合 计（次）	# 院士科普报告会						
		科普日		科技周		日 常		其 他
		科技进村	科教进社区	科技进村	科教进社区	科技进村	科教进社区	
合 计	**744**	**16**	**125**	**17**	**65**	**39**	**119**	**363**
北 京	24	0	1	0	1	1	16	5
天 津	11	0	2	0	6	0	3	0
河 北	4	0	1	0	2	0	0	1
山 西	209	0	37	0	0	0	0	172
内蒙古	12	0	0	0	0	8	4	0
辽 宁	17	0	0	0	0	0	0	17
吉 林	1	0	0	0	0	0	0	1
黑龙江	0	0	0	0	0	0	0	0
上 海	67	0	9	0	15	0	22	21
江 苏	42	2	5	0	11	0	13	11
浙 江	16	0	5	0	0	2	2	7
安 徽	5	0	2	0	0	0	0	3
福 建	13	0	0	0	0	0	0	13
江 西	11	0	4	0	0	0	7	0
山 东	17	0	0	0	0	0	0	17
河 南	15	0	2	0	0	0	3	10
湖 北	57	2	25	2	10	12	6	0
湖 南	15	1	4	0	2	0	7	1
广 东	32	0	3	0	1	0	1	27
广 西	0	0	0	0	0	0	0	0
海 南	0	0	0	0	0	0	0	0
重 庆	20	1	0	2	0	2	3	12
四 川	11	1	4	1	1	1	1	2
贵 州	9	0	0	0	0	0	0	9
云 南	77	9	16	12	11	9	12	8
西 藏	0	0	0	0	0	0	0	0
陕 西	14	0	2	0	2	0	1	9
甘 肃	9	0	2	0	1	0	0	6
青 海	3	0	1	0	1	0	1	0
宁 夏	21	0	0	0	0	4	17	0
新 疆	12	0	0	0	1	0	0	11
新疆生产建设兵团	0	0	0	0	0	0	0	0

8-5 续表 2

地区	举办科普宣讲活动							
	合计（次）	# 举办专题展览						
		科普日		科技周		日常		其他
		科技进村	科教进社区	科技进村	科教进社区	科技进村	科教进社区	
合计	**10092**	**888**	**1598**	**659**	**2021**	**1844**	**2542**	**540**
北京	1622	124	342	93	429	104	454	76
天津	2003	12	240	28	735	444	544	0
河北	39	4	8	3	5	7	11	1
山西	137	30	24	14	16	20	28	5
内蒙古	1423	181	248	98	135	415	334	12
辽宁	231	15	22	13	29	54	83	15
吉林	25	0	1	0	3	9	12	0
黑龙江	71	8	13	6	7	7	29	1
上海	449	7	73	17	83	19	127	123
江苏	374	34	40	52	59	58	90	41
浙江	206	34	39	15	52	24	19	23
安徽	362	30	33	15	30	148	94	12
福建	102	9	8	6	8	21	20	30
江西	124	6	12	5	16	45	39	1
山东	401	47	58	34	66	68	107	21
河南	446	71	74	60	54	72	112	3
湖北	383	25	79	10	72	30	157	10
湖南	73	4	18	9	11	11	8	12
广东	254	27	50	19	24	28	39	67
广西	53	6	4	3	3	12	6	19
海南	0	0	0	0	0	0	0	0
重庆	167	22	32	14	21	32	38	8
四川	129	13	25	7	31	14	37	2
贵州	53	5	6	2	3	12	10	15
云南	111	36	20	9	10	14	12	10
西藏	12	4	1	2	2	1	1	1
陕西	23	4	4	3	5	3	2	2
甘肃	284	49	46	52	31	42	56	8
青海	8	1	0	0	1	5	1	0
宁夏	55	7	8	9	10	9	12	0
新疆	340	34	43	49	33	112	47	22
新疆生产建设兵团	132	39	27	12	37	4	13	0

8-5 续表 3

地区	举办科普宣讲活动							
	合计（次）	# 流动科技馆巡展						
		科普日		科技周		日常		其他
		科技进村	科教进社区	科技进村	科教进社区	科技进村	科教进社区	
合计	**4215**	**282**	**667**	**237**	**666**	**647**	**1309**	**407**
北京	622	10	146	7	161	47	251	0
天津	433	0	175	0	155	0	103	0
河北	20	1	2	0	1	5	9	2
山西	65	9	16	3	4	15	11	7
内蒙古	184	7	10	7	7	21	130	2
辽宁	122	5	5	5	10	15	16	66
吉林	13	1	1	1	2	3	5	0
黑龙江	176	15	16	17	12	96	18	2
上海	374	2	39	10	54	12	226	31
江苏	220	18	42	34	45	13	51	17
浙江	151	32	27	18	16	14	18	26
安徽	1	0	0	0	0	0	0	1
福建	35	3	2	1	2	6	4	17
江西	46	5	12	5	2	12	10	0
山东	244	15	25	14	39	39	68	44
河南	173	23	33	16	20	63	11	7
湖北	143	23	11	15	30	20	22	22
湖南	83	4	12	5	6	6	47	3
广东	190	5	7	11	13	28	40	86
广西	40	9	5	1	3	11	9	2
海南	0	0	0	0	0	0	0	0
重庆	0	0	0	0	0	0	0	0
四川	145	11	15	7	11	25	37	39
贵州	6	0	0	0	0	0	4	2
云南	37	10	6	2	2	11	6	0
西藏	28	1	8	1	8	1	9	0
陕西	28	3	2	1	3	6	10	3
甘肃	163	28	19	12	10	36	52	6
青海	30	1	1	2	2	12	12	0
宁夏	0	0	0	0	0	0	0	0
新疆	382	31	24	37	39	125	110	16
新疆生产建设兵团	61	10	6	5	9	5	20	6

8-5 续表 4

地 区	举办科普宣讲活动							
	合 计（次）	# 开展科技咨询						
		科普日		科技周		日 常		其 他
		科技进村	科教进社区	科技进村	科教进社区	科技进村	科教进社区	
合 计	**15042**	**1298**	**1958**	**1163**	**3120**	**3038**	**3739**	**726**
北 京	1760	45	190	58	895	192	283	97
天 津	2895	26	135	46	1021	575	1092	0
河 北	107	18	12	8	16	23	30	0
山 西	169	24	23	17	20	47	38	0
内蒙古	103	19	17	9	16	20	20	2
辽 宁	471	57	56	89	60	79	78	52
吉 林	89	1	2	42	16	18	10	0
黑龙江	250	22	25	21	25	88	65	4
上 海	1220	58	214	68	224	143	397	116
江 苏	500	49	94	51	104	53	125	24
浙 江	521	68	70	54	37	126	35	131
安 徽	292	52	46	37	29	53	49	26
福 建	116	10	14	21	21	17	18	15
江 西	178	17	20	22	20	38	59	2
山 东	731	84	73	74	102	199	182	17
河 南	671	90	171	92	73	136	100	9
湖 北	213	30	25	9	15	90	36	8
湖 南	407	21	226	38	19	50	47	6
广 东	214	26	26	28	24	44	44	22
广 西	153	22	7	13	13	55	29	14
海 南	31	3	28	0	0	0	0	0
重 庆	859	85	158	50	107	83	356	20
四 川	756	117	71	54	64	214	221	15
贵 州	168	16	20	6	10	48	59	9
云 南	268	83	32	24	15	77	23	14
西 藏	19	4	4	1	4	2	4	0
陕 西	157	12	16	11	6	77	29	6
甘 肃	612	117	78	83	51	164	80	39
青 海	58	2	4	6	6	11	14	15
宁 夏	140	9	10	12	14	65	30	0
新 疆	345	39	37	42	28	108	78	13
新疆生产建设兵团	569	72	54	77	65	143	108	50

8-5 续表 5

地区	合计（人次）	宣讲活动受众人数						
		科普日		科技周		日常		其他
		科技进村	科教进社区	科技进村	科教进社区	科技进村	科教进社区	
合计	**30788676**	**3251625**	**4373896**	**3042478**	**5036916**	**4687255**	**6360001**	**4036505**
北京	2871905	172019	383544	256392	682580	238695	1069715	68960
天津	954216	4517	118280	10896	360067	168932	291524	0
河北	333460	37850	38700	26200	34250	74960	108500	13000
山西	675027	130317	114920	44000	36640	68500	140150	140500
内蒙古	615733	71053	122100	64480	98500	86800	167580	5220
辽宁	660331	86476	54597	66321	78068	110896	193265	70708
吉林	88200	900	3910	16410	11180	15720	24580	15500
黑龙江	282350	26600	60300	30400	41000	50950	67300	5800
上海	2782287	25364	415701	31597	843600	255764	619302	590959
江苏	4638757	759400	692100	888810	1116889	477791	565782	137985
浙江	881227	375330	113312	59865	53933	99670	79500	99617
安徽	452716	26929	41750	30197	44638	140396	93815	74991
福建	606706	47120	52705	42950	41660	52915	98550	270806
江西	811790	86000	98620	89640	172740	196190	166600	2000
山东	1960380	186283	158508	117483	235022	508512	441072	313500
河南	1266642	151800	208336	144847	138021	150274	144464	328900
湖北	1170700	122500	156400	74800	135500	189800	390400	101300
湖南	1150611	57480	367783	50700	89882	152050	220616	212100
广东	1321279	56290	160400	80210	74600	108070	122760	718949
广西	477424	72039	30404	47944	41340	77913	48934	158850
海南	1410	160	1250	0	0	0	0	0
重庆	1085060	146020	216740	115250	163690	135500	226440	81420
四川	1269818	117496	165123	75546	155199	230888	345699	179867
贵州	148534	13452	17514	5574	11263	18334	36687	45710
云南	835991	189451	208101	50369	49742	197123	108325	32880
西藏	50652	12649	5187	1886	8749	10266	11735	180
陕西	442355	32860	36212	30940	30891	73392	92860	145200
甘肃	814364	121800	165680	99430	142200	118050	134580	32624
青海	72940	2500	2700	4840	8300	12900	18200	23500
宁夏	208870	5760	42320	5660	22650	15330	117150	0
新疆	1336707	71470	64160	419276	54420	511735	112446	103200
新疆生产建设兵团	520234	41740	56539	59565	59702	138939	101470	62279

8-5　续表 6

地　区	宣讲活动受众人数							
	合　计（人次）	#流动科技馆巡展受众人数						其　他
		科普日		科技周		日　常		
		科技进村	科教进社区	科技进村	科教进社区	科技进村	科教进社区	
合　计	**7056143**	**491174**	**914075**	**325659**	**968350**	**926202**	**1805585**	**1625098**
北　京	730870	2100	146740	2700	229360	12550	337420	0
天　津	78960	0	12000	0	36360	0	30600	0
河　北	82760	500	1000	0	1200	2060	66000	12000
山　西	284867	70017	50800	3200	15200	28500	81150	36000
内蒙古	282900	54000	29000	34900	35200	31800	97100	900
辽　宁	175716	11800	14390	10600	16560	37456	43010	41900
吉　林	17400	900	1410	1410	2480	3120	8080	0
黑龙江	82600	9800	25800	7300	13900	12400	10200	3200
上　海	521668	2200	77184	5950	203962	24811	190301	17260
江　苏	191900	21500	26400	22800	32600	13300	57100	18200
浙　江	131830	22262	27638	14150	7645	7559	18676	33900
安　徽	41200	0	0	0	0	0	0	41200
福　建	182697	9500	3000	7200	2100	17493	3400	140004
江　西	386000	54000	30000	47000	91000	94000	70000	0
山　东	531194	24028	27766	16550	51700	93260	108030	209860
河　南	432680	28448	27482	21203	18695	18863	11289	306700
湖　北	569900	47500	53500	24000	76000	69500	231900	67500
湖　南	661900	18200	229300	16200	22500	63200	137500	175000
广　东	232130	8300	10600	24050	28400	31800	44100	84880
广　西	95200	23592	20419	1546	3169	20955	5119	20400
海　南	0	0	0	0	0	0	0	0
重　庆	0	0	0	0	0	0	0	0
四　川	255274	4700	6419	4620	5835	37960	46740	149000
贵　州	35200	0	0	0	0	0	8200	27000
云　南	211020	29800	20420	500	6600	90300	63400	0
西　藏	17827	5900	1427	500	880	6600	2520	0
陕　西	270200	6500	24000	8000	25800	19000	71900	115000
甘　肃	90380	11900	14380	8630	6900	11070	20460	17040
青　海	6700	1000	300	800	600	3000	1000	0
宁　夏	0	0	0	0	0	0	0	0
新　疆	282360	19680	26900	35100	30710	60345	37150	72475
新疆生产建设兵团	172810	3047	5800	6750	2994	115300	3240	35679

8-5 续表 7

地 区	合 计（分钟）	播放科技广播、影视节目						
		科普日		科技周		日 常		其 他
		科技进村	科教进社区	科技进村	科教进社区	科技进村	科教进社区	
合 计	**5764187**	**74624**	**84957**	**58427**	**96011**	**4706043**	**402177**	**341948**
北 京	4426498	3550	8458	5638	10675	4369797	28060	320
天 津	71141	1600	3430	3180	7810	22401	32720	0
河 北	2600	30	30	0	300	700	1020	520
山 西	26785	520	3740	500	770	8170	8105	4980
内 蒙 古	13668	303	589	310	715	6376	5373	2
辽 宁	30675	970	1610	1290	1430	11050	2730	11595
吉 林	31020	0	20	120	160	100	620	30000
黑 龙 江	3342	310	1250	280	240	270	400	592
上 海	164441	2270	10856	1970	10220	3600	131645	3880
江 苏	130796	5250	5055	4500	20205	17600	38585	39601
浙 江	45979	3522	2387	2239	1100	4899	19437	12395
安 徽	35155	7195	910	790	680	3070	3140	19370
福 建	16470	230	430	80	80	480	6400	8770
江 西	14859	750	819	790	919	1152	7529	2900
山 东	49384	1745	2038	2382	2748	15881	13080	11510
河 南	44060	3451	4426	1219	4513	7232	9459	13760
湖 北	17875	2630	2375	530	1930	2600	4010	3800
湖 南	8855	640	4350	620	635	740	970	900
广 东	56292	2930	650	841	783	3055	3910	44123
广 西	17813	1191	688	1895	1706	5699	5954	680
海 南	2700	0	0	0	0	0	2700	0
重 庆	109930	6840	5336	5545	5561	22150	23361	41137
四 川	38322	8180	9850	1760	2220	3296	4476	8540
贵 州	12270	960	120	90	90	1500	3210	6300
云 南	126477	3220	1240	3750	2420	60957	3090	51800
西 藏	9650	330	710	320	1600	240	6390	60
陕 西	3792	315	332	330	330	285	360	1840
甘 肃	20844	3528	2457	2549	2060	5540	4170	540
青 海	2203	340	221	580	281	460	221	100
宁 夏	5913	670	760	680	620	1300	1550	333
新 疆	70230	2620	2720	5170	3120	23360	19540	13700
新疆生产建设兵团	154148	8534	7100	8479	10090	102083	9962	7900

8-5 续表 8

地 区	播放科技广播、影视节目							
	合 计（分钟）	# 电台电视台播放科技节目						
		科普日		科技周		日 常		其 他
		科技进村	科教进社区	科技进村	科教进社区	科技进村	科教进社区	
合 计	**4988267**	**46282**	**40750**	**26821**	**43702**	**4551215**	**141881**	**137616**
北 京	4340588	288	280	271	292	4336927	2240	290
天 津	17405	260	1145	480	2705	5050	7765	0
河 北	2080	0	0	0	120	580	860	520
山 西	22195	50	3590	330	570	8170	4505	4980
内蒙古	10262	180	361	185	462	5496	3578	0
辽 宁	22155	660	960	950	750	10265	1465	7105
吉 林	1020	0	20	120	160	100	620	0
黑龙江	1032	70	100	105	75	30	60	592
上 海	9765	10	725	10	730	10	4940	3340
江 苏	92555	4030	3935	2930	18735	15130	36815	10980
浙 江	27789	2642	1509	2180	1037	4749	6247	9425
安 徽	22852	6376	135	136	135	2570	2480	11020
福 建	16030	130	330	60	60	380	6300	8770
江 西	11922	495	540	453	549	770	6415	2700
山 东	37856	1230	1071	1530	1625	13845	10375	8180
河 南	25951	2351	2571	923	2223	6002	2725	9156
湖 北	7945	2000	1145	0	1000	1000	2000	800
湖 南	7675	500	4210	500	515	500	850	600
广 东	30745	2210	195	20	35	1365	1275	25645
广 西	11730	240	220	800	740	5200	3850	680
海 南	2700	0	0	0	0	0	2700	0
重 庆	30870	3217	3556	2125	3676	6030	7691	4575
四 川	32547	7195	9060	1440	1850	3066	2986	6950
贵 州	8210	240	10	10	10	60	1630	6250
云 南	16687	1080	592	1600	1500	9350	2440	125
西 藏	14	2	4	2	2	2	2	0
陕 西	2652	210	227	230	225	85	145	1530
甘 肃	15543	3258	1875	1830	1690	3370	3260	260
青 海	620	110	80	110	80	110	80	50
宁 夏	4853	610	700	620	560	1060	1110	193
新 疆	25043	617	617	792	767	8460	8190	5600
新疆生产建设兵团	128976	6021	987	6079	824	101483	6282	7300

8-5 续表 9

地区	举办实用技术培训							
	合计（次）	科普日		科技周		日常		其他
		科技进村	科教进社区	科技进村	科教进社区	科技进村	科教进社区	
合计	**31643**	**2517**	**2495**	**2339**	**2073**	**15014**	**4839**	**2366**
北京	885	105	57	55	22	442	182	22
天津	1733	17	29	34	198	853	602	0
河北	90	8	4	2	2	53	21	0
山西	485	129	43	39	18	140	108	8
内蒙古	129	23	14	14	8	57	6	7
辽宁	1028	39	43	49	45	592	226	34
吉林	73	2	4	2	14	35	15	1
黑龙江	940	160	122	158	70	280	141	9
上海	3309	106	547	111	169	1670	567	139
江苏	724	100	66	100	92	102	122	142
浙江	514	20	0	16	0	28	18	432
安徽	107	17	6	13	7	32	14	18
福建	98	4	2	3	0	56	0	33
江西	329	37	18	34	15	158	62	5
山东	1368	122	73	136	102	669	251	15
河南	551	99	68	87	73	144	76	4
湖北	522	24	9	96	9	330	18	36
湖南	240	23	29	38	15	118	17	0
广东	172	16	7	30	13	57	34	15
广西	364	36	5	30	9	261	11	12
海南	34	8	0	0	0	26	0	0
重庆	565	90	71	59	44	163	88	50
四川	370	63	26	47	23	126	42	43
贵州	42	11	0	7	0	20	0	4
云南	274	75	9	21	13	135	15	6
西藏	1092	207	503	85	164	46	84	3
陕西	321	60	29	35	23	142	21	11
甘肃	1403	351	195	158	111	299	177	112
青海	51	1	5	8	8	15	14	0
宁夏	162	10	9	11	10	71	51	0
新疆	10817	476	415	793	718	6840	1273	302
新疆生产建设兵团	2851	78	87	68	78	1054	583	903

8-5 续表 10

地 区	合 计（人次）	实用技术培训人数						
		科普日		科技周		日 常		其 他
		科技进村	科教进社区	科技进村	科教进社区	科技进村	科教进社区	
合 计	**3937823**	**383553**	**271853**	**446227**	**212824**	**1768558**	**549501**	**305307**
北 京	83864	15908	2763	6563	1572	43409	4306	9343
天 津	268856	2832	2855	4950	13650	101037	143532	0
河 北	12485	2100	350	450	275	6900	2410	0
山 西	94790	19480	3200	9460	850	54250	6050	1500
内蒙古	30986	9054	6030	5110	2720	6567	1000	505
辽 宁	242106	36009	36118	26508	26641	62359	50042	4429
吉 林	9290	200	360	200	1620	5750	1060	100
黑龙江	101760	19210	11660	16975	9340	28915	13810	1850
上 海	182937	8210	21958	10064	17660	88542	32190	4313
江 苏	163943	28175	16125	38316	18329	32377	18986	11635
浙 江	27848	962	0	1031	0	1940	900	23015
安 徽	10433	1770	542	863	640	3572	1286	1760
福 建	9740	380	120	290	0	6750	0	2200
江 西	41232	6250	2150	5800	1550	18153	6380	949
山 东	238249	23854	15540	23313	18748	120563	34526	1705
河 南	128285	16373	10028	61864	10133	20390	8497	1000
湖 北	85670	12700	14960	10105	11000	28600	6705	1600
湖 南	31442	3300	3010	5382	3640	12135	3975	0
广 东	22965	2290	980	4695	2150	6910	4440	1500
广 西	37760	8286	951	4941	1429	18581	1522	2050
海 南	2530	650	0	0	0	1880	0	0
重 庆	65875	10140	8083	6960	5982	18130	9290	7290
四 川	54956	9577	3209	7837	2603	14237	3060	14433
贵 州	5700	1750	0	1330	0	2340	0	280
云 南	50951	20310	1086	5658	1484	19260	1050	2103
西 藏	2715	716	640	327	349	226	268	189
陕 西	38638	6360	2700	1290	1710	19848	2970	3760
甘 肃	85021	16530	11080	10760	9541	19050	16590	1470
青 海	5395	600	360	1180	880	1430	945	0
宁 夏	12435	2600	1800	2000	2000	2835	1200	0
新 疆	1295014	84549	18396	159283	41728	788678	122200	80180
新疆生产建设兵团	493952	12428	74799	12722	4600	212944	50311	126148

8-5 续表 11

地区	合计（次）	推广新技术、新品种						
		科普日		科技周		日常		其他
		科技进村	科教进社区	科技进村	科教进社区	科技进村	科教进社区	
合计	**13071**	**1258**	**448**	**1271**	**637**	**7383**	**1598**	**476**
北京	399	26	24	11	14	215	83	26
天津	1473	9	14	13	273	457	707	0
河北	111	35	2	10	1	58	5	0
山西	120	18	3	20	5	56	18	0
内蒙古	82	29	0	29	0	22	0	2
辽宁	6187	371	29	459	35	5210	23	60
吉林	32	0	1	0	2	16	4	9
黑龙江	186	27	0	33	4	74	5	43
上海	119	3	9	3	45	38	4	17
江苏	589	89	33	90	41	144	106	86
浙江	318	96	10	93	9	91	16	3
安徽	176	34	3	34	2	45	53	5
福建	16	0	2	0	1	13	0	0
江西	152	31	2	38	1	75	3	2
山东	543	69	35	93	51	210	77	8
河南	492	56	55	72	66	101	72	70
湖北	130	15	4	31	1	67	5	7
湖南	138	19	57	6	3	37	16	0
广东	304	18	10	12	3	40	213	8
广西	74	36	0	10	0	16	0	12
海南	0	0	0	0	0	0	0	0
重庆	225	33	19	27	16	70	27	33
四川	254	64	29	45	8	73	14	21
贵州	35	7	0	3	0	25	0	0
云南	143	29	6	23	9	53	12	11
西藏	26	9	2	3	2	3	2	5
陕西	43	6	1	7	0	24	1	4
甘肃	258	63	48	26	16	59	43	3
青海	55	1	11	3	11	18	11	0
宁夏	63	8	12	8	10	12	13	0
新疆	28	8	0	6	0	12	0	2
新疆生产建设兵团	300	49	27	63	8	49	65	39

8-5 续表 12

地区	合计（人次）	参加活动科技人员总数						
		科普日		科技周		日常		其他
		科技进村	科教进社区	科技进村	科教进社区	科技进村	科教进社区	
合计	**530734**	**137058**	**54691**	**47131**	**57432**	**101470**	**94536**	**38416**
北京	34674	2805	4214	2665	5831	6244	10064	2851
天津	47038	780	1547	899	9491	14751	19570	0
河北	3799	300	645	280	481	1298	775	20
山西	87935	79877	517	708	1060	2862	2698	213
内蒙古	3630	305	617	227	464	1017	900	100
辽宁	11881	1744	815	919	1037	3485	3218	663
吉林	1074	10	27	250	113	494	125	55
黑龙江	2748	318	501	217	371	619	550	172
上海	21639	924	5105	1373	5107	2023	6025	1082
江苏	102222	13811	12752	19623	14535	12400	13741	15360
浙江	16705	4177	4068	1967	1374	2137	1418	1564
安徽	4736	608	576	511	567	888	939	647
福建	5965	586	501	628	816	1173	1330	931
江西	6827	1362	890	1344	357	1265	1592	17
山东	15772	1725	1403	1746	1999	4524	3860	515
河南	9803	2027	1730	1625	1001	1571	1287	562
湖北	6581	1049	1105	306	785	1625	1429	282
湖南	12543	945	2413	815	857	5071	1815	627
广东	14815	1410	1660	932	862	1696	2261	5994
广西	10243	844	704	876	722	4659	1978	460
海南	322	36	206	0	0	43	37	0
重庆	21687	2711	3465	2082	2511	5417	4563	938
四川	15442	1408	1795	1174	1471	3672	4375	1547
贵州	2300	190	524	109	217	537	361	362
云南	8775	3230	719	949	404	2661	486	326
西藏	22833	6946	2067	1007	316	8899	3568	30
陕西	8710	1502	838	1153	814	3127	758	518
甘肃	8725	3949	898	737	818	976	758	589
青海	202	11	24	22	29	54	37	25
宁夏	2016	199	206	239	243	508	337	284
新疆	10191	534	454	776	503	4648	2864	412
新疆生产建设兵团	8901	735	1705	972	2276	1126	817	1270

8-5 续表 13

地区	参加活动科技人员总数							
	合计（人次）	# 专家人数						
		科普日		科技周		日常		其他
		科技进村	科教进社区	科技进村	科教进社区	科技进村	科教进社区	
合计	**61607**	**7679**	**7765**	**6474**	**7578**	**15803**	**11979**	**4329**
北京	2500	203	416	153	457	549	633	89
天津	5697	114	190	130	1051	2802	1410	0
河北	223	40	26	6	40	54	55	2
山西	447	35	123	25	24	97	114	29
内蒙古	863	58	37	23	37	677	28	3
辽宁	2676	202	152	241	206	594	1046	235
吉林	335	3	13	63	19	152	47	38
黑龙江	665	118	92	37	93	144	156	25
上海	3985	302	788	446	747	771	826	105
江苏	5227	922	872	853	1079	651	649	201
浙江	4769	1284	661	841	415	749	545	274
安徽	1037	87	128	90	143	215	238	136
福建	2129	102	94	119	283	568	556	407
江西	2325	194	369	242	178	597	740	5
山东	2517	279	180	245	208	761	622	222
河南	2332	453	283	289	415	477	338	77
湖北	1096	127	187	63	108	323	231	57
湖南	2178	320	631	303	192	430	254	48
广东	3317	612	626	442	307	337	425	568
广西	1451	138	123	173	98	502	262	155
海南	0	0	0	0	0	0	0	0
重庆	2957	357	379	358	396	821	589	57
四川	4333	547	484	484	515	1140	1105	58
贵州	821	57	164	32	58	208	160	142
云南	1623	431	238	294	154	214	212	80
西藏	18	6	3	6	1	1	1	0
陕西	654	61	45	81	33	272	70	92
甘肃	595	154	68	99	64	121	69	20
青海	29	2	1	2	1	11	12	0
宁夏	549	88	72	49	53	154	133	0
新疆	1246	147	87	125	89	584	137	77
新疆生产建设兵团	3013	236	233	160	114	827	316	1127

8-5 续表 14

地区	合计（个次）	参加活动的学会、协会、研究会						
		科普日		科技周		日常		其他
		科技进村	科教进社区	科技进村	科教进社区	科技进村	科教进社区	
合　计	**20131**	**2253**	**2358**	**1913**	**2294**	**6787**	**3549**	**977**
北　京	962	97	123	119	168	230	161	64
天　津	421	23	46	23	99	121	109	0
河　北	245	70	45	10	41	54	25	0
山　西	240	38	48	20	22	69	43	0
内蒙古	537	22	7	18	9	440	41	0
辽　宁	552	85	64	104	61	136	64	38
吉　林	44	0	6	0	4	32	2	0
黑龙江	347	28	50	20	68	86	87	8
上　海	872	50	159	57	180	70	291	65
江　苏	973	90	164	101	178	132	200	108
浙　江	801	211	99	116	91	128	97	59
安　徽	506	81	70	50	71	96	87	51
福　建	191	22	13	9	17	79	40	11
江　西	859	55	96	86	66	230	314	12
山　东	1134	117	121	142	123	360	250	21
河　南	742	132	90	114	84	170	135	17
湖　北	390	25	87	20	61	91	98	8
湖　南	562	56	142	43	100	87	131	3
广　东	1262	151	149	144	154	259	216	189
广　西	694	84	68	73	77	227	117	48
海　南	14	5	1	0	0	6	2	0
重　庆	985	148	152	131	152	190	182	30
四　川	957	96	103	99	109	251	270	29
贵　州	286	38	54	35	25	74	36	24
云　南	900	227	122	130	81	142	119	79
西　藏	16	0	4	0	11	0	1	0
陕　西	298	38	42	21	28	89	70	10
甘　肃	851	107	124	74	100	224	161	61
青　海	9	1	1	1	1	4	1	0
宁　夏	205	32	31	39	33	34	36	0
新　疆	3154	113	72	100	77	2650	110	32
新疆生产建设兵团	122	11	5	14	3	26	53	10

8-5 续表 15

地区	覆盖村 合计（个）	覆盖村 科普日科技进村	覆盖村 科技周科技进村	覆盖村 日常科技进村	覆盖村 其他	覆盖社区 合计（个）	覆盖社区 科普日科教进社区	覆盖社区 科技周科教进社区	覆盖社区 日常科教进社区	覆盖社区 其他
合计	**37639**	**7794**	**7650**	**19769**	**2426**	**20691**	**4927**	**5865**	**9004**	**895**
北京	1515	336	328	729	122	4397	1244	1444	1631	78
天津	2194	234	260	1700	0	2253	218	982	1053	0
河北	267	55	26	176	10	218	70	62	86	0
山西	1301	357	323	621	0	187	62	43	82	0
内蒙古	478	164	128	161	25	273	41	34	198	0
辽宁	1765	369	427	945	24	776	198	159	403	16
吉林	768	4	238	86	440	170	14	61	85	10
黑龙江	345	83	71	177	14	217	51	38	124	4
上海	1194	243	232	655	64	1951	371	480	999	101
江苏	1974	585	573	636	180	1383	319	456	491	117
浙江	530	171	117	214	28	363	123	116	105	19
安徽	292	76	57	131	28	437	110	89	139	99
福建	247	47	37	135	28	197	41	50	71	35
江西	576	114	113	349	0	310	51	58	201	0
山东	9304	1854	1924	4746	780	1434	206	406	811	11
河南	1608	360	353	890	5	439	151	101	177	10
湖北	473	180	94	162	37	409	181	65	140	23
湖南	438	143	90	175	30	398	179	51	150	18
广东	322	59	83	125	55	420	94	86	158	82
广西	518	136	82	288	12	212	59	35	101	17
海南	42	12	0	30	0	28	8	0	20	0
重庆	3685	1010	875	1656	144	1732	583	503	590	56
四川	1407	319	172	908	8	679	138	124	395	22
贵州	317	52	25	199	41	159	26	17	63	53
云南	419	145	107	147	20	151	56	40	54	1
西藏	92	47	18	25	2	45	13	17	15	0
陕西	460	74	43	324	19	146	36	30	67	13
甘肃	783	255	157	355	16	330	90	113	124	3
青海	71	4	12	55	0	75	11	22	42	0
宁夏	143	43	42	58	0	77	25	24	28	0
新疆	3353	114	424	2782	33	325	78	83	155	9
新疆生产建设兵团	758	149	219	129	261	500	80	76	246	98

8–6 2016年各地区县级科协科普活动

地区	合计（次）	举办科普宣讲活动						
		科普日		科技周		日常		其他
		科技进村	科教进社区	科技进村	科教进社区	科技进村	科教进社区	
合　计	**220114**	**19966**	**23395**	**19361**	**30752**	**53419**	**58056**	**15165**
河　北	4204	565	444	530	500	1280	826	59
山　西	5147	587	453	520	465	1859	1187	76
内蒙古	6437	495	469	568	1968	1327	1037	573
辽　宁	21625	1272	3094	1317	2261	2808	10599	274
吉　林	4586	97	181	146	1348	1397	1337	80
黑龙江	8637	742	695	902	898	2991	2248	161
江　苏	12236	826	1401	931	2400	2176	3952	550
浙　江	10875	712	1699	671	1145	2304	2441	1903
安　徽	4702	637	527	445	509	1132	950	502
福　建	4212	425	473	436	467	1234	922	255
江　西	2796	298	326	303	305	729	652	183
山　东	8688	604	895	628	1028	2811	2358	364
河　南	17672	1598	1309	1035	7163	2981	3114	472
湖　北	10157	562	1982	468	1972	1533	3191	449
湖　南	5747	584	536	546	975	1556	1403	147
广　东	18536	1988	3684	419	1043	1940	3722	5740
广　西	4673	416	278	515	324	1686	678	776
海　南	620	45	52	57	69	213	128	56
重　庆	215	28	29	28	19	61	37	13
四　川	9860	1002	856	1266	892	3214	2377	253
贵　州	2994	396	275	297	258	956	507	305
云　南	4745	498	462	416	586	1607	834	342
西　藏	1766	393	118	307	206	509	140	93
陕　西	6348	766	741	792	621	1799	1411	218
甘　肃	18986	1638	960	2799	1681	3699	8038	171
青　海	1578	70	49	78	66	331	844	140
宁　夏	3063	397	281	950	256	826	320	33
新　疆	19009	2325	1126	1991	1327	8460	2803	977

注：本表数据不含北京、天津和上海地区。

8-6 续表 1

地区	举办科普宣讲活动							
	合计（次）	#院士科普报告会						
		科普日		科技周		日常		其他
		科技进村	科教进社区	科技进村	科教进社区	科技进村	科教进社区	
合计	**2308**	**148**	**236**	**123**	**805**	**285**	**354**	**357**
河北	21	0	1	0	1	5	0	14
山西	56	6	6	3	11	3	10	17
内蒙古	689	15	13	14	618	11	10	8
辽宁	28	2	4	2	5	7	2	6
吉林	14	1	1	0	3	1	4	4
黑龙江	13	4	1	3	1	3	1	0
江苏	92	5	9	2	13	11	21	31
浙江	228	25	20	12	25	11	22	113
安徽	11	1	3	0	2	0	0	5
福建	38	4	4	1	3	9	12	5
江西	23	2	3	1	3	5	2	7
山东	145	13	13	10	14	29	49	17
河南	25	4	10	2	3	0	5	1
湖北	394	12	69	15	50	82	137	29
湖南	107	12	17	21	9	37	10	1
广东	48	0	6	0	2	3	18	19
广西	43	2	3	0	2	19	11	6
海南	41	0	6	0	0	0	5	30
重庆	6	0	0	0	0	3	0	3
四川	7	1	1	0	1	1	1	2
贵州	9	3	2	0	2	0	1	1
云南	52	1	14	6	7	7	3	14
西藏	2	1	0	1	0	0	0	0
陕西	76	9	11	7	10	11	14	14
甘肃	43	9	5	6	7	7	5	4
青海	5	3	1	1	0	0	0	0
宁夏	47	8	9	8	9	5	6	2
新疆	45	5	4	8	4	15	5	4

8-6 续表 2

地　区	举办科普宣讲活动							
	合　计（次）	# 举办专题展览						
		科普日		科技周		日　常		其　他
		科技进村	科教进社区	科技进村	科教进社区	科技进村	科教进社区	
合　计	**35483**	**3328**	**4181**	**3198**	**5327**	**10422**	**7588**	**1439**
河　北	872	110	122	92	124	176	239	9
山　西	935	110	109	93	99	301	215	8
内蒙古	1374	67	89	81	769	173	175	20
辽　宁	1235	100	192	101	203	196	421	22
吉　林	636	14	99	45	75	136	244	23
黑龙江	1255	152	142	185	163	342	247	24
江　苏	2226	121	328	146	483	494	547	107
浙　江	1594	142	229	140	227	395	382	79
安　徽	1632	170	172	128	175	350	344	293
福　建	861	82	142	68	118	196	206	49
江　西	614	69	79	53	67	139	151	56
山　东	2226	158	310	145	319	753	429	112
河　南	2230	287	277	238	272	619	481	56
湖　北	3090	134	589	120	742	400	910	195
湖　南	1175	118	130	102	140	357	290	38
广　东	985	61	196	76	229	104	298	21
广　西	655	77	67	65	77	211	128	30
海　南	182	6	12	12	26	70	43	13
重　庆	41	3	7	4	5	12	8	2
四　川	815	74	85	84	93	300	171	8
贵　州	456	67	57	51	46	132	97	6
云　南	1308	143	175	110	158	384	262	76
西　藏	777	197	57	144	56	251	50	22
陕　西	1123	138	127	169	138	283	237	31
甘　肃	1140	140	124	155	152	299	255	15
青　海	201	20	12	18	18	88	30	15
宁　夏	396	88	53	87	79	35	44	10
新　疆	5449	480	200	486	274	3226	684	99

8-6 续表 3

地 区	举办科普宣讲活动							
	合 计（次）	# 流动科技馆巡展						
		科普日		科技周		日 常		其 他
		科技进村	科教进社区	科技进村	科教进社区	科技进村	科教进社区	
合 计	**10540**	**857**	**1119**	**1135**	**1317**	**2168**	**2832**	**1112**
河 北	89	13	11	7	11	24	18	5
山 西	213	30	23	20	30	60	39	11
内蒙古	633	87	73	60	72	118	99	124
辽 宁	260	25	39	31	38	73	46	8
吉 林	373	5	8	5	12	54	288	1
黑龙江	263	26	30	33	40	68	62	4
江 苏	962	47	75	70	312	176	206	76
浙 江	543	53	83	46	45	109	128	79
安 徽	117	7	20	10	13	8	26	33
福 建	286	30	31	28	27	50	44	76
江 西	133	8	25	6	11	10	21	52
山 东	1055	45	152	43	78	154	468	115
河 南	600	32	36	26	44	247	187	28
湖 北	948	56	177	42	134	101	416	22
湖 南	190	15	30	30	30	34	39	12
广 东	199	7	39	11	51	10	57	24
广 西	230	14	23	27	32	65	59	10
海 南	24	0	8	0	7	0	3	6
重 庆	0	0	0	0	0	0	0	0
四 川	193	25	14	11	14	33	38	58
贵 州	224	26	15	21	17	58	63	24
云 南	145	0	4	0	4	16	24	97
西 藏	106	16	21	14	12	11	9	23
陕 西	377	67	35	25	33	117	89	11
甘 肃	348	37	33	31	39	38	147	23
青 海	212	15	6	15	11	39	13	113
宁 夏	0	0	0	0	0	0	0	0
新 疆	1817	171	108	523	200	495	243	77

8-6 续表 4

地区	举办科普宣讲活动							
	合计（次）	#开展科技咨询						
		科普日		科技周		日常		其他
		科技进村	科教进社区	科技进村	科教进社区	科技进村	科教进社区	
合计	**95333**	**9720**	**10346**	**9653**	**10983**	**27421**	**23562**	**3648**
河北	2153	289	232	324	220	751	322	15
山西	3525	357	295	375	297	1326	838	37
内蒙古	2587	246	198	267	419	809	584	64
辽宁	12299	941	1618	992	1537	1780	5209	222
吉林	2002	74	71	91	255	881	578	52
黑龙江	5389	414	377	376	512	2001	1682	27
江苏	6415	555	726	585	1292	907	2152	198
浙江	4217	355	1070	301	497	994	792	208
安徽	2267	382	246	247	252	633	447	60
福建	2328	254	242	282	280	743	458	69
江西	1473	167	161	175	152	460	315	43
山东	4064	308	314	354	464	1451	1078	95
河南	6482	1088	855	656	455	1693	1478	257
湖北	4826	292	1062	222	1006	788	1302	154
湖南	2941	382	322	320	313	927	605	72
广东	1426	114	155	107	169	288	514	79
广西	3039	259	135	272	180	1149	370	674
海南	319	31	23	27	36	118	77	7
重庆	146	24	18	21	14	42	26	1
四川	6530	580	621	873	633	2186	1503	134
贵州	1712	257	153	200	149	624	272	57
云南	3240	354	269	300	417	1200	545	155
西藏	568	107	34	115	29	182	67	34
陕西	3619	415	432	462	338	1193	687	92
甘肃	2639	414	196	475	203	923	344	84
青海	313	26	25	31	31	129	61	10
宁夏	1138	230	157	294	126	161	160	10
新疆	7676	805	339	909	707	3082	1096	738

8-6 续表 5

地 区	宣讲活动受众人数							
	合 计（人次）	科普日		科技周		日 常		其 他
		科技进村	科教进社区	科技进村	科教进社区	科技进村	科教进社区	
合 计	**83652062**	**9186557**	**8672129**	**7988256**	**10048926**	**21610197**	**17532872**	**8613125**
河 北	1483703	133844	161307	155431	169514	425321	354906	83380
山 西	1819886	161338	200267	145211	121431	405175	597885	188579
内蒙古	1662535	161673	145589	174526	368144	384587	348702	79314
辽 宁	1583839	120900	200412	143075	219826	336261	459665	103700
吉 林	704921	16199	22885	36654	87509	193292	275728	72654
黑龙江	2129112	230317	171229	222780	204026	766312	437948	96500
江 苏	11156726	1338808	1107876	1097303	2324570	2549897	1999595	738677
浙 江	3785081	307515	519124	258683	536423	821934	602757	738645
安 徽	2013265	282129	267003	150998	229500	348263	289572	445800
福 建	2210898	197134	221294	224607	268404	643300	426052	230107
江 西	1785137	115841	219143	131228	116713	322811	397191	482210
山 东	5252829	375936	401133	482667	649562	1793086	1332236	218209
河 南	8726866	914973	844555	748997	593301	2154040	1712499	1758501
湖 北	3937007	278078	488576	221144	444540	920271	1375066	209332
湖 南	4853361	582641	547273	479542	553914	995973	1121248	572770
广 东	2788738	176989	541094	233468	532129	288512	642687	373859
广 西	3550424	451865	190912	474391	244899	1261007	776623	150727
海 南	282545	12650	22810	20710	54135	69215	87821	15204
重 庆	324890	53030	39970	36310	29850	86530	74100	5100
四 川	6161412	711414	542213	688281	601039	1629375	1326813	662277
贵 州	2604224	392906	358189	267509	254343	619761	601250	110266
云 南	4349988	608924	565911	449136	503544	1066794	596500	559179
西 藏	211684	64045	20540	43391	13867	46306	13098	10437
陕 西	3036461	341987	328849	285507	315311	914819	603712	246276
甘 肃	2554438	304715	184607	333553	234639	688360	503952	304612
青 海	312356	58280	21315	24416	18931	119574	41454	28386
宁 夏	678627	153028	80850	79548	81230	133094	113437	37440
新 疆	3691109	639398	257203	379190	277632	1626327	420375	90984

8-6 续表 6

地区	宣讲活动受众人数							
	合计（人次）	# 流动科技馆巡展受众人数						其他
		科普日		科技周		日常		
		科技进村	科教进社区	科技进村	科教进社区	科技进村	科教进社区	
合计	**13875318**	**813604**	**1241814**	**634398**	**1210693**	**2028219**	**3674861**	**4271729**
河北	308405	5480	12770	6500	40320	36750	137385	69200
山西	320775	40110	39250	7260	20403	16460	46583	150709
内蒙古	355228	25410	30267	20578	42699	69950	116794	49530
辽宁	147840	9970	16640	16695	13170	33055	11330	46980
吉林	182380	1970	2260	840	2540	6020	116250	52500
黑龙江	227590	15430	18260	14950	18100	37110	63240	60500
江苏	1382658	61920	116600	110206	372260	263168	326674	131830
浙江	434729	34227	84425	28872	34074	104256	61927	86948
安徽	255481	16740	24621	2260	13480	3180	14400	180800
福建	263364	20397	21754	10124	17809	46863	40348	106069
江西	556825	4531	103771	4820	11968	59704	133629	238402
山东	563183	49761	50018	53293	65957	150114	133229	60811
河南	2352001	33750	142431	43650	45822	233797	458138	1394413
湖北	722151	44060	93915	43510	101130	109410	245046	85080
湖南	1054416	54450	90096	38980	67590	141890	284819	376591
广东	543534	3150	131564	9350	109784	45800	186635	57251
广西	595628	18107	15172	9831	15202	47824	396602	92890
海南	23700	0	13200	0	3500	0	3000	4000
重庆	0	0	0	0	0	0	0	0
四川	874044	82227	6537	7654	14067	76706	255162	431691
贵州	417478	25300	50190	16120	29740	66826	171482	57820
云南	450215	0	4573	0	30822	34111	71482	309227
西藏	31464	3908	6998	3309	3255	3258	3576	7160
陕西	398986	51955	76516	15512	29059	92060	113884	20000
甘肃	596292	34095	22494	33359	51603	107842	175822	171077
青海	102483	33050	6950	8670	3373	40441	5899	4100
宁夏	0	0	0	0	0	0	0	0
新疆	714468	143606	60542	128055	52966	201624	101525	26150

8-6 续表 7

地区	播放科技广播、影视节目							
	合计（分钟）	科普日		科技周		日常		其他
		科技进村	科教进社区	科技进村	科教进社区	科技进村	科教进社区	
合计	**9315467**	**564791**	**401181**	**512860**	**513280**	**2179787**	**3624964**	**1518604**
河北	76388	13910	6388	9725	7921	17633	11561	9250
山西	127416	27241	6862	10126	5433	30691	30301	16762
内蒙古	137392	9856	10409	10048	17397	35457	42903	11322
辽宁	167252	5999	13146	7728	9174	64467	58096	8642
吉林	79097	318	1370	1255	2754	29455	31610	12335
黑龙江	131672	31781	5239	7471	8489	26575	26687	25430
江苏	260915	8151	17951	12152	33256	62012	71353	56040
浙江	1302449	52089	29054	25339	30332	325215	414134	426286
安徽	346137	15323	19280	15925	17380	73222	181939	23068
福建	379098	7285	7477	6485	11344	67348	64564	214595
江西	97849	3955	10165	14406	5067	17325	41763	5168
山东	525825	49454	18976	95832	39635	187463	118599	15866
河南	483278	48348	16100	32842	18274	69042	59418	239254
湖北	286101	18088	40328	10380	49077	117121	40468	10639
湖南	256726	40954	18308	48778	31673	57358	44879	14776
广东	127646	5091	7646	4965	9811	17929	62519	19685
广西	403339	15328	7135	30523	26081	192802	91572	39898
海南	25568	725	995	4860	1120	10340	7030	498
重庆	1748881	3000	3785	4910	2965	15675	1718235	311
四川	571448	39053	36653	35715	52055	209476	126498	71998
贵州	188426	21198	15590	10615	15596	52675	68518	4234
云南	383498	11559	21655	9651	9931	54112	34555	242035
西藏	25063	5537	1933	7796	1665	5860	1815	457
陕西	235485	12896	26032	16023	27393	60304	87040	5797
甘肃	271222	19091	14809	19582	16070	131841	61458	8371
青海	32475	4666	1690	2021	1860	14548	3510	4180
宁夏	80878	10910	9388	8512	11065	20742	15610	4651
新疆	563943	82985	32817	49195	50462	213099	108329	27056

8-6 续表 8

地区	播放科技广播、影视节目							
	合计（分钟）	# 电台电视台播放科技节目						
		科普日		科技周		日常		其他
		科技进村	科教进社区	科技进村	科教进社区	科技进村	科教进社区	
合计	**3186307**	**273224**	**165201**	**205334**	**224473**	**1057954**	**715826**	**544295**
河北	58741	6610	5193	8186	7164	15255	10013	6320
山西	102111	22151	6026	8426	4601	28366	21471	11070
内蒙古	104407	7129	6929	5439	11270	27021	35874	10745
辽宁	56846	2540	1571	4487	3636	25552	12019	7041
吉林	54567	83	675	790	1864	27490	20785	2880
黑龙江	99415	27348	3049	5083	5472	18515	18968	20980
江苏	129923	4599	7044	5630	13245	36593	34907	27905
浙江	318214	21187	19300	17939	21555	69055	48997	120181
安徽	90829	7251	7898	8858	4997	21931	26453	13441
福建	246832	4331	3672	4444	6360	33275	37736	157014
江西	37458	2702	4220	3256	3879	12598	6445	4358
山东	119972	2995	3685	2936	7751	53204	35519	13882
河南	167210	40681	11025	23756	10398	37867	24203	19280
湖北	79790	14935	5615	5603	5743	23628	19951	4315
湖南	76856	6429	6105	7159	8110	15726	22291	11036
广东	63382	3215	1845	2310	2930	10165	30252	12665
广西	208407	7663	3289	15557	14170	114340	27647	25741
海南	18328	615	605	640	720	8930	6320	498
重庆	31007	2199	2603	2863	2463	11193	9593	93
四川	296746	21361	17115	17712	26359	106400	82619	25180
贵州	94219	6876	8087	4845	5887	27369	40357	798
云南	94266	2491	4752	2127	3273	34252	26715	20656
西藏	1481	482	30	724	0	234	0	11
陕西	103258	7647	5808	6054	9538	31786	38650	3775
甘肃	192881	10958	10743	12900	11426	119420	20138	7296
青海	28233	4230	1215	1725	1365	13245	2438	4015
宁夏	30231	2170	2233	2447	2515	11828	7938	1100
新疆	280697	32346	14869	23438	27782	122716	47527	12019

8-6 续表 9

地区	合计（次）	举办实用技术培训						
		科普日		科技周		日常		其他
		科技进村	科教进社区	科技进村	科教进社区	科技进村	科教进社区	
合计	**177539**	**16070**	**11868**	**16143**	**11285**	**72025**	**35632**	**14516**
河北	2658	379	191	425	189	1143	324	7
山西	2802	367	273	340	242	1056	481	43
内蒙古	3898	401	235	484	300	1687	704	87
辽宁	8324	861	346	1271	413	4275	945	213
吉林	3687	132	153	119	249	2231	756	47
黑龙江	7323	650	452	940	527	3589	1046	119
江苏	9418	374	3624	459	994	2072	1453	442
浙江	11295	868	286	550	416	3704	1053	4418
安徽	2242	280	128	261	202	844	448	79
福建	3178	342	166	293	221	1478	393	285
江西	1645	206	105	197	103	679	184	171
山东	6628	485	277	624	569	3304	1288	81
河南	4673	607	287	557	355	1816	660	391
湖北	5202	551	518	516	317	2365	710	225
湖南	5308	590	319	745	1102	1453	892	207
广东	1667	127	89	168	121	841	213	108
广西	5791	581	340	826	515	2601	558	370
海南	383	60	8	56	18	204	19	18
重庆	256	28	24	35	19	63	22	65
四川	7576	671	400	820	520	3552	1143	470
贵州	2999	334	162	233	161	1572	501	36
云南	14239	1013	406	822	522	6598	1416	3462
西藏	1021	239	98	110	64	283	171	56
陕西	6804	1076	573	899	489	2510	892	365
甘肃	19724	616	266	836	446	4448	12903	209
青海	532	52	33	32	47	291	62	15
宁夏	1560	233	54	233	71	773	188	8
新疆	36706	3947	2055	3292	2093	16593	6207	2519

8−6 续表 10

地区	合计（人次）	实用技术培训人数						
		科普日		科技周		日常		其他
		科技进村	科教进社区	科技进村	科教进社区	科技进村	科教进社区	
合计	**20279842**	**2446700**	**1238184**	**2391731**	**1496940**	**8843178**	**2762795**	**1100314**
河北	459660	62260	26636	75040	30653	210495	53876	700
山西	540897	65629	76570	71666	38010	202651	79152	7219
内蒙古	735876	91882	61466	116969	96673	249303	109020	10563
辽宁	950671	116196	43744	174954	47908	410638	116992	40239
吉林	489769	8779	11465	13496	25925	333575	92654	3875
黑龙江	1318802	151249	78237	178324	95422	598687	190298	26585
江苏	807672	63627	54733	85088	117795	305291	134894	46244
浙江	587710	40604	22483	50722	30593	292288	69479	81541
安徽	268056	42316	19623	34179	25076	98843	39019	9000
福建	256450	26662	13039	22431	21032	123975	30782	18529
江西	218350	30169	18905	23912	13970	79455	23316	28623
山东	1238128	114337	85548	118192	149988	522208	232363	15492
河南	1111577	154711	61465	124597	75163	449940	172631	73070
湖北	1076968	119135	121245	100992	76044	456788	156230	46534
湖南	896336	128154	89939	112882	112364	275932	146418	30647
广东	218034	20510	14139	27262	16002	93678	34176	12267
广西	746683	86122	37805	96414	45239	395369	56135	29599
海南	53398	8790	1600	6792	2684	28879	2482	2171
重庆	81210	13020	5320	13840	3490	24230	5610	15700
四川	1242829	175952	72456	187955	102072	464653	163912	75829
贵州	309550	55936	25633	28174	16986	146713	30335	5773
云南	1160159	131171	40850	87812	55464	572044	134584	138234
西藏	92457	13074	6459	7929	5208	22194	19354	18239
陕西	1015334	153481	63703	112338	64167	440530	129947	51168
甘肃	743322	81587	36220	110366	42673	352185	87576	32715
青海	74288	4250	2440	2941	2975	55519	5083	1080
宁夏	166045	27310	10550	25660	13680	64104	20341	4400
新疆	3419611	459787	135911	380804	169684	1573011	426136	274278

8-6 续表 11

地区	合计（项）	推广新技术、新品种						
		科普日		科技周		日常		其他
		科技进村	科教进社区	科技进村	科教进社区	科技进村	科教进社区	
合计	**37841**	**4856**	**3676**	**5152**	**3980**	**12432**	**4699**	**3046**
河北	918	123	39	171	64	434	80	7
山西	1097	187	72	214	58	440	75	51
内蒙古	1019	139	61	178	68	443	72	58
辽宁	2041	281	63	282	102	1038	114	161
吉林	541	23	9	30	67	321	30	61
黑龙江	2587	421	221	494	292	685	444	30
江苏	2659	264	305	308	432	704	430	216
浙江	2042	178	52	161	103	451	127	970
安徽	1161	207	65	171	69	407	165	77
福建	695	90	45	59	62	329	59	51
江西	433	47	29	70	28	175	47	37
山东	2143	233	132	270	218	877	351	62
河南	2363	351	122	343	144	858	290	255
湖北	1257	196	66	161	96	510	140	88
湖南	6090	333	1673	398	1482	738	1181	285
广东	520	58	19	100	34	222	67	20
广西	1182	192	81	212	103	445	92	57
海南	98	17	2	21	5	37	12	4
重庆	64	14	5	13	5	18	5	4
四川	2429	371	115	410	132	995	286	120
贵州	325	47	17	39	22	153	36	11
云南	889	96	61	79	37	461	83	72
西藏	302	101	23	41	18	69	28	22
陕西	1457	221	96	195	111	569	169	96
甘肃	1759	268	184	413	118	506	206	64
青海	163	25	2	21	15	67	19	14
宁夏	467	120	25	148	14	141	14	5
新疆	1140	253	92	150	81	339	77	148

8-6 续表 12

地 区	合 计（人次）	参加活动科技人员总数						
		科普日		科技周		日 常		其 他
		科技进村	科教进社区	科技进村	科教进社区	科技进村	科教进社区	
合 计	**1581175**	**172438**	**152353**	**164094**	**194711**	**474617**	**304877**	**118085**
河 北	41241	3533	3998	4240	4050	8570	6348	10502
山 西	51529	2613	6177	2322	3098	5526	11370	20423
内蒙古	58451	2582	3003	3648	6122	35214	6850	1032
辽 宁	46222	3703	7348	3298	5956	8538	16102	1277
吉 林	40934	3010	626	4030	2115	10131	5734	15288
黑龙江	32726	3889	4157	3816	5044	8931	6507	382
江 苏	89801	7440	10567	8519	16520	15592	21320	9843
浙 江	85582	9108	10295	8679	8838	24967	16268	7427
安 徽	31327	5274	4339	3470	4484	7333	4901	1526
福 建	41937	4612	4871	4035	6041	11571	8401	2406
江 西	31439	2944	2626	3242	2411	8231	3477	8508
山 东	74892	6038	4751	12313	8403	25070	16770	1547
河 南	101646	10084	8879	10906	6975	21944	37502	5356
湖 北	52038	4744	9508	4377	9740	11988	10718	963
湖 南	68066	11908	8868	7855	8413	14784	11829	4409
广 东	37503	5791	5142	3567	6807	6959	7100	2137
广 西	110482	10568	4669	8319	34782	34021	14934	3189
海 南	6831	876	688	600	724	2604	1081	258
重 庆	5478	855	682	764	528	1888	560	201
四 川	94629	11968	6933	12326	9152	33110	16745	4395
贵 州	86445	7289	5217	7941	6568	43001	14407	2022
云 南	90441	6893	14226	11384	13820	29114	10561	4443
西 藏	25839	12449	3977	2429	1275	3727	1659	323
陕 西	96258	14789	10587	12627	9909	28989	14915	4442
甘 肃	61400	5530	3351	5610	4199	18163	23629	918
青 海	49374	4269	1628	5103	2756	31283	3409	926
宁 夏	10946	1882	802	2878	1159	2323	1195	707
新 疆	57718	7797	4438	5796	4822	21045	10585	3235

8-6 续表 13

地区	参加活动科技人员总数							
	合计（人次）	#专家人数						
		科普日		科技周		日常		其他
		科技进村	科教进社区	科技进村	科教进社区	科技进村	科教进社区	
合计	**209426**	**23160**	**18338**	**23224**	**31270**	**69433**	**36140**	**7861**
河北	3557	493	282	620	327	1339	467	29
山西	2386	193	205	220	197	1023	494	54
内蒙古	1856	209	157	286	212	585	304	103
辽宁	5727	761	532	728	493	1871	1169	173
吉林	2120	54	36	73	330	715	878	34
黑龙江	4266	608	442	617	664	1200	679	56
江苏	17377	1386	1830	1921	2811	4266	3957	1206
浙江	23834	2005	2448	2068	1794	10532	3732	1255
安徽	6730	905	921	783	802	1650	1233	436
福建	6103	702	591	660	741	2111	1008	290
江西	5974	781	528	707	402	2507	766	283
山东	13746	1015	732	1189	1170	6316	2994	330
河南	12803	1873	1198	1699	1327	3964	2286	456
湖北	8879	1219	700	898	1030	2828	1821	383
湖南	13722	2315	1646	1885	1336	3567	2231	742
广东	6270	598	705	572	1195	1644	1310	246
广西	18805	1006	566	962	11242	3854	1027	148
海南	1581	305	314	148	259	327	190	38
重庆	783	90	87	151	40	321	80	14
四川	13509	1268	1095	1986	1427	3935	3369	429
贵州	11712	1466	689	1090	669	5424	2262	112
云南	6195	951	657	776	598	2248	617	348
西藏	204	36	17	33	15	51	20	32
陕西	7704	1051	986	970	908	2140	1404	245
甘肃	3906	639	239	770	303	1334	543	78
青海	708	85	48	73	58	357	64	23
宁夏	1848	402	166	445	249	426	147	13
新疆	7121	744	521	894	671	2898	1088	305

8-6 续表 14

地区	合计（个次）	参加活动的学会、协会、研究会						
		科普日		科技周		日常		其他
		科技进村	科教进社区	科技进村	科教进社区	科技进村	科教进社区	
合计	**81263**	**10059**	**7501**	**9357**	**8942**	**24411**	**17089**	**3904**
河北	1385	238	112	214	130	478	208	5
山西	7072	346	249	320	254	588	5290	25
内蒙古	1492	156	116	214	178	492	311	25
辽宁	2516	290	171	315	326	871	419	124
吉林	1114	53	33	57	201	554	216	0
黑龙江	2910	497	218	601	326	861	360	47
江苏	4854	420	620	512	990	947	1131	234
浙江	4844	594	484	628	466	1567	685	420
安徽	2675	422	280	323	335	761	466	88
福建	2851	440	235	234	311	824	445	362
江西	2559	291	207	326	222	983	413	117
山东	3446	365	253	337	490	1094	711	196
河南	5467	842	467	689	463	1689	912	405
湖北	3956	459	355	434	383	1553	655	117
湖南	7135	906	1485	755	1339	1205	1237	208
广东	2618	351	297	263	306	734	564	103
广西	3088	416	223	366	278	1137	375	293
海南	153	24	9	22	14	46	19	19
重庆	455	80	59	70	40	134	45	27
四川	6104	934	488	966	587	1781	961	387
贵州	2409	385	277	366	245	618	340	178
云南	2330	283	250	208	254	888	338	109
西藏	64	48	0	1	0	13	0	2
陕西	3329	575	295	475	380	955	489	160
甘肃	1954	311	167	369	209	600	215	83
青海	2591	30	16	21	14	2470	18	22
宁夏	682	122	57	134	91	172	102	4
新疆	1210	181	78	137	110	396	164	144

8-6 续表 15

地区	覆盖村合计（个）	覆盖村：科普日科技进村	覆盖村：科技周科技进村	覆盖村：日常科技进村	覆盖村：其他	覆盖社区合计（个）	覆盖社区：科普日科教进社区	覆盖社区：科技周科教进社区	覆盖社区：日常科教进社区	覆盖社区：其他
合计	**267490**	**49455**	**48209**	**159496**	**10330**	**66001**	**16216**	**19181**	**28610**	**1994**
河北	7062	1269	1353	4410	30	1618	486	476	650	6
山西	7111	1505	1419	4187	0	1513	502	454	557	0
内蒙古	6102	978	959	3582	583	1339	307	360	611	61
辽宁	8536	1681	1624	4790	441	3670	843	1012	1777	38
吉林	3105	96	212	2797	0	1013	134	178	701	0
黑龙江	6563	1552	1344	3391	276	1858	463	582	724	89
江苏	8057	1670	1873	3985	529	6649	1452	2449	2513	235
浙江	9023	1520	1163	5213	1127	3793	1011	1013	1628	141
安徽	5491	1513	1156	2822	0	2462	733	720	1009	0
福建	6306	1336	1230	3378	362	2367	546	787	966	68
江西	4966	1043	1231	2620	72	1795	531	466	759	39
山东	35028	5021	5669	23753	585	6541	1099	1702	3675	65
河南	16951	3573	3098	9215	1065	3024	692	818	1364	150
湖北	11146	2522	2389	5858	377	3241	698	1067	1414	62
湖南	12821	2797	2642	6906	476	2643	670	790	1116	67
广东	6128	1610	1319	2983	216	2949	821	850	1172	106
广西	9258	1653	1589	5796	151	1747	457	520	748	60
海南	1386	194	380	661	220	247	43	50	94	22
重庆	1443	345	274	816	8	182	60	45	77	0
四川	16631	3167	3497	8620	1347	3553	726	946	1732	149
贵州	6101	1485	1363	3148	105	1352	366	334	631	21
云南	6973	1381	1229	3943	420	1980	586	534	724	136
西藏	2130	502	493	959	176	279	73	92	100	14
陕西	9127	2026	1581	5244	276	1746	379	404	946	17
甘肃	7576	1894	1757	3818	107	1364	330	295	504	235
青海	40066	4144	4917	30681	324	3642	1389	1361	889	3
宁夏	1876	534	496	808	38	766	208	209	295	54
新疆	10527	2444	1952	5112	1019	2668	611	667	1234	156

8-7 2016年各地区省级学会科普活动

地区	合计（次）	举办科普宣讲活动						
		科普日		科技周		日常		其他
		科技进村	科教进社区	科技进村	科教进社区	科技进村	科教进社区	
合计	**93512**	**4841**	**4182**	**6304**	**7966**	**13668**	**15941**	**40610**
北京	3767	38	125	63	491	649	1151	1250
天津	4310	24	122	3342	179	145	255	243
河北	1401	211	85	39	86	417	453	110
山西	1801	95	163	323	642	241	295	42
内蒙古	505	11	16	27	16	179	180	76
辽宁	5308	1510	528	2	20	2220	615	413
吉林	590	14	62	26	21	96	135	236
黑龙江	3156	41	46	23	38	2311	80	617
上海	1565	46	236	11	179	109	657	327
江苏	6787	38	87	83	2687	175	1576	2141
浙江	1254	24	84	118	60	272	179	517
安徽	1064	49	67	97	100	205	236	310
福建	2654	64	161	62	170	125	572	1500
江西	918	27	63	33	123	283	227	162
山东	1736	48	61	17	249	482	614	265
河南	30693	48	84	101	111	353	419	29577
湖北	641	74	33	24	40	62	103	305
湖南	7130	639	616	465	1391	1124	2792	103
广东	2144	55	191	103	256	161	913	465
广西	1231	19	28	39	33	441	67	604
海南	19	0	1	0	2	4	0	12
重庆	1195	63	219	39	124	130	371	249
四川	3212	51	117	23	38	139	2672	172
贵州	2331	739	255	513	127	406	169	122
云南	899	21	38	35	28	249	299	229
西藏	6	0	0	0	3	1	2	0
陕西	3639	654	474	506	562	862	381	200
甘肃	1860	69	60	51	49	1545	50	36
青海	446	86	54	69	56	74	78	29
宁夏	61	0	4	0	1	3	10	43
新疆	1189	83	102	70	84	205	390	255

8-7 续表 1

地 区	举办科普宣讲活动							
	合 计（次）	# 院士科普报告会						
		科普日		科技周		日 常		其 他
		科技进村	科教进社区	科技进村	科教进社区	科技进村	科教进社区	
合 计	**1194**	**32**	**99**	**25**	**102**	**83**	**304**	**549**
北 京	108	2	19	1	25	3	16	42
天 津	25	0	6	0	1	3	4	11
河 北	1	0	0	0	0	0	0	1
山 西	26	0	4	0	1	0	21	0
内蒙古	7	0	0	2	0	2	0	3
辽 宁	22	0	4	0	3	0	6	9
吉 林	25	0	4	0	2	0	7	12
黑龙江	41	5	5	5	5	5	4	12
上 海	170	4	7	2	20	0	64	73
江 苏	18	0	4	0	2	1	5	6
浙 江	24	1	3	0	2	0	5	13
安 徽	29	0	1	0	1	0	12	15
福 建	9	0	0	0	1	0	2	6
江 西	13	0	0	0	0	2	5	6
山 东	42	0	4	0	7	2	13	16
河 南	50	0	0	0	0	0	3	47
湖 北	52	0	0	0	3	0	4	45
湖 南	206	11	18	7	8	51	91	20
广 东	138	0	1	0	0	2	3	132
广 西	6	1	0	1	0	1	0	3
海 南	1	0	0	0	0	0	0	1
重 庆	61	0	3	0	1	0	2	55
四 川	34	3	3	1	4	3	5	15
贵 州	2	0	0	0	1	0	1	0
云 南	14	0	2	0	3	3	4	2
西 藏	3	0	0	0	1	1	1	0
陕 西	21	2	5	1	3	2	6	2
甘 肃	0	0	0	0	0	0	0	0
青 海	28	2	1	5	2	2	16	0
宁 夏	2	0	0	0	0	0	1	1
新 疆	16	1	5	0	6	0	3	1

8-7 续表 2

地区	举办科普宣讲活动							
	合计（次）	# 举办专题展览						
		科普日		科技周		日常		其他
		科技进村	科教进社区	科技进村	科教进社区	科技进村	科教进社区	
合　计	**12577**	**1066**	**1250**	**680**	**1485**	**3560**	**3066**	**1470**
北　京	590	9	14	8	45	109	285	120
天　津	288	5	22	27	32	101	64	37
河　北	187	152	3	5	6	8	7	6
山　西	166	13	25	21	32	24	38	13
内蒙古	56	4	8	6	6	11	8	13
辽　宁	1417	201	205	1	8	722	247	33
吉　林	93	2	10	0	5	1	22	53
黑龙江	436	9	11	2	9	18	8	379
上　海	184	3	44	2	48	15	38	34
江　苏	217	2	43	14	63	21	43	31
浙　江	115	4	18	3	13	41	18	18
安　徽	290	12	25	20	38	33	78	84
福　建	331	11	43	11	57	25	91	93
江　西	122	8	7	8	6	12	18	63
山　东	206	15	14	3	44	14	84	32
河　南	120	7	6	10	9	24	27	37
湖　北	133	25	17	2	10	15	25	39
湖　南	3444	138	334	241	704	518	1477	32
广　东	310	6	35	21	60	60	102	26
广　西	66	3	5	4	13	19	15	7
海　南	3	0	0	0	0	3	0	0
重　庆	109	3	14	3	21	11	36	21
四　川	176	9	62	1	15	32	43	14
贵　州	544	201	102	100	47	31	21	42
云　南	172	0	8	2	10	17	43	92
西　藏	2	0	0	0	1	0	1	0
陕　西	933	163	114	106	128	210	122	90
甘　肃	1603	35	27	33	24	1447	37	0
青　海	37	8	4	7	5	6	2	5
宁　夏	5	0	0	0	0	1	3	1
新　疆	222	18	30	19	26	11	63	55

8-7 续表 3

地区	举办科普宣讲活动							
	合计（次）	#流动科技馆巡展						
		科普日		科技周		日常		其他
		科技进村	科教进社区	科技进村	科教进社区	科技进村	科教进社区	
合计	**2754**	**102**	**188**	**199**	**481**	**517**	**1006**	**261**
北京	176	1	3	0	11	31	66	64
天津	86	10	20	5	37	0	10	4
河北	5	0	0	0	0	0	0	5
山西	27	4	3	3	4	4	4	5
内蒙古	10	0	2	0	2	0	3	3
辽宁	35	0	0	0	0	22	11	2
吉林	26	0	1	25	0	0	0	0
黑龙江	69	1	6	1	5	0	0	56
上海	47	1	2	1	4	2	30	7
江苏	25	7	2	3	3	3	5	2
浙江	30	1	3	1	3	8	10	4
安徽	11	0	1	0	0	2	2	6
福建	50	0	2	0	0	1	2	45
江西	32	1	1	0	5	7	8	10
山东	66	9	7	4	8	9	9	20
河南	63	5	4	7	6	17	24	0
湖北	37	16	2	1	2	2	7	7
湖南	1729	30	111	130	360	319	774	5
广东	6	0	1	0	2	0	3	0
广西	11	2	2	2	2	1	1	1
海南	0	0	0	0	0	0	0	0
重庆	0	0	0	0	0	0	0	0
四川	28	3	2	4	7	5	5	2
贵州	15	1	0	3	2	0	9	0
云南	7	0	0	0	2	2	2	1
西藏	1	0	0	0	1	0	0	0
陕西	33	3	7	3	5	5	8	2
甘肃	4	1	0	0	2	1	0	0
青海	20	5	3	5	3	2	2	0
宁夏	0	0	0	0	0	0	0	0
新疆	105	1	3	1	5	74	11	10

8-7 续表 4

地区	举办科普宣讲活动							
	合计（次）	# 开展科技咨询						
		科普日		科技周		日常		其他
		科技进村	科教进社区	科技进村	科教进社区	科技进村	科教进社区	
合计	**30462**	**1338**	**1598**	**3502**	**4724**	**6544**	**6332**	**6424**
北京	2033	23	72	52	139	480	630	637
天津	2445	3	33	2064	52	34	145	114
河北	652	19	33	31	62	181	235	91
山西	739	35	61	127	226	139	133	18
内蒙古	408	7	5	14	6	163	169	44
辽宁	468	5	14	1	9	132	61	246
吉林	280	7	33	1	12	95	88	44
黑龙江	2338	12	11	12	10	2236	27	30
上海	817	35	171	2	92	78	340	99
江苏	6504	29	37	66	2616	134	1520	2102
浙江	947	5	38	107	20	207	105	465
安徽	523	36	30	76	34	129	104	114
福建	795	29	46	25	63	77	138	417
江西	567	17	35	9	90	218	151	47
山东	968	19	23	5	62	387	350	122
河南	938	23	66	70	73	168	207	331
湖北	170	21	6	21	22	20	34	46
湖南	1167	82	153	84	318	231	258	41
广东	852	15	63	39	128	99	325	183
广西	1095	13	16	30	17	397	34	588
海南	1	0	0	0	0	1	0	0
重庆	853	52	164	29	81	116	298	113
四川	460	11	23	17	12	89	209	99
贵州	708	181	99	106	68	135	55	64
云南	692	21	27	33	13	227	250	121
西藏	0	0	0	0	0	0	0	0
陕西	1828	477	238	363	387	91	196	76
甘肃	210	33	31	16	21	96	13	0
青海	361	71	46	52	46	64	58	24
宁夏	11	0	4	0	1	0	5	1
新疆	632	57	20	50	44	120	194	147

8-7 续表 5

地区	合计（人次）	宣讲活动受众人数						
		科普日		科技周		日常		其他
		科技进村	科教进社区	科技进村	科教进社区	科技进村	科教进社区	
合计	**77820396**	**899576**	**6202136**	**898006**	**3090594**	**2926705**	**4341547**	**59461832**
北京	5744176	9930	4452396	14275	101571	183607	274965	707432
天津	389840	5000	24440	15505	43529	30513	103631	167222
河北	528231	11250	94319	6464	116532	153378	50060	96228
山西	350216	11826	102691	34194	69647	37316	73882	20660
内蒙古	145004	1057	10466	4690	10400	15431	57710	45250
辽宁	738431	134523	37134	180	3497	180460	41587	341050
吉林	50157822	1422	22745	10035	10230	26848	40420	50046122
黑龙江	1094749	65433	51867	65920	92245	121618	101964	595702
上海	1087184	8266	104148	1130	73773	231080	549969	118818
江苏	714577	12991	74802	4559	117333	16056	144715	344121
浙江	1984109	1756	30752	9364	307198	108261	80133	1446645
安徽	528096	12770	23120	9710	31993	18669	85234	346600
福建	1132967	19826	46392	20362	91134	323213	154617	477423
江西	277622	16866	28303	10275	38453	56258	59151	68316
山东	1064663	91102	92228	92893	178540	176450	357344	76106
河南	2671556	71366	26320	76749	32120	58781	119750	2286470
湖北	347273	11789	12224	1530	27217	16456	120015	158042
湖南	1260330	68485	55816	28272	134376	169572	753884	49925
广东	504130	18817	29607	18617	59589	56910	238300	82290
广西	397294	8600	10210	12842	70011	47190	22943	225498
海南	4880	0	200	0	300	500	0	3880
重庆	1138985	19714	216140	32500	101384	91104	310273	367870
四川	1125837	6629	20446	3692	8030	15490	63742	1007808
贵州	148216	40110	20040	23100	25360	15081	14387	10138
云南	688348	5100	29870	10200	17934	319007	218973	87264
西藏	3100	0	0	0	1600	1000	500	0
陕西	2433997	189700	522614	148000	1204605	138380	162185	68513
甘肃	130745	15576	7986	9853	41379	48569	2612	4770
青海	271095	24020	18160	17581	20724	40339	32939	117332
宁夏	28420	0	600	0	300	1200	3000	23320
新疆	728503	15652	36100	215514	59590	227968	102662	71017

8-7 续表 6

地区	宣讲活动受众人数							
	合计（人次）	#流动科技馆巡展受众人数						
		科普日		科技周		日常		其他
		科技进村	科教进社区	科技进村	科教进社区	科技进村	科教进社区	
合计	**1599343**	**24144**	**37483**	**46155**	**152123**	**401951**	**737496**	**199991**
北京	120043	500	5000	0	10243	30400	63800	10100
天津	38900	200	400	100	5600	0	31300	1300
河北	11000	0	0	0	0	0	0	11000
山西	29922	162	251	235	26388	310	356	2220
内蒙古	4980	0	2250	0	1300	0	1200	230
辽宁	27200	0	0	0	0	15000	11300	900
吉林	10040	0	40	10000	0	0	0	0
黑龙江	15878	105	620	135	2000	0	0	13018
上海	620081	100	600	40	820	200100	415621	2800
江苏	7242	920	186	1065	1100	456	1215	2300
浙江	5772	98	745	228	1483	789	1908	521
安徽	62716	0	200	0	0	1316	700	60500
福建	6639	0	871	0	0	56	135	5577
江西	3135	50	100	0	500	700	700	1085
山东	89362	10180	11420	10200	11040	20452	21030	5040
河南	17000	1600	1200	1900	1800	3500	7000	0
湖北	60988	300	260	240	230	320	1338	58300
湖南	219963	1908	2590	4759	30744	18582	158860	2520
广东	6700	0	1500	0	3000	0	2200	0
广西	9200	800	2100	800	2300	300	300	2600
海南	0	0	0	0	0	0	0	0
重庆	0	0	0	0	0	0	0	0
四川	15262	300	300	200	867	1000	595	12000
贵州	1905	1	0	3	501	0	1400	0
云南	4715	0	0	0	315	310	290	3800
西藏	1000	0	0	0	1000	0	0	0
陕西	21950	2300	2850	2250	3292	1610	7948	1700
甘肃	30420	120	0	0	30000	300	0	0
青海	20000	4000	3000	4000	3000	3000	3000	0
宁夏	0	0	0	0	0	0	0	0
新疆	137330	500	1000	10000	14600	103450	5300	2480

8-7 续表 7

地区	合计（分钟）	播放科技广播、影视节目						
		科普日		科技周		日常		其他
		科技进村	科教进社区	科技进村	科教进社区	科技进村	科教进社区	
合计	**631212**	**20633**	**37256**	**30274**	**44829**	**135398**	**209954**	**152868**
北京	3249	20	185	10	36	10	268	2720
天津	23721	80	2160	305	9026	90	2230	9830
河北	2612	60	200	61	300	410	61	1520
山西	20746	1644	1918	2820	3651	5950	4763	0
内蒙古	45418	35	10745	9	331	64	704	33530
辽宁	11601	150	220	0	0	185	330	10716
吉林	18453	100	920	0	60	3400	190	13783
黑龙江	7807	225	0	20	200	112	200	7050
上海	4904	32	302	17	640	91	2475	1347
江苏	5335	0	534	232	1520	893	1535	621
浙江	37044	244	193	4430	540	16667	540	14430
安徽	6463	195	480	370	390	366	600	4062
福建	5471	264	478	326	530	1100	1453	1320
江西	29044	2050	2162	3051	3259	2550	3343	12629
山东	156268	150	5842	90	5000	2017	130478	12691
河南	5895	680	760	400	920	1490	1300	345
湖北	20674	1050	1020	330	275	1503	7305	9191
湖南	53921	1389	4068	2163	6844	5047	33425	985
广东	1905	90	150	175	325	360	595	210
广西	14956	3970	390	5194	482	4194	318	408
海南	3	0	0	0	0	3	0	0
重庆	10494	421	1833	589	1872	1294	2303	2182
四川	5571	490	310	90	540	90	631	3420
贵州	9626	2863	304	2244	644	1050	2521	0
云南	9933	0	40	10	30	440	9160	253
西藏	20	0	0	0	10	10	0	0
陕西	14408	4000	702	2001	504	4032	2226	943
甘肃	11240	120	960	80	6720	3360	0	0
青海	8862	120	120	120	120	120	120	8142
宁夏	0	0	0	0	0	0	0	0
新疆	85568	191	260	5137	60	78500	880	540

8-7 续表 8

地区	播放科技广播、影视节目							
	合计（分钟）	# 电台电视台播放科技节目						
		科普日		科技周		日常		其他
		科技进村	科教进社区	科技进村	科教进社区	科技进村	科教进社区	
合计	**171218**	**6412**	**7595**	**9131**	**6720**	**27072**	**22100**	**92188**
北京	2319	20	185	10	30	10	114	1950
天津	14973	70	1640	275	1218	0	2210	9560
河北	850	15	0	30	0	150	0	655
山西	1973	160	489	160	327	495	342	0
内蒙古	33759	1	20	2	46	63	232	33395
辽宁	1206	0	60	0	0	20	150	976
吉林	4800	0	20	0	60	600	190	3930
黑龙江	1242	0	0	0	0	52	0	1190
上海	1662	17	22	17	415	16	556	619
江苏	910	0	30	40	110	40	195	495
浙江	34249	2	2	4250	30	15650	125	14190
安徽	660	0	0	0	150	15	0	495
福建	3182	240	246	310	310	560	862	654
江西	2718	50	1	50	258	550	1330	479
山东	15973	20	1510	20	60	1557	528	12278
河南	3145	180	320	340	480	890	880	55
湖北	9665	750	600	250	200	900	6800	165
湖南	3308	85	429	124	516	236	1018	900
广东	690	30	60	120	160	270	15	35
广西	242	80	70	60	5	0	6	21
海南	0	0	0	0	0	0	0	0
重庆	6347	418	777	586	1361	1033	1801	371
四川	1940	30	240	0	240	0	510	920
贵州	2216	3	14	4	4	5	2186	0
云南	230	0	0	10	0	40	60	120
西藏	0	0	0	0	0	0	0	0
陕西	11193	4000	700	2000	500	2000	1870	123
甘肃	2160	120	40	80	120	1800	0	0
青海	8832	120	120	120	120	120	120	8112
宁夏	0	0	0	0	0	0	0	0
新疆	774	1	0	273	0	0	0	500

8-7 续表 9

地区	合计（次）	举办实用技术培训						
		科普日		科技周		日常		其他
		科技进村	科教进社区	科技进村	科教进社区	科技进村	科教进社区	
合计	**29910**	**6995**	**847**	**5092**	**1186**	**9417**	**4086**	**2287**
北京	270	3	2	4	3	202	24	32
天津	2218	2	14	155	532	71	1318	126
河北	499	29	43	13	22	239	146	7
山西	1307	170	87	270	104	515	131	30
内蒙古	221	6	14	9	9	113	19	51
辽宁	718	4	4	0	2	522	105	81
吉林	371	3	27	0	9	189	28	115
黑龙江	201	8	3	5	0	133	31	21
上海	324	29	27	1	4	67	97	99
江苏	538	4	42	29	76	148	178	61
浙江	716	12	58	4	10	367	34	231
安徽	500	50	8	38	8	291	19	86
福建	521	7	9	9	9	222	118	147
江西	1022	807	9	8	7	84	9	98
山东	553	37	11	3	18	189	196	99
河南	1249	5	4	5	9	730	59	437
湖北	417	123	11	99	3	104	30	47
湖南	1404	50	79	85	98	171	887	34
广东	275	42	14	19	17	61	66	56
广西	268	19	14	32	29	120	30	24
海南	1	0	0	0	0	0	0	1
重庆	499	148	25	9	4	167	64	82
四川	299	6	7	4	3	167	19	93
贵州	1212	502	163	306	37	138	43	23
云南	525	200	1	100	0	100	60	64
西藏	2	0	0	0	1	1	0	0
陕西	4663	1564	152	805	163	1624	345	10
甘肃	8452	3075	10	3032	4	2324	7	0
青海	119	9	2	11	4	62	6	25
宁夏	9	0	1	0	0	4	0	4
新疆	537	81	6	37	1	292	17	103

8-7 续表 10

地区	合计（人次）	实用技术培训人数						
		科普日		科技周		日常		其他
		科技进村	科教进社区	科技进村	科教进社区	科技进村	科教进社区	
合计	**1891383**	**258041**	**52798**	**311975**	**51663**	**476454**	**341699**	**398753**
北京	16464	200	100	150	100	9768	1730	4416
天津	31548	100	680	11030	3003	1610	4478	10647
河北	26864	1265	2460	851	2278	8845	10565	600
山西	57799	5750	4379	9570	5747	24478	6525	1350
内蒙古	20286	620	2645	850	1130	8700	1588	4753
辽宁	37804	302	255	0	210	22300	6529	8208
吉林	55610	243	1918	0	1482	33745	3356	14866
黑龙江	12675	480	400	300	0	8890	1295	1310
上海	94912	4212	6297	70	155	4810	2839	76529
江苏	41671	150	3120	650	8716	6804	17806	4425
浙江	151175	452	1306	145	596	30659	2555	115462
安徽	49266	5350	850	4300	582	30616	1545	6023
福建	34245	920	650	680	1940	15957	4846	9252
江西	92867	70510	274	833	1152	4606	955	14537
山东	51983	4470	642	342	1300	22355	10041	12833
河南	88143	360	400	520	362	31990	6558	47953
湖北	87324	50260	1387	21211	155	7223	2439	4649
湖南	251602	4246	5384	4736	6630	12099	215336	3171
广东	38973	3886	1745	911	1249	4787	8067	18328
广西	24992	1741	1930	4020	2790	10135	2432	1944
海南	100	0	0	0	0	0	0	100
重庆	30853	9768	765	1817	405	8320	5674	4104
四川	25652	1145	52	256	36	13015	545	10603
贵州	72019	30690	2715	17070	4995	10800	3735	2014
云南	13404	200	50	100	0	5423	550	7081
西藏	70	0	0	0	30	40	0	0
陕西	161103	44252	10232	30260	5665	56937	11626	2131
甘肃	19169	3445	766	3223	4	9729	2002	0
青海	12981	1580	56	2190	751	1186	1282	5936
宁夏	800	0	60	0	0	300	0	440
新疆	289029	11444	1280	195890	200	70327	4800	5088

8-7 续表 11

地区	合计（项）	推广新技术、新品种						
		科普日		科技周		日常		其他
		科技进村	科教进社区	科技进村	科教进社区	科技进村	科教进社区	
合计	**7100**	**347**	**294**	**516**	**745**	**2490**	**817**	**1891**
北京	180	0	0	11	3	77	30	59
天津	454	0	1	205	22	92	15	119
河北	158	2	3	5	13	123	10	2
山西	151	8	9	1	3	93	5	32
内蒙古	53	7	1	7	0	9	2	27
辽宁	768	1	1	0	2	629	12	123
吉林	94	2	12	0	1	54	0	25
黑龙江	72	2	2	5	0	49	3	11
上海	182	61	17	1	20	41	16	26
江苏	268	3	13	5	31	110	44	62
浙江	379	18	60	4	6	79	8	204
安徽	462	49	57	50	49	73	61	123
福建	245	6	1	21	0	132	11	74
江西	96	20	4	19	5	27	3	18
山东	600	24	3	6	41	238	185	103
河南	522	9	8	21	35	175	58	216
湖北	286	5	2	6	11	22	15	225
湖南	80	11	7	3	5	32	11	11
广东	106	4	10	7	8	27	28	22
广西	503	3	23	48	37	135	107	150
海南	0	0	0	0	0	0	0	0
重庆	78	2	4	3	4	52	6	7
四川	77	17	4	3	3	40	5	5
贵州	468	21	5	16	397	14	11	4
云南	78	0	1	0	0	17	58	2
西藏	0	0	0	0	0	0	0	0
陕西	363	38	10	23	18	47	22	205
甘肃	155	13	16	8	12	28	78	0
青海	102	8	11	20	19	10	11	23
宁夏	1	0	0	0	0	0	0	1
新疆	119	13	9	18	0	65	2	12

8-7 续表 12

地 区	合 计（人次）	参加活动科技人员总数						
		科普日		科技周		日 常		其 他
		科技进村	科教进社区	科技进村	科教进社区	科技进村	科教进社区	
合 计	**1176183**	**48442**	**91431**	**264836**	**75725**	**194478**	**286800**	**214471**
北 京	38474	332	4363	347	7278	4182	8625	13347
天 津	31063	49	1055	10903	7195	308	4155	7398
河 北	25235	1040	6610	656	3724	1398	6069	5738
山 西	12010	277	3950	279	2998	1010	2113	1383
内蒙古	6361	84	702	272	320	1845	1119	2019
辽 宁	30561	593	3028	20	916	4093	15119	6792
吉 林	46577	207	4006	16	1773	2733	5301	32541
黑龙江	4376	260	351	149	225	996	833	1562
上 海	47043	1217	4041	824	5136	7340	23188	5297
江 苏	26738	177	5146	320	5543	2150	4966	8436
浙 江	15318	645	1770	177	1350	3309	1902	6165
安 徽	6336	278	651	327	565	1101	1032	2382
福 建	19833	746	1487	741	1888	1704	2914	10353
江 西	44913	2227	3027	8214	9121	8791	9562	3971
山 东	91568	3257	7720	1835	7889	6136	60488	4243
河 南	39795	725	816	1000	699	1175	2650	32730
湖 北	20860	1501	1791	427	918	1166	10595	4462
湖 南	61520	8262	3734	951	2905	9228	32752	3688
广 东	42831	5333	3036	1419	2103	5925	9852	15163
广 西	23605	1462	1151	5998	3314	1943	3216	6521
海 南	310	0	3	0	20	34	0	253
重 庆	11282	647	1756	377	1690	974	2097	3741
四 川	26440	437	1887	305	687	1768	1460	19896
贵 州	15378	3952	1139	1840	2045	1322	2111	2969
云 南	5617	20	289	203	545	1230	1953	1377
西 藏	16	0	0	0	7	2	7	0
陕 西	145766	10793	26187	25863	3248	16267	56235	7173
甘 肃	2819	179	495	111	306	1468	28	232
青 海	1808	201	141	151	165	442	274	434
宁 夏	488	0	90	0	50	73	200	75
新 疆	331242	3541	1009	201111	1102	104365	15984	4130

8-7 续表 13

地区	参加活动科技人员总数							
	合计（人次）	# 专家人数						
		科普日		科技周		日常		其他
		科技进村	科教进社区	科技进村	科教进社区	科技进村	科教进社区	
合计	**141138**	**16013**	**11701**	**13766**	**11614**	**27343**	**40761**	**19940**
北京	11783	115	1555	131	2763	1648	2479	3092
天津	1822	9	107	308	265	97	274	762
河北	2350	438	225	88	306	417	680	196
山西	1022	62	128	43	103	513	115	58
内蒙古	1218	12	74	68	116	284	276	388
辽宁	3274	215	268	3	61	406	481	1840
吉林	1977	60	200	2	174	312	492	737
黑龙江	931	67	28	38	14	276	409	99
上海	5550	182	1649	20	500	697	1307	1195
江苏	3090	40	289	25	592	517	1247	380
浙江	1925	62	155	32	159	564	157	796
安徽	2499	125	152	131	192	582	512	805
福建	3334	232	450	266	586	427	723	650
江西	2645	147	268	114	517	445	559	595
山东	4234	394	628	228	701	553	822	908
河南	5642	661	411	805	365	514	800	2086
湖北	2223	413	144	128	118	408	145	867
湖南	9029	1577	1007	571	789	2317	2372	396
广东	3191	108	403	96	370	267	1200	747
广西	1147	17	14	25	78	586	176	251
海南	81	0	2	0	15	4	0	60
重庆	3772	452	453	87	365	606	978	831
四川	1206	51	116	32	90	328	294	295
贵州	1321	94	146	110	173	359	295	144
云南	978	7	45	2	73	252	390	209
西藏	11	0	0	0	4	0	7	0
陕西	58656	10154	2199	10099	1270	12201	22456	277
甘肃	1390	53	137	48	137	938	25	52
青海	590	31	26	26	73	169	50	215
宁夏	306	0	65	0	40	26	160	15
新疆	3941	235	357	240	605	630	880	994

8-7 续表 14

地区	合计（个次）	参加活动的学会、协会、研究会						
		科普日		科技周		日常		其他
		科技进村	科教进社区	科技进村	科教进社区	科技进村	科教进社区	
合计	**19397**	**1315**	**961**	**708**	**1277**	**11026**	**2280**	**1830**
北京	3106	37	96	58	222	717	1166	810
天津	145	1	13	13	28	1	15	74
河北	307	8	13	13	20	149	62	42
山西	171	14	11	8	6	120	8	4
内蒙古	115	2	21	2	15	23	19	33
辽宁	166	5	15	1	10	51	25	59
吉林	138	7	8	0	4	66	28	25
黑龙江	179	5	145	2	4	11	6	6
上海	163	5	21	1	32	12	45	47
江苏	372	6	79	2	133	67	46	39
浙江	193	12	21	25	11	42	24	58
安徽	164	14	17	10	14	16	20	73
福建	152	5	14	4	21	40	29	39
江西	441	16	45	16	99	41	152	72
山东	708	88	74	58	108	179	151	50
河南	167	35	3	30	14	6	16	63
湖北	2957	507	15	108	19	2210	50	48
湖南	211	53	23	15	16	22	34	48
广东	167	8	22	12	17	11	44	53
广西	101	5	5	9	8	33	20	21
海南	3	0	0	0	0	3	0	0
重庆	243	20	45	9	20	59	40	50
四川	75	5	13	6	11	12	14	14
贵州	156	16	12	16	45	31	19	17
云南	93	2	25	0	10	7	22	27
西藏	10	0	0	0	3	0	7	0
陕西	8387	408	163	252	365	7018	174	7
甘肃	67	11	11	11	10	15	8	1
青海	34	7	3	4	5	8	3	4
宁夏	43	0	5	0	4	6	25	3
新疆	163	13	23	23	3	50	8	43

8-7 续表 15

地区	覆盖村					覆盖社区				
	合计（个）	科普日科技进村	科技周科技进村	日常科技进村	其他	合计（个）	科普日科教进社区	科技周科教进社区	日常科教进社区	其他
合计	**61350**	**9245**	**8496**	**43317**	**292**	**24301**	**5222**	**5077**	**13405**	**597**
北京	891	60	87	739	5	1923	444	257	1095	127
天津	1800	15	1506	199	80	510	109	189	188	24
河北	607	217	30	360	0	453	97	52	301	3
山西	796	127	145	524	0	545	196	171	178	0
内蒙古	1016	11	15	968	22	182	41	25	99	17
辽宁	809	193	11	605	0	169	55	13	90	11
吉林	902	37	22	843	0	302	63	31	200	8
黑龙江	15547	84	41	15422	0	264	86	49	128	1
上海	3129	118	18	2981	12	4821	193	135	4488	5
江苏	1731	522	533	674	2	3017	742	1258	993	24
浙江	2652	60	46	2534	12	881	74	566	218	23
安徽	539	90	72	377	0	422	49	109	262	2
福建	1466	64	123	1267	12	861	88	133	513	127
江西	2065	236	232	1529	68	974	426	208	318	22
山东	4605	492	275	3815	23	1312	300	355	620	37
河南	958	155	171	632	0	348	46	62	240	0
湖北	293	108	59	126	0	301	81	58	159	3
湖南	3942	1337	1038	1564	3	1478	138	260	1076	4
广东	1588	846	109	633	0	1714	561	231	921	1
广西	2388	170	316	1883	19	254	42	85	99	28
海南	33	0	0	33	0	8	2	2	0	4
重庆	367	93	46	209	19	655	179	78	382	16
四川	551	53	46	452	0	1006	688	56	262	0
贵州	1258	648	331	274	5	343	140	139	62	2
云南	496	16	10	466	4	217	34	21	88	74
西藏	2	0	0	2	0	8	0	8	0	0
陕西	8145	3217	1749	3179	0	692	178	339	175	0
甘肃	432	126	115	191	0	211	65	97	49	0
青海	325	61	55	209	0	61	17	13	31	0
宁夏	7	0	0	7	0	18	5	5	8	0
新疆	2010	89	1295	620	6	351	83	72	162	34

九、青少年科技教育

简要说明

本篇统计资料为：

1. 汇总数据，反映中国科协、地方科协、全国学会和省级学会开展青少年科技教育总体情况。

2. 地方科协和省级学会统计数据，分别反映各省级科协及其所属学会、副省级城市科协、省会城市科协、地级科协、县级科协开展青少年科技活动的情况。

3. 相关统计指标包括：反映举办青少年科普宣讲活动数量和受众人数，举办青少年科技竞赛数量和获奖情况，青少年参加国际和港澳台科技交流活动的数量等。

9–1 2016年各级科协青少年科技教育汇总表

指标		科协合计		中国科协机关及直属单位		省级科协	
		2015年	2016年	2015年	2016年	2015年	2016年
举办青少年科普宣讲活动	（次）	27519	29735	1351	1395	2394	2469
# 专家报告	（次）	11888	12716	408	422	1967	1629
受众人数	（万人次）	3030.0	4060.4	1184.0	2279.1	351.0	266.2
举办青少年科技竞赛	（项）	11622	10921	17	3	348	270
参加人数	（万人次）	4088.0	3663.4	2.0	0.8	1953.0	1596.2
获奖人数	（万人次）	94.0	96.4	0.1	0.4	16.0	15.1
青少年参加国际及港澳台科技交流活动	（次）	261	248	28	23	54	59
参加人数	（人次）	6635	8367	319	241	1447	4016
举办青少年科学营	（次）	2057	1767	75	72	119	139
参加人数	（人次）	415186	259231	12819	11040	44945	37284
编印青少年科技教育资料	（种）	4447	1223	103	135	205	80
总印数	（万册）	1327.0	550.1	83.0	168.5	57.0	49.6
举办青少年科技教育活动和培训	（次）	20307	25145	321	2588	2504	4272
培训人数	（万人次）	571.0	681.7	0.6	6.9	28.0	107.1
中学生英才计划培养学生	（人）	—	25540	—	596	—	693

9-1 续表

指标		副省级城市科协、省会城市科协		地级科协		县级科协	
		2015年	2016年	2015年	2016年	2015年	2016年
举办青少年科普宣讲活动	（次）	997	1326	5782	6061	16995	18484
# 专家报告	（次）	794	973	2825	3215	5894	6477
受众人数	（万人次）	48.0	57.9	389.0	354.7	1058.0	1102.4
举办青少年科技竞赛	（项）	193	196	2530	2525	8534	7927
参加人数	（万人次）	232.0	184.8	710.0	737.7	1191.0	1143.9
获奖人数	（万人次）	9.0	11.7	31.0	31.0	38.0	38.2
青少年参加国际及港澳台科技交流活动	（次）	13	11	63	57	103	98
参加人数	（人次）	111	146	1562	1443	3196	2521
举办青少年科学营	（次）	54	50	470	482	1339	1024
参加人数	（人次）	31007	21525	142490	86660	183925	102722
编印青少年科技教育资料	（种）	51	46	356	185	3732	777
总印数	（万册）	52.0	10.7	165.0	39.9	970.0	281.4
举办青少年科技教育活动和培训	（次）	546	625	3545	3991	13391	13669
培训人数	（万人次）	8.0	11.1	75.0	106.3	459.0	450.2
中学生英才计划培养学生	（人）	—	72	—	21296	—	2883

9-2 2016年全国学会、省级学会青少年科技教育汇总表

指标		学会合计		全国学会		省级学会	
		2015年	2016年	2015年	2016年	2015年	2016年
举办青少年科普宣讲活动	（次）	16234	9141	2362	2453	13872	6688
# 专家报告	（次）	6943	5593	1118	1617	5825	3976
受众人数	（万人次）	521.0	632.6	184.0	171.4	337.0	461.2
举办青少年科技竞赛	（项）	955	985	169	149	786	836
参加人数	（万人次）	869.0	821.0	218.0	225.6	651.0	595.5
获奖人数	（万人次）	32.0	61.9	9.0	8.8	23.0	53.1
青少年参加国际及港澳台科技交流活动	（次）	135	126	27	28	108	98
参加人数	（人次）	7759	8043	1168	893	6591	7150
举办青少年科学营	（次）	953	411	58	72	895	339
参加人数	（人次）	78970	41504	5357	6199	73613	35305
编印青少年科技教育资料	（种）	572	372	75	71	497	301
总印数	（万册）	483.0	135.9	124.0	36.2	359.0	99.7
举办青少年科技教育活动和培训	（次）	1809	2388	103	174	1706	2214
培训人数	（万人次）	59.0	59.2	27.0	7.2	32.0	52.0
中学生英才计划培养学生	（人）	—	5310	—	0	—	5310

9–3 2016 年各省级科协青少年科技教育

地区	举办青少年科普宣讲活动			举办青少年科技竞赛			青少年参加国际及港澳台科技交流活动	
	次数（次）	# 专家报告（次）	受众人数（人次）	项数（项）	参加人数（人次）	获奖人数（人次）	次数（次）	参加人数（人次）
合计	**2469**	**1629**	**2662205**	**270**	**15962310**	**150977**	**59**	**4016**
北京	187	34	72000	15	687000	5700	5	10
天津	141	105	17680	11	118373	8144	1	22
河北	16	5	1300	4	1238	685	0	0
山西	12	1	5500	3	1000	1000	0	0
内蒙古	10	10	31000	8	20000	800	0	0
辽宁	99	0	25770	4	600000	4855	1	4
吉林	15	8	110000	7	70000	18000	2	63
黑龙江	69	57	110000	34	123600	3700	0	0
上海	187	71	27235	5	370600	5980	9	410
江苏	175	114	35300	12	2300000	41938	4	594
浙江	104	0	5000	3	1780	350	0	0
安徽	23	5	17200	12	320000	9375	2	2
福建	9	4	406628	11	343535	2312	5	192
江西	15	5	100000	15	400000	1500	0	0
山东	600	596	273804	13	320950	6938	1	30
河南	0	0	0	20	1800000	3000	1	1
湖北	70	70	20000	4	2900	2153	2	2
湖南	41	40	33000	12	1312301	8410	14	350
广东	182	135	180000	4	3850	1850	2	6
广西	56	52	32200	5	4800	2500	1	2
海南	50	40	6562	10	11500	2760	1	2000
重庆	74	62	760270	9	701230	3170	1	7
四川	0	0	0	8	2000000	3920	1	9
贵州	17	9	5000	4	20600	1065	0	0
云南	5	5	2630	4	182385	2507	2	8
西藏	12	0	4966	6	9264	762	0	0
陕西	51	44	23700	1	304	167	1	4
甘肃	0	0	0	3	13000	300	0	0
青海	50	32	31800	6	70200	401	0	0
宁夏	56	47	44300	4	150000	500	0	0
新疆	113	58	275000	10	4000000	6000	3	300
新疆生产建设兵团	30	20	4360	3	1900	235	0	0

9-3 续表

地区	举办青少年科学营		编印青少年科技教育资料		举办青少年科技教育活动和培训		中学生英才计划培养学生（人）
	次数（次）	参加人数（人次）	种数（种）	总印数（册）	次数（次）	培训人数（人次）	
合计	**139**	**37284**	**80**	**496260**	**4272**	**1071411**	**693**
北京	1	2210	0	0	62	5233	116
天津	7	4550	9	28500	37	3430	33
河北	1	370	2	3000	15	1950	0
山西	1	240	1	1000	4	770	0
内蒙古	1	355	0	0	5	400	0
辽宁	2	150	0	0	0	0	12
吉林	3	350	0	0	8	5000	27
黑龙江	14	5800	7	301500	205	3300	36
上海	1	1030	8	11000	509	161540	65
江苏	1	990	4	12900	23	5285	31
浙江	3	286	0	0	8	400	0
安徽	2	550	1	1500	3	1000	37
福建	22	581	0	0	182	4000	44
江西	2	174	0	0	2	500	0
山东	6	1202	1	1000	587	50280	35
河南	10	517	0	0	150	6000	100
湖北	1	860	8	2850	9	900	31
湖南	16	2466	25	68000	75	74398	0
广东	1	400	0	0	3	450	28
广西	1	297	4	26150	142	10010	0
海南	12	9680	0	0	42	3700	0
重庆	4	500	2	260	1739	85650	0
四川	3	473	3	13000	7	1100	28
贵州	2	240	0	0	39	14000	0
云南	1	441	2	100	9	633	0
西藏	2	220	0	0	22	15052	0
陕西	5	1302	1	5000	26	1280	30
甘肃	1	340	1	500	8	1100	40
青海	7	180	1	20000	14	513600	0
宁夏	1	130	0	0	4	1200	0
新疆	3	200	0	0	331	99000	0
新疆生产建设兵团	2	200	0	0	2	250	0

9–4 2016年各副省级城市科协、省会城市科协青少年科技教育

城市	举办青少年科普宣讲活动			举办青少年科技竞赛			青少年参加国际及港澳台科技交流活动	
	次数（次）	# 专家报告（次）	受众人数（人次）	项数（项）	参加人数（人次）	获奖人数（人次）	次数（次）	参加人数（人次）
合计	**1326**	**973**	**579300**	**196**	**1847749**	**117086**	**11**	**146**
副省级城市小计	**1150**	**908**	**471650**	**137**	**1463441**	**95356**	**8**	**122**
宁波*	120	120	36000	12	5650	3250	4	56
厦门*	0	0	0	6	15500	0	0	0
深圳*	220	105	36500	8	8600	163	0	0
青岛*	54	22	64000	23	326028	8935	0	0
大连*	52	42	100000	10	20000	8000	0	0
省会城市小计	**880**	**684**	**342800**	**137**	**1471971**	**96738**	**13**	**6090**
石家庄	22	0	6600	5	60000	500	0	0
太原	0	0	0	3	12000	2000	1	2
呼和浩特	0	0	0	1	3000	300	0	0
沈阳*	51	51	18000	4	5000	3200	0	0
长春*	5	1	3900	6	19000	4000	0	0
哈尔滨*	4	2	450	7	7570	911	0	0
南京*	64	62	36000	10	134800	3539	3	41
杭州*	219	145	46000	4	10139	490	0	0
合肥	8	6	2550	2	39500	1180	1	7
福州	2	1	1500	4	26000	3000	1	15
南昌	11	11	1500	4	3579	63	0	0
济南*	30	30	20000	17	60000	6000	0	0
郑州	0	0	0	2	120000	1300	0	0
武汉*	324	324	106900	11	150000	1800	1	25
长沙	0	0	0	10	12000	6000	0	0
广州*	2	2	900	10	11154	2788	0	0
南宁	20	19	3500	1	31000	614	0	0
海口	10	10	10000	4	8000	750	0	0
成都*	3	0	2000	6	300000	50000	0	0
贵阳	0	0	0	2	1229	301	0	0
昆明	0	0	0	1	15000	1828	0	0
拉萨	2	2	3000	3	3000	127	0	0
西安*	2	2	1000	3	390000	2280	0	6000
兰州	0	0	0	0	0	0	0	0
西宁	0	0	0	4	12000	367	0	0
银川	8	6	3000	3	18000	300	0	0
乌鲁木齐	93	10	76000	10	20000	3100	0	0

注：城市名称后带“*”的为副省级城市，包括省会城市中带“*”的。

9-4 续表

城　市	举办青少年科学营		编印青少年科技教育资料		举办青少年科技教育活动和培训		中学生英才计划培养学生（人）
	次数（次）	参加人数（人次）	种数（种）	总印数（册）	次数（次）	培训人数（人次）	
合　计	**50**	**21525**	**46**	**107100**	**625**	**111371**	**72**
副省级城市小计	**37**	**21074**	**39**	**90300**	**464**	**97052**	**72**
宁　波*	0	0	1	1000	3	300	0
厦　门*	0	0	0	0	0	0	0
深　圳*	2	80	23	31000	26	5150	0
青　岛*	3	1031	0	0	15	6560	0
大　连*	0	0	0	0	20	10000	0
省会城市小计	**45**	**20414**	**22**	**75100**	**561**	**89361**	**72**
石家庄	0	0	0	0	3	320	0
太　原	1	23	1	3000	2	60	0
呼和浩特	1	30	0	0	2	200	0
沈　阳*	1	60	0	0	12	3500	0
长　春*	0	0	0	0	0	0	0
哈尔滨*	4	150	2	400	8	1040	0
南　京*	4	66	2	2000	2	300	2
杭　州*	3	16934	6	6400	235	2792	0
合　肥	1	69	0	0	3	630	0
福　州	1	50	3	1500	2	150	0
南　昌	2	20	0	0	22	659	0
济　南*	1	40	1	500	22	2000	0
郑　州	0	0	0	0	0	0	0
武　汉*	7	1420	1	2000	50	19200	0
长　沙	1	20	0	0	2	300	0
广　州*	10	1146	0	0	18	3210	70
南　宁	1	49	1	2000	3	2500	0
海　口	0	0	0	0	2	60	0
成　都*	1	70	1	1000	6	3000	0
贵　阳	1	33	0	0	1	200	0
昆　明	1	107	1	300	0	0	0
拉　萨	0	0	0	0	0	0	0
西　安*	1	77	2	46000	47	40000	0
兰　州	0	0	0	0	0	0	0
西　宁	0	0	0	0	0	0	0
银　川	1	30	1	10000	3	600	0
乌鲁木齐	2	20	0	0	116	8640	0

9–5 2016年各地区地级科协青少年科技教育

地 区	举办青少年科普宣讲活动			举办青少年科技竞赛			青少年参加国际及港澳台科技交流活动	
	次 数（次）	# 专家报告（次）	受众人数（人次）	项 数（项）	参加人数（人次）	获奖人数（人次）	次 数（次）	参加人数（人次）
合 计	**6061**	**3215**	**3547234**	**2525**	**7377235**	**309719**	**57**	**1443**
北 京	360	293	166497	220	612957	22500	1	5
天 津	205	72	73236	121	270610	8503	1	5
河 北	29	13	14350	45	91570	4070	0	0
山 西	154	154	101245	22	82701	2318	0	0
内蒙古	89	61	32771	49	46008	2050	1	3
辽 宁	97	33	39800	37	176232	5174	1	8
吉 林	25	2	6900	33	36730	20734	3	5
黑龙江	69	12	53500	38	77660	1999	0	0
上 海	692	253	259932	840	459282	25474	21	607
江 苏	333	144	462660	131	941165	44544	4	21
浙 江	407	287	198654	58	448550	36788	1	3
安 徽	159	107	49450	48	111434	4733	2	2
福 建	22	12	5850	33	80466	2640	1	5
江 西	82	48	27000	23	32580	1335	1	60
山 东	433	374	312730	92	585664	12007	3	14
河 南	126	52	62019	46	604040	17033	0	0
湖 北	176	133	113360	54	750170	18589	4	16
湖 南	89	31	112226	64	134110	6432	0	0
广 东	588	483	397718	43	86121	15722	4	345
广 西	155	120	76500	35	243350	3228	4	43
海 南	0	0	0	20	800	600	0	0
重 庆	119	65	91260	116	558900	12244	0	0
四 川	61	33	45850	35	314473	16101	3	60
贵 州	44	30	20700	36	71647	4893	0	0
云 南	139	107	76222	22	234660	5728	1	240
西 藏	24	7	8135	2	113	15	0	0
陕 西	49	23	21150	51	78354	3651	0	0
甘 肃	150	63	131260	33	65220	3861	0	0
青 海	31	3	7890	5	20600	113	0	0
宁 夏	43	16	20560	22	89200	761	1	1
新 疆	1056	161	538880	89	48480	1786	0	0
新疆生产建设兵团	55	23	18929	62	23388	4093	0	0

9-5 续表

地区	举办青少年科学营		编印青少年科技教育资料		举办青少年科技教育活动和培训		中学生英才计划培养学生（人）
	次数（次）	参加人数（人次）	种数（种）	总印数（册）	次数（次）	培训人数（人次）	
合计	**482**	**86660**	**185**	**398832**	**3991**	**1062804**	**21296**
北京	5	320	1	1000	125	30140	0
天津	36	51600	20	20000	273	417650	19
河北	4	158	2	1000	21	8280	450
山西	5	111	10	300	4	1110	0
内蒙古	10	259	11	23000	53	21977	0
辽宁	8	605	2	10000	101	11417	0
吉林	5	81	0	0	439	14710	0
黑龙江	6	310	0	0	35	7805	0
上海	165	20046	70	15510	701	249082	89
江苏	31	580	13	125000	117	49620	0
浙江	12	561	2	1300	103	20666	0
安徽	13	451	5	20170	30	5278	0
福建	6	172	3	4230	30	2684	0
江西	6	80	0	0	35	10130	0
山东	51	5460	2	6000	82	18090	0
河南	20	565	1	4000	46	10909	0
湖北	24	2029	6	16000	175	50633	0
湖南	13	341	3	5000	39	8767	0
广东	6	220	8	45800	76	12704	0
广西	5	106	3	4522	64	8480	20600
海南	1	8	0	0	2	100	0
重庆	3	770	2	12000	129	27509	0
四川	9	145	5	22500	33	5038	0
贵州	4	550	2	4500	50	4920	0
云南	5	134	3	25000	30	7910	0
西藏	2	85	0	0	7	670	0
陕西	4	134	2	9000	958	11475	0
甘肃	9	202	4	10000	27	2035	0
青海	3	27	0	0	1	40	0
宁夏	7	180	0	0	14	540	0
新疆	2	60	2	10000	126	31600	138
新疆生产建设兵团	2	310	3	3000	65	10835	0

9-6 2016年各地区县级科协青少年科技教育

地 区	举办青少年科普宣讲活动			举办青少年科技竞赛			青少年参加国际及港澳台科技交流活动	
	次 数（次）	# 专家报告（次）	受众人数（人次）	项 数（项）	参加人数（人次）	获奖人数（人次）	次 数（次）	参加人数（人次）
合 计	**18484**	**6477**	**11023877**	**7927**	**11439022**	**382477**	**98**	**2521**
河 北	463	191	215769	229	191065	7713	2	405
山 西	429	166	188697	200	223998	10983	0	0
内蒙古	368	90	215210	225	111034	4769	0	0
辽 宁	465	115	143846	291	283883	8018	4	63
吉 林	190	25	75404	154	50763	5713	3	51
黑龙江	615	151	245815	214	51440	2591	1	5
江 苏	1658	547	1042750	717	1245674	46001	17	354
浙 江	2163	991	791415	939	775350	42648	9	86
安 徽	712	314	238565	247	294720	11149	7	83
福 建	757	283	430043	446	223324	7253	6	40
江 西	311	113	437371	120	82872	1371	0	0
山 东	1334	608	851567	499	599055	27477	9	157
河 南	601	217	630356	316	692089	23446	1	15
湖 北	945	445	588822	374	986203	29041	8	19
湖 南	618	206	468606	318	655649	13193	4	33
广 东	758	378	816240	291	561983	27024	4	521
广 西	507	265	433447	313	1090998	26314	9	76
海 南	117	66	68549	75	98359	1130	0	0
重 庆	37	8	28100	46	330650	3515	0	0
四 川	880	253	621581	281	1032741	31220	2	25
贵 州	603	114	339757	587	419653	9730	3	31
云 南	426	167	298407	156	279318	19059	1	521
西 藏	160	24	50016	13	1406	58	0	0
陕 西	646	172	497252	249	430417	8744	2	13
甘 肃	774	169	427249	240	462734	6705	0	0
青 海	204	45	78441	44	12554	560	0	0
宁 夏	303	127	191886	136	107273	1892	3	17
新 疆	1440	227	608716	207	143817	5160	3	6

注：本表数据不含北京、天津和上海地区。

9-6 续表

地区	举办青少年科学营		编印青少年科技教育资料		举办青少年科技教育活动和培训		中学生英才计划培养学生（人）
	次数（次）	参加人数（人次）	种数（种）	总印数（册）	次数（次）	培训人数（人次）	
合计	**1024**	**102722**	**777**	**2814102**	**13669**	**4502247**	**2883**
河北	8	2490	14	31000	351	126371	0
山西	14	1085	22	70040	308	124781	0
内蒙古	42	1522	23	89000	331	162127	300
辽宁	15	878	17	135000	457	96525	0
吉林	17	6350	8	63000	351	63245	0
黑龙江	34	2328	13	7500	441	102890	230
江苏	259	30655	110	519940	1230	352271	1148
浙江	76	6470	48	160900	879	167182	223
安徽	60	6435	62	241700	391	79387	0
福建	105	4689	25	48900	421	47805	0
江西	23	1425	5	17500	224	107794	21
山东	51	5489	10	3300	676	313253	415
河南	35	2626	55	234800	497	264756	0
湖北	31	1487	48	83792	873	511378	1
湖南	39	6301	77	304500	799	214399	0
广东	35	3913	20	89700	372	50338	0
广西	11	1315	33	92800	398	237794	210
海南	30	5163	19	24000	68	16262	0
重庆	2	120	2	3000	105	27380	0
四川	39	2396	43	253700	625	261055	10
贵州	5	263	25	117000	768	137036	3
云南	20	897	15	46770	568	96859	3
西藏	1	20	11	2980	50	10110	18
陕西	19	4361	14	28000	730	534252	301
甘肃	7	1140	13	5680	952	196329	0
青海	8	163	4	17000	140	14740	0
宁夏	13	1471	25	99000	164	55686	0
新疆	25	1270	16	23600	500	130242	0

9-7 2016年各地区省级学会青少年科技教育

地区	举办青少年科普宣讲活动			举办青少年科技竞赛			青少年参加国际及港澳台科技交流活动	
	次数（次）	# 专家报告（次）	受众人数（人次）	项数（项）	参加人数（人次）	获奖人数（人次）	次数（次）	参加人数（人次）
合计	**6688**	**3976**	**4612176**	**836**	**5954696**	**530578**	**98**	**7150**
北京	1007	865	1332601	40	53001	4880	8	83
天津	246	132	82038	44	704375	302906	0	0
河北	95	36	21745	34	58738	826	0	0
山西	442	67	114501	19	46070	4018	0	0
内蒙古	60	43	58830	12	20395	970	1	30
辽宁	156	41	44377	26	118536	5708	1	30
吉林	129	124	24043	19	266166	22712	2	29
黑龙江	475	36	416747	15	57754	5183	3	30
上海	405	267	57205	56	114615	5510	7	180
江苏	250	161	70675	62	176443	37792	6	85
浙江	152	77	18766	49	156901	19706	17	176
安徽	240	153	98099	42	102292	13575	1	20
福建	135	98	67329	38	403553	5176	6	353
江西	163	127	24113	40	217908	2472	0	0
山东	353	286	86481	55	346811	12302	2	60
河南	66	50	15392	8	5338	1045	2	5
湖北	189	142	53380	17	14603	2302	0	0
湖南	403	175	109689	62	1340964	15038	28	5387
广东	406	211	92119	32	151019	3789	3	185
广西	58	34	27541	18	87827	27974	0	0
海南	6	3	820	3	1142	288	1	10
重庆	271	167	337022	30	817585	7703	0	0
四川	100	61	977088	18	178112	10322	1	400
贵州	69	40	10430	16	17582	2330	1	22
云南	218	195	168805	13	187959	3046	1	1
西藏	6	6	500	6	900	70	0	0
陕西	208	125	93601	24	75258	4542	3	43
甘肃	45	44	18050	6	10810	385	0	0
青海	74	39	33196	5	70000	390	0	0
宁夏	36	30	21200	5	100200	15	0	0
新疆	225	141	135793	22	51839	7603	4	21

9-7 续表

地区	举办青少年科学营		编印青少年科技教育资料		举办青少年科技教育活动和培训		中学生英才计划培养学生（人）
	次数（次）	参加人数（人次）	种数（种）	总印数（册）	次数（次）	培训人数（人次）	
合　计	**339**	**35305**	**301**	**996755**	**2214**	**519793**	**5310**
北　京	19	2706	22	86700	194	62650	0
天　津	7	841	6	4510	63	10945	33
河　北	8	350	0	0	27	10990	0
山　西	3	160	1	200	14	61320	0
内蒙古	0	0	1	5000	14	1163	0
辽　宁	5	759	5	1800	74	9446	0
吉　林	2	230	5	18000	11	2548	3
黑龙江	12	570	17	101500	98	1630	0
上　海	23	1265	12	16750	361	9019	38
江　苏	47	3610	51	168900	236	16758	35
浙　江	38	2471	7	106700	116	3829	86
安　徽	12	1007	18	82000	93	85285	0
福　建	13	839	11	29000	50	5863	15
江　西	6	288	12	37000	42	5660	0
山　东	7	990	5	17100	20	7067	0
河　南	2	380	3	1200	6	769	20
湖　北	20	1420	25	80500	44	8487	80
湖　南	19	7557	16	2400	78	12234	5000
广　东	4	250	5	32060	30	7173	0
广　西	3	337	6	3000	30	6710	0
海　南	0	0	0	0	0	0	0
重　庆	4	391	7	27155	31	10095	0
四　川	7	767	8	12680	5	381	0
贵　州	2	262	14	24500	8	1512	0
云　南	19	5346	10	104000	32	4821	0
西　藏	0	0	5	10000	1	70	0
陕　西	28	1412	12	11400	165	54820	0
甘　肃	4	136	4	4500	0	0	0
青　海	4	180	4	2700	11	13000	0
宁　夏	1	130	0	0	4	1400	0
新　疆	20	651	9	5500	356	104148	0

十、科普基础设施建设

简要说明

本篇统计资料为：

1. 汇总数据，反映中国科协、地方科协科普基础设施建设总体情况。

2. 地方科协统计数据，分别反映各省级科协、副省级城市科协、省会城市科协、地级科协、县级科协科普基础设施建设情况。

3. 科技馆数量、科普画廊建筑面积、科普大篷车数量、科普教育基地数量、示范基地数量、示范县、示范街道、示范社区等统计数据为时点数。

4. 参观人数、受众人数、参加活动人数、科技馆展厅面积、科普画廊展示面积、科普大篷车下乡次数、科普大篷车行驶里程等统计数据为本年度时期数。

10−1 2016年各级科协科普基础设施建设汇总表

指标		科协合计		中国科协机关及直属单位		省级科协	
		2015年	2016年	2015年	2016年	2015年	2016年
科技馆	（个）	445	587	1	1	23	24
# 建筑面积8000平方米以上	（个）	76	98	1	1	22	22
# 实行免费开放的科技馆	（个）	—	325	—	0	—	16
建筑面积	（万平方米）	257.0	313.8	10.0	10.2	67.0	70.9
展厅面积	（万平方米）	122.0	154.7	6.0	6.2	29.0	32.2
科技馆全年参观人数	（万人次）	4217.0	5786.7	335.0	383.0	1491.0	1599.8
# 少儿参观人数	（万人次）	2371.0	2883.3	168.0	191.5	878.0	974.3
农村中学科技馆	（个）	—	293	—	—	—	—
流动科技馆	（个）	—	581	—	1	—	349
科普活动站（中心、室）	（个）	170456	169510	0	0	124	154
全年参加活动（培训）人数	（万人次）	4735.0	5305.5	0.0	0.0	67.0	29.3
科普画廊建筑面积（宣传栏、科技宣传橱窗）	（万平方米）	276.2	290.4	0.0	0.0	2.0	2.0
科普画廊展示面积	（万平方米）	633.0	522.4	0.0	0.0	3.0	2.9
科普大篷车	（辆）	933	1345*	—	—	43	42
# 省级	（辆）	43	42	—	—	43	42
# 地（市）级	（辆）	275	267	—	—	—	—
# 县（市）级	（辆）	615	842	—	—	—	—
科普大篷车下乡次数	（次）	25744	37500	—	—	1132	4880
受益人数	（万人次）	2368.0	2867.8	—	—	358.0	380.1
科普大篷车行驶里程	（千米）	6423117	9800749	—	—	816578	714851
全国科普教育基地	（个）	1401	1080	—	—	301	—
全年参观人数	（万人次）	14705.0	—	—	—	3108.0	—
省级科普教育基地	（个）	4192	4889	—	—	664	962
全年参观人数	（万人次）	20163.0	16595.9	—	—	3186.0	2490.9
农村科普示范基地	（个）	37354	39360	386	—	1683	1442
科普示范县（市、区）	（个）	2445	1686	898	435	965	712
科普示范街道（乡镇）	（个）	18572	17617	—	—	2439	2175
科普示范社区（村）	（个）	79169	77552	500	0	4021	3777
科普示范户	（个）	2655314	2398646	0	0	22727	24925
科普中国e站	（个）	—	11770	—	0	—	7290
# 乡村e站	（个）	—	5967	—	0	—	4205
# 社区e站	（个）	—	4557	—	0	—	2587
# 校园e站	（个）	—	1246	—	0	—	498
基层科普行动计划奖补资金	（万元）	—	59436.5	—	40000.0	—	11830.5
# 中央财政	（万元）	—	40000.0	—	40000.0	—	—
# 省级财政	（万元）	—	11830.5	—	—	—	11830.5
# 市（地）级财政	（万元）	—	5044.9	—	—	—	—
# 县级财政	（万元）	—	2561.1	—	—	—	—
基层科普行动计划奖补的先进单位和个人	（个／人）	—	8918	—	2411	—	1999
# 农村专业技术协会	（个）	—	2829	—	962	—	648
# 农村科普示范基地	（个）	—	2231	—	386	—	439
# 农村科普带头人	（人）	—	2460	—	558	—	544
# 少数民族科普工作队	（个）	—	48	—	5	—	21

注：科普大篷车的科协合计数为中国科协配发给地方科协用于科普活动的大篷车数量。

10-1 续表

指标		副省级城市科协、省会城市科协		地级科协		县级科协	
		2015 年	2016 年	2015 年	2016 年	2015 年	2016 年
科技馆	（个）	13	17	101	112	307	433
# 建筑面积 8000 平方米以上	（个）	9	10	26	36	18	29
# 实行免费开放的科技馆	（个）	—	12	—	64	—	233
建筑面积	（万平方米）	21.0	25.2	71.0	92.2	88.0	115.2
展厅面积	（万平方米）	10.0	11.8	36.0	46.0	41.0	58.4
科技馆全年参观人数	（万人次）	627.0	837.9	906.0	1285.2	858.0	1680.7
# 少儿参观人数	（万人次）	267.0	361.0	587.0	768.4	471.0	588.1
农村中学科技馆	（个）	—	—	—	—	—	—
流动科技馆	（个）	—	4	—	82	—	145
科普活动站（中心、室）	（个）	288	1426	17715	18881	152329	149049
全年参加活动（培训）人数	（万人次）	25.0	62.4	835.0	978.6	3808.0	4235.2
科普画廊建筑面积（宣传栏、科技宣传橱窗）	（万平方米）	1.9	3.1	32.3	34.1	240.0	251.3
科普画廊展示面积	（万平方米）	4.0	4.7	194.0	76.7	432.0	438.0
科普大篷车数	（辆）	24	23	251	244	615	842
# 省级	（辆）	—	—	—	—	—	—
# 地（市）级	（辆）	24	23	251	244	—	—
# 县（市）级	（辆）	—	—	—	—	615	842
科普大篷车下乡次数	（次）	577	839	6587	6914	17448	24867
受益人数	（万人次）	73.0	87.8	794.0	832.8	1142.0	1567.1
科普大篷车行驶里程	（千米）	90910	164737	1508455	1751763	4007174	7169398
全国科普教育基地	（个）	74	—	444	—	582	—
全年参观人数	（万人次）	409.0	—	5030.0	—	6158.0	—
省级科普教育基地	（个）	167	182	1522	1869	1839	1876
全年参观人数	（万人次）	569.0	417.2	9890.0	8490798	6518.0	5197.7
农村科普示范基地	（个）	531	538	7441	8870	27313	28510
科普示范县（市、区）	（个）	76	66	506	473	—	—
科普示范街道（乡镇）	（个）	544	254	3366	3241	12223	11947
科普示范社区（村）	（个）	2137	1589	12806	13904	59705	58282
科普示范户	（个）	477	156	188679	191614	2443431	2181951
科普中国 e 站	（个）	—	362	—	1531	—	2587
# 乡村 e 站	（个）	—	162	—	598	—	1002
# 社区 e 站	（个）	—	168	—	633	—	1169
# 校园 e 站	（个）	—	32	—	300	—	416
基层科普行动计划奖补资金	（万元）	—	1681.2	—	3363.7	—	2561.1
# 中央财政	（万元）	—	—	—	—	—	—
# 省级财政	（万元）	—	—	—	—	—	—
# 市（地）级财政	（万元）	—	1681.2	—	3363.7	—	—
# 县级财政	（万元）	—	—	—	—	—	2561.1
基层科普行动计划奖补的先进单位和个人	（个／人）	—	456	—	1696	—	2356
# 农村专业技术协会	（个）	—	117	—	504	—	598
# 农村科普示范基地	（个）	—	102	—	520	—	784
# 农村科普带头人	（人）	—	140	—	438	—	780
# 少数民族科普工作队	（个）	—	0	—	9	—	13

10-2 2016年各省级科协科普基础设施建设

地区	科技馆						
	个数（个）	# 建筑面积8000平方米以上（个）	# 实行免费开放的科技馆（个）	建筑面积（平方米）	展厅面积（平方米）	全年参观人数（人次）	# 少儿参观人数（人次）
合计	**24**	**22**	**16**	**709255**	**322020**	**15998221**	**9742637**
北京	0	0	0	0	0	0	0
天津	1	1	0	18000	10000	472241	141671
河北	1	1	1	32000	8400	402000	240000
山西	1	1	1	30000	13209	1045891	732123
内蒙古	1	1	1	48300	28000	250000	200000
辽宁	1	1	1	102508	19852	1200000	960000
吉林	1	1	1	32000	15000	400000	300000
黑龙江	1	1	0	25000	12000	1115000	340000
上海	0	0	0	0	0	0	0
江苏	0	0	0	0	0	0	0
浙江	1	1	1	30452	11113	650000	300000
安徽	1	1	1	12000	5000	150000	100000
福建	1	1	1	8000	4000	305000	260000
江西	0	0	0	0	0	0	0
山东	1	1	1	21000	12000	1910000	1189690
河南	1	1	0	21334	1000	1000	0
湖北	0	0	0	0	0	0	0
湖南	1	1	0	28113	12603	451700	361360
广东	1	0	0	7979	1000	305929	35000
广西	1	1	1	38988	22500	1230000	861000
海南	0	0	0	0	0	0	0
重庆	1	1	1	48388	29900	2400000	1560000
四川	1	1	1	41800	25000	1200000	700000
贵州	1	1	0	14800	7040	336000	112000
云南	1	1	0	16348	3550	281179	112711
西藏	1	0	1	33000	33000	33124	0
陕西	1	1	1	9800	4736	131495	67933
甘肃	0	0	0	0	0	0	0
青海	1	1	0	33179	14000	667662	394869
宁夏	1	1	1	29664	18000	600000	450000
新疆	1	1	1	26602	11117	460000	324280
新疆生产建设兵团	0	0	0	0	0	0	0

10-2 续表 1

地区	流动科技馆（个）	科普活动站（中心、室）（个）	全年参加活动（培训）人数（人次）	科普画廊建筑面积（宣传栏、科技宣传橱窗）(平方米）	科普画廊展示面积（平方米）
合　计	**349**	**154**	**293227**	**19659**	**29320**
北　京	0	0	0	2	10
天　津	0	1	500	47	72
河　北	0	0	0	0	0
山　西	0	4	21540	1200	1200
内蒙古	16	21	21000	105	860
辽　宁	0	0	0	0	0
吉　林	3	0	0	0	0
黑龙江	6	1	80000	110	300
上　海	0	0	0	52	186
江　苏	27	0	0	0	0
浙　江	9	0	0	0	0
安　徽	8	0	0	460	1400
福　建	11	1	3600	60	400
江　西	9	0	0	0	0
山　东	51	12	23540	0	0
河　南	16	6	400	6	20
湖　北	10	0	0	180	180
湖　南	9	1	220	200	300
广　东	0	0	0	0	0
广　西	15	5	80000	0	0
海　南	1	3	800	192	192
重　庆	2	0	0	0	0
四　川	0	0	0	0	0
贵　州	75	0	0	0	0
云　南	14	1	6081	114	236
西　藏	16	72	764	5384	5384
陕　西	17	0	0	41	54
甘　肃	17	0	0	0	0
青　海	0	12	25982	2680	9700
宁　夏	0	0	0	8726	8726
新　疆	11	7	26500	0	0
新疆生产建设兵团	6	7	2300	100	100

10-2 续表 2

地 区	科 普 大篷车 （辆）	科普大篷车 下乡次数 （次）	受 益 人 数 （人次）	科普大篷车 行驶里程 （千米）	省级科普 教育基地 （个）	全年参观 人 数 （人次）
合 计	**42**	**4880**	**3801445**	**714851**	**962**	**24909432**
北 京	0	0	0	0	0	0
天 津	0	0	0	0	87	8000000
河 北	1	10	10000	5100	1	402000
山 西	2	96	538000	44900	92	200000
内 蒙 古	1	1	3000	100	2	10000
辽 宁	1	40	100000	10000	26	300000
吉 林	1	12	40000	8900	39	536450
黑 龙 江	3	108	400000	78000	199	2015000
上 海	0	0	0	0	0	0
江 苏	0	0	0	0	1	2000
浙 江	1	11	50000	3000	1	650000
安 徽	0	0	0	0	15	150000
福 建	0	0	0	0	1	305000
江 西	1	20	120000	12000	1	500
山 东	2	2	30000	2430	0	0
河 南	1	10	25000	4000	0	0
湖 北	1	1	3000	300	76	680000
湖 南	1	42	60627	26500	128	103227
广 东	1	44	75000	8000	0	0
广 西	1	18	41830	9920	1	1230000
海 南	1	1228	700000	146500	18	629500
重 庆	1	12	107610	6955	0	0
四 川	0	0	0	0	0	0
贵 州	1	12	35000	7000	91	810000
云 南	2	72	143200	40300	2	310779
西 藏	1	1642	507548	183500	20	17314
陕 西	1	53	70000	10000	0	0
甘 肃	4	120	210000	70	31	848000
青 海	7	1197	313830	82876	35	6867662
宁 夏	2	45	107800	8500	16	20000
新 疆	2	54	100000	13200	79	822000
新疆生产建设兵团	2	30	10000	2800	0	0

10–2 续表 3

地 区	农村科普示范基地（个）	科普示范县（市、区）（个）	科普示范街道（乡镇）（个）	科普示范社区（村）（个）	科普示范户（个）	科普中国e站（个）	#乡村e站（个）	#社区e站（个）	#校园e站（个）
合 计	**1442**	**712**	**2175**	**3777**	**24925**	**7290**	**4205**	**2587**	**498**
北 京	24	3	0	106	0	0	0	0	0
天 津	108	5	93	164	380	0	0	0	0
河 北	0	0	0	0	0	0	0	0	0
山 西	110	70	0	0	18000	2600	2600	0	0
内蒙古	210	15	165	170	295	45	33	12	0
辽 宁	0	16	0	0	0	0	0	0	0
吉 林	80	17	0	40	0	0	0	0	0
黑龙江	21	32	0	58	0	0	0	0	0
上 海	30	4	0	172	0	0	0	0	0
江 苏	0	0	0	80	0	1757	23	1734	0
浙 江	0	66	340	798	0	0	0	0	0
安 徽	185	50	0	223	0	0	0	0	0
福 建	205	33	0	300	0	0	0	0	0
江 西	0	32	0	0	0	79	30	38	11
山 东	111	0	0	0	0	0	0	0	0
河 南	0	114	1560	927	0	2085	1033	640	412
湖 北	60	41	0	100	0	30	10	20	0
湖 南	0	74	0	225	6200	0	0	0	0
广 东	0	0	0	0	0	0	0	0	0
广 西	0	0	0	0	0	33	0	33	0
海 南	55	4	17	36	50	0	0	0	0
重 庆	0	30	0	0	0	0	0	0	0
四 川	0	0	0	0	0	0	0	0	0
贵 州	0	17	0	63	0	238	238	0	0
云 南	0	0	0	50	0	0	0	0	0
西 藏	146	26	0	0	0	4	4	0	0
陕 西	0	4	0	200	0	0	0	0	0
甘 肃	0	12	0	11	0	220	130	60	30
青 海	39	5	0	16	0	2	1	1	0
宁 夏	0	7	0	0	0	193	100	48	45
新 疆	58	35	0	38	0	4	3	1	0
新疆生产建设兵团	0	0	0	0	0	0	0	0	0

10-2 续表 4

地　区	基层科普行动计划奖补资金（元）	# 省级财政（元）	基层科普行动计划奖补的先进单位和个人（个／人）	# 农村专业技术协会（个）	# 农村科普示范基地（个）	# 农村科普带头人（人）	# 少数民族科普工作队（个）
合　计	**118305000**	**118305000**	**1999**	**648**	**439**	**544**	**21**
北　京	20890000	20890000	326	22	24	9	0
天　津	2300000	2300000	40	5	5	10	0
河　北	0	0	0	0	0	0	0
山　西	4000000	4000000	23	12	7	4	0
内蒙古	1900000	1900000	98	33	23	41	1
辽　宁	1000000	1000000	73	18	13	19	0
吉　林	600000	600000	81	25	11	44	1
黑龙江	220000	220000	66	18	21	27	0
上　海	700000	700000	45	10	10	0	0
江　苏	5360000	5360000	95	31	21	43	0
浙　江	0	0	0	0	0	0	0
安　徽	0	0	0	0	0	0	0
福　建	0	0	0	0	0	0	0
江　西	0	0	0	0	0	0	0
山　东	2800000	2800000	155	91	28	36	0
河　南	14000000	14000000	140	35	45	60	0
湖　北	21000000	21000000	83	55	15	13	0
湖　南	11000000	11000000	90	37	30	20	3
广　东	0	0	0	0	0	0	0
广　西	4600000	4600000	72	28	22	20	2
海　南	2400000	2400000	29	8	8	5	0
重　庆	2000000	2000000	48	10	28	10	0
四　川	15000000	15000000	190	100	40	50	0
贵　州	0	0	0	0	0	0	0
云　南	0	0	0	0	0	0	0
西　藏	960000	960000	128	10	34	82	2
陕　西	5000000	5000000	75	35	20	20	0
甘　肃	2000000	2000000	40	14	14	0	12
青　海	0	0	0	0	0	0	0
宁　夏	0	0	0	0	0	0	0
新　疆	575000	575000	102	51	20	31	0
新疆生产建设兵团	0	0	0	0	0	0	0

10−3 2016年各副省级城市科协、省会城市科协科普基础设施建设

城市	科技馆						
	个数（个）	# 建筑面积8000平方米以上（个）	# 实行免费开放的科技馆（个）	建筑面积（平方米）	展厅面积（平方米）	全年参观人数（人次）	# 少儿参观人数（人次）
合计	**17**	**10**	**12**	**252480**	**118438**	**8379110**	**3610345**
副省级城市小计	**11**	**7**	**8**	**209284**	**96004**	**6221304**	**2700245**
宁波*	1	1	0	55000	12900	485000	400000
厦门*	0	0	0	0	0	0	0
深圳*	1	1	1	12024	3000	198000	139000
青岛*	2	1	1	17100	13836	1836000	22000
大连*	1	0	1	6000	1000	80000	50000
省会城市小计	**12**	**7**	**9**	**162356**	**87702**	**5780110**	**2999345**
石家庄	0	0	0	0	0	0	0
太原	0	0	0	0	0	0	0
呼和浩特	1	0	0	3470	400	2000	2000
沈阳*	0	0	0	0	0	0	0
长春*	0	0	0	0	0	0	0
哈尔滨*	0	0	0	0	0	0	0
南京*	1	1	0	30000	22000	797443	478465
杭州*	1	1	1	33656	15518	846452	338580
合肥	1	1	1	12000	6800	717600	630000
福州	1	1	1	8000	6000	350000	130000
南昌	0	0	0	0	0	0	0
济南*	1	0	1	900	850	10000	3000
郑州	1	1	1	8426	4954	880206	0
武汉*	2	2	2	48214	25400	1910000	1240000
长沙	1	0	0	4500	600	25000	20000
广州*	1	0	1	6390	1500	58409	29200
南宁	0	0	0	0	0	0	0
海口	0	0	0	0	0	0	0
成都*	0	0	0	0	0	0	0
贵阳	0	0	0	0	0	0	0
昆明	0	0	0	0	0	0	0
拉萨	0	0	0	0	0	0	0
西安*	0	0	0	0	0	0	0
兰州	0	0	0	0	0	0	0
西宁	0	0	0	0	0	0	0
银川	0	0	0	0	0	0	0
乌鲁木齐	1	0	1	6800	3680	183000	128100

注：城市名称后带“*”的为副省级城市，包括省会城市中带“*”的。

10-3 续表 1

城 市	流动科技馆（个）	科普活动站（中心、室）（个）	全年参加活动（培训）人数（人次）	科普画廊建筑面积（宣传栏、科技宣传橱窗）(平方米)	科普画廊展示面积（平方米）
合 计	**4**	**1426**	**624079**	**30617**	**47394**
副省级城市小计	**1**	**434**	**305230**	**16441**	**32496**
宁 波*	0	0	0	0	0
厦 门*	0	0	0	0	0
深 圳*	1	3	50000	344	1125
青 岛*	0	209	211000	1000	1000
大 连*	0	0	0	30	30
省会城市小计	**3**	**1214**	**363079**	**29243**	**45239**
石家庄	0	0	0	80	320
太 原	0	0	0	7000	7000
呼和浩特	0	0	0	0	0
沈 阳*	0	13	5000	0	0
长 春*	0	0	0	0	0
哈尔滨*	0	92	26500	0	0
南 京*	0	1	30	2	100
杭 州*	0	0	0	0	0
合 肥	0	0	0	0	0
福 州	0	0	0	78	78
南 昌	0	0	0	776	1258
济 南*	0	116	12700	320	768
郑 州	0	0	0	0	0
武 汉*	0	0	0	3289	8153
长 沙	0	0	0	0	0
广 州*	0	0	0	10700	17720
南 宁	0	90	60000	0	0
海 口	0	70	9000	600	600
成 都*	0	0	0	0	0
贵 阳	0	762	163249	5394	5394
昆 明	0	0	0	8	8
拉 萨	1	5	2400	0	0
西 安*	0	0	0	756	3600
兰 州	0	0	0	0	0
西 宁	1	11	1200	72	72
银 川	0	6	13000	0	0
乌鲁木齐	1	48	70000	168	168

10−3 续表 2

城市	科普大篷车（辆）	科普大篷车下乡次数（次）	受益人数（人次）	科普大篷车行驶里程（千米）	省级科普教育基地（个）	全年参观人数（人次）
合　计	**23**	**839**	**878241**	**164737**	**182**	**4172143**
副省级城市小计	**10**	**360**	**461241**	**56887**	**145**	**2624643**
宁　波*	1	19	10000	3000	0	0
厦　门*	0	0	0	0	0	0
深　圳*	0	0	0	0	25	260000
青　岛*	0	0	0	0	37	100000
大　连*	1	9	10000	2237	0	0
省会城市小计	**30**	**811**	**858241**	**159500**	**120**	**3812143**
石家庄	0	0	0	0	0	0
太　原	0	0	0	0	0	0
呼和浩特	1	16	30000	1800	0	0
沈　阳*	1	27	12000	5300	0	0
长　春*	0	0	0	0	0	0
哈尔滨*	1	3	3600	2450	35	67200
南　京*	1	24	110000	1900	14	897443
杭　州*	0	0	0	0	22	1200000
合　肥	1	5	35000	550	1	1200000
福　州	1	40	32000	2700	0	0
南　昌	0	0	0	0	10	160000
济　南*	1	52	60000	2000	0	0
郑　州	1	12	22000	2000	0	0
武　汉*	1	30	109991	30000	12	100000
长　沙	2	65	45000	10000	0	0
广　州*	2	166	103000	7600	0	0
南　宁	1	37	75000	8000	0	0
海　口	1	50	5000	10000	0	0
成　都*	0	0	0	0	0	0
贵　阳	0	0	0	0	16	60000
昆　明	0	0	0	0	0	0
拉　萨	10	22	40000	5300	0	0
西　安*	1	30	42650	2400	0	0
兰　州	1	120	50000	50000	0	0
西　宁	1	70	35000	6000	7	100000
银　川	1	12	13000	1500	1	20000
乌鲁木齐	1	30	35000	10000	2	7500

10–3 续表 3

城　　市	农村科普示范基地（个）	科普示范县（市、区）（个）	科普示范街道（乡镇）（个）	科普示范社区（村）（个）	科普示范户（个）	科普中国e站（个）	#乡村e站（个）	#社区e站（个）	#校园e站（个）
合　计	**538**	**66**	**254**	**1589**	**156**	**362**	**162**	**168**	**32**
副省级城市小计	**135**	**15**	**125**	**789**	**0**	**117**	**52**	**33**	**32**
宁　波*	0	0	0	0	0	1	0	1	0
厦　门*	0	0	0	0	0	0	0	0	0
深　圳*	0	3	0	0	0	0	0	0	0
青　岛*	90	2	0	107	0	0	0	0	0
大　连*	0	0	0	0	0	0	0	0	0
省会城市小计	**448**	**61**	**254**	**1482**	**156**	**361**	**162**	**167**	**32**
石家庄	15	0	0	11	0	0	0	0	0
太　原	5	0	0	16	0	1	1	0	0
呼和浩特	0	0	13	105	0	0	0	0	0
沈　阳*	0	0	0	0	0	28	28	0	0
长　春*	0	0	0	0	0	0	0	0	0
哈尔滨*	0	0	0	0	0	0	0	0	0
南　京*	0	3	0	0	0	6	2	2	2
杭　州*	14	2	63	532	0	0	0	0	0
合　肥	0	0	0	0	0	0	0	0	0
福　州	11	9	42	203	0	13	0	13	0
南　昌	24	4	0	19	0	0	0	0	0
济　南*	8	2	16	9	0	80	20	30	30
郑　州	10	1	0	0	0	189	74	115	0
武　汉*	17	0	0	87	0	0	0	0	0
长　沙	0	3	0	0	0	3	1	2	0
广　州*	0	2	46	35	0	2	2	0	0
南　宁	84	2	39	58	0	5	0	5	0
海　口	90	20	0	0	0	0	0	0	0
成　都*	0	0	0	0	0	0	0	0	0
贵　阳	59	9	20	140	0	34	34	0	0
昆　明	0	0	0	0	0	0	0	0	0
拉　萨	0	0	0	1	4	0	0	0	0
西　安*	6	1	0	19	0	0	0	0	0
兰　州	0	0	0	0	0	0	0	0	0
西　宁	16	3	15	19	152	0	0	0	0
银　川	32	0	0	13	0	0	0	0	0
乌鲁木齐	57	0	0	215	0	0	0	0	0

10-3 续表 4

城市	基层科普行动计划奖补资金（元）	# 中央财政（元）	# 市（地）级财政（元）	基层科普行动计划奖补的先进单位和个人（个/人）	# 农村专业技术协会（个）	# 农村科普示范基地（个）	# 农村科普带头人（人）
合　计	**16812000**	**0**	**16812000**	**456**	**118**	**102**	**144**
副省级城市小计	**10662000**	**0**	**10662000**	**209**	**45**	**29**	**77**
宁　波 *	1000000	0	1000000	21	2	8	6
厦　门 *	0	0	0	0	0	0	0
深　圳 *	0	0	0	0	0	0	0
青　岛 *	360000	0	360000	9	6	2	1
大　连 *	0	0	0	0	0	0	0
省会城市小计	**16252000**	**800000**	**15452000**	**432**	**110**	**92**	**137**
石家庄	0	0	0	0	0	0	0
太　原	0	0	0	0	0	0	0
呼和浩特	0	0	0	0	0	0	0
沈　阳 *	290000	0	290000	11	2	2	3
长　春 *	0	0	0	0	0	0	0
哈尔滨 *	0	0	0	0	0	0	0
南　京 *	0	0	0	0	0	0	0
杭　州 *	0	0	0	0	0	0	0
合　肥	450000	0	450000	15	12	3	0
福　州	600000	0	600000	42	8	17	17
南　昌	690000	0	690000	11	4	7	0
济　南 *	500000	0	500000	37	21	9	7
郑　州	1300000	0	1300000	68	15	15	9
武　汉 *	2780000	0	2780000	5	4	0	1
长　沙	550000	0	550000	5	0	2	3
广　州 *	5212000	0	5212000	102	0	0	55
南　宁	650000	0	650000	32	8	6	12
海　口	160000	0	160000	16	4	4	4
成　都 *	0	0	0	0	0	0	0
贵　阳	0	0	0	0	0	0	0
昆　明	0	0	0	0	0	0	0
拉　萨	600000	600000	0	0	0	0	0
西　安 *	520000	0	520000	24	10	8	4
兰　州	0	0	0	0	0	0	0
西　宁	940000	200000	740000	7	1	6	0
银　川	660000	0	660000	22	8	8	6
乌鲁木齐	350000	0	350000	29	12	5	12

10−4 2016年各地区地级科协科普基础设施建设

地 区	科技馆						
	个 数（个）	# 建筑面积8000平方米以上（个）	# 实行免费开放的科技馆（个）	建筑面积（平方米）	展厅面积（平方米）	全年参观人数（人次）	# 少儿参观人数（人次）
合 计	**112**	**36**	**64**	**921969**	**460243**	**12852460**	**7683967**
北 京	3	0	3	9970	4300	24550	14250
天 津	0	0	0	0	0	0	0
河 北	3	0	1	7400	4350	48000	38700
山 西	0	0	0	0	0	0	0
内蒙古	3	1	2	22000	11600	246000	166000
辽 宁	8	1	5	43696	25295	382500	214950
吉 林	3	0	1	5187	1560	10270	2850
黑龙江	3	1	3	15100	9826	518000	309000
上 海	8	0	1	28167	13900	717478	258678
江 苏	4	4	2	76900	42660	2248000	1238000
浙 江	5	3	3	77262	37522	1250200	806871
安 徽	7	2	7	57758	29933	562800	365980
福 建	6	1	3	42273	24455	609482	319182
江 西	4	1	2	7208	3868	138600	126100
山 东	9	5	4	105644	62668	1299710	869900
河 南	5	2	3	45899	24980	963800	654510
湖 北	9	4	4	59728	23668	857964	448710
湖 南	4	1	2	24110	10750	93000	72000
广 东	9	3	3	102568	29394	722418	536986
广 西	2	1	2	18789	8642	306391	192500
海 南	0	0	0	0	0	0	0
重 庆	1	0	1	1350	1100	180000	135000
四 川	3	0	3	8013	3635	237000	168050
贵 州	1	0	1	6470	3849	20000	15000
云 南	2	1	1	16573	9000	126000	55000
西 藏	1	0	1	300	300	1250	950
陕 西	2	2	2	39800	20137	426000	200000
甘 肃	1	0	0	2544	2078	15000	9600
青 海	1	0	1	4060	2607	46000	12000
宁 夏	3	1	2	17200	10300	652000	400300
新 疆	1	1	1	61000	25066	47	30
新疆生产建设兵团	1	1	0	15000	12800	150000	52870

10-4 续表 1

地　区	流动科技馆（个）	科普活动站（中心、室）（个）	全年参加活动（培训）人数（人次）	科普画廊建筑面积（宣传栏、科技宣传橱窗）(平方米)	科普画廊展示面积（平方米）
合　计	**82**	**18881**	**9786153**	**341408**	**767389**
北　京	0	2508	850168	42639	155887
天　津	0	1093	415987	18599	32711
河　北	2	43	85900	3391	4760
山　西	3	60	20500	2400	2450
内蒙古	0	204	84100	4154	8210
辽　宁	1	950	179152	8689	16146
吉　林	0	138	2230	1026	1452
黑龙江	0	392	558600	4877	15499
上　海	1	1953	1386215	34808	38102
江　苏	0	1176	4384980	72795	88795
浙　江	5	19	50750	6970	9710
安　徽	0	67	50822	3370	7114
福　建	1	6	6965	194	1494
江　西	0	3523	25450	4311	4943
山　东	0	326	134070	17658	21548
河　南	14	666	179980	17194	50339
湖　北	4	140	81620	4102	5032
湖　南	9	127	61380	2509	14680
广　东	0	377	83930	26275	134274
广　西	0	90	9800	1005	1095
海　南	0	15	6386	1032	1032
重　庆	0	3971	612400	35732	116640
四　川	0	36	30170	1371	2216
贵　州	2	4	21100	996	1326
云　南	21	144	66080	809	1015
西　藏	5	373	87130	360	640
陕　西	3	93	7730	2400	4940
甘　肃	5	138	89890	5778	6158
青　海	0	0	0	364	364
宁　夏	1	129	37600	5181	5981
新　疆	1	14	30958	1170	1260
新疆生产建设兵团	4	106	144110	9249	11576

10−4 续表 2

地　区	科　普大篷车（辆）	科普大篷车下乡次数（次）	受　益人　数（人次）	科普大篷车行驶里程（千米）	省级科普教育基地（个）	全年参观人　数（人次）
合　计	**244**	**6914**	**8327519**	**1751763**	**1869**	**84900798**
北　京	7	95	58000	23600	326	3905246
天　津	12	323	120295	32785	0	0
河　北	5	194	279950	47725	2	15610
山　西	2	100	16000	5500	32	155403
内蒙古	16	443	323121	119291	15	211000
辽　宁	10	175	147386	39000	30	300000
吉　林	4	62	45000	16520	37	60000
黑龙江	6	64	245000	33800	100	5555700
上　海	3	72	110740	9008	271	24052951
江　苏	2	73	39200	8000	239	3520000
浙　江	5	207	227500	51410	60	1509500
安　徽	9	265	163620	29100	30	502800
福　建	4	40	73059	14873	30	89900
江　西	7	156	126900	19930	54	434000
山　东	8	161	440000	46200	153	3396730
河　南	17	382	404830	56556	73	1387466
湖　北	9	290	506000	87674	18	59000
湖　南	7	146	126700	23470	35	590000
广　东	9	459	373100	51000	67	521000
广　西	13	302	492200	143710	55	5362500
海　南	1	21	10000	1750	3	115220
重　庆	12	283	687020	120540	80	30734800
四　川	14	331	426754	113060	0	0
贵　州	6	95	103100	18350	8	36500
云　南	10	204	488547	33880	18	203000
西　藏	4	143	88400	188000	1	2000
陕　西	6	139	92800	32116	11	19700
甘　肃	12	659	1103425	98027	51	598500
青　海	3	100	76000	13470	0	0
宁　夏	7	130	113800	48380	23	124980
新　疆	6	645	758062	146537	30	1252264
新疆生产建设兵团	8	155	61010	78501	17	185028

10-4 续表 3

地　　区	农村科普示范基地（个）	科普示范县（市、区）（个）	科普示范街道（乡镇）（个）	科普示范社区（村）（个）	科普示范户（个）	科普中国e站（个）	# 乡村e站（个）	# 社区e站（个）	# 校园e站（个）
合　　计	**8870**	**473**	**3241**	**13904**	**191614**	**1531**	**598**	**633**	**300**
北　　京	297	0	18	358	726	0	0	0	0
天　　津	213	1	102	557	8956	0	0	0	0
河　　北	211	31	50	464	4500	120	6	61	53
山　　西	292	11	131	53	63	96	96	0	0
内 蒙 古	681	12	488	1909	6251	16	7	6	3
辽　　宁	302	13	94	378	2010	80	20	60	0
吉　　林	194	24	10	42	1551	0	0	0	0
黑 龙 江	27	16	23	84	313	0	0	0	0
上　　海	62	0	91	1589	8647	0	0	0	0
江　　苏	560	48	207	926	1229	0	0	0	0
浙　　江	191	16	157	947	514	24	3	20	1
安　　徽	244	15	83	247	3256	0	0	0	0
福　　建	173	17	20	76	249	0	0	0	0
江　　西	154	13	18	155	4676	0	0	0	0
山　　东	356	26	121	844	35425	793	306	321	166
河　　南	1302	51	426	1295	8814	241	79	93	69
湖　　北	89	19	85	169	933	71	50	21	0
湖　　南	634	17	264	627	13624	8	7	1	0
广　　东	407	8	17	316	4270	8	0	8	0
广　　西	891	30	47	108	21879	6	0	4	2
海　　南	17	0	0	10	0	0	0	0	0
重　　庆	408	0	255	1131	18030	35	1	32	2
四　　川	250	20	162	402	7988	7	3	3	1
贵　　州	71	6	54	127	20	12	12	0	0
云　　南	111	5	4	105	633	0	0	0	0
西　　藏	17	5	1	5	3300	0	0	0	0
陕　　西	294	21	130	209	3737	10	4	3	3
甘　　肃	280	15	85	472	15179	0	0	0	0
青　　海	38	5	12	55	627	1	1	0	0
宁　　夏	30	8	1	19	35	0	0	0	0
新　　疆	32	8	68	158	10491	0	0	0	0
新疆生产建设兵团	42	12	17	67	3688	3	3	0	0

10-4 续表 4

地 区	基层科普行动计划奖补资金（元）	# 市（地）级财政（元）	基层科普行动计划奖补的先进单位和个人（个／人）	# 农村专业技术协会（个）	# 农村科普示范基地（个）	# 农村科普带头人（人）	# 少数民族科普工作队（个）
合 计	**33637054**	**33637054**	**1696**	**504**	**520**	**438**	**9**
北 京	4050025	4050025	33	3	16	11	0
天 津	3705000	3705000	91	15	27	20	5
河 北	500000	500000	10	5	5	0	0
山 西	600000	600000	43	11	25	7	0
内蒙古	420029	420029	20	5	8	6	1
辽 宁	120000	120000	79	10	3	0	0
吉 林	0	0	0	0	0	0	0
黑龙江	387900	387900	12	4	1	5	0
上 海	500000	500000	3	1	0	0	0
江 苏	1212000	1212000	58	14	21	23	0
浙 江	660000	660000	22	1	16	5	0
安 徽	1927000	1927000	125	43	43	37	0
福 建	852600	852600	84	17	34	21	0
江 西	50000	50000	10	0	0	10	0
山 东	3050000	3050000	170	63	57	31	0
河 南	2700000	2700000	84	21	34	22	0
湖 北	1260000	1260000	37	13	22	2	0
湖 南	2220000	2220000	106	29	47	30	0
广 东	1150000	1150000	41	4	14	17	0
广 西	110000	110000	29	10	9	10	0
海 南	180000	180000	12	2	4	2	0
重 庆	1533000	1533000	108	37	36	28	0
四 川	0	0	0	0	0	0	0
贵 州	0	0	0	0	0	0	0
云 南	2894000	2894000	116	60	8	19	0
西 藏	0	0	0	0	0	0	0
陕 西	1294500	1294500	108	44	34	30	0
甘 肃	0	0	0	0	0	0	0
青 海	201000	201000	40	18	7	14	0
宁 夏	265000	265000	12	9	1	2	0
新 疆	1795000	1795000	243	65	48	86	3
新疆生产建设兵团	0	0	0	0	0	0	0

10-5 2016年各地区县级科协科普基础设施建设

地区	科技馆						
	个数（个）	# 建筑面积8000平方米以上（个）	# 实行免费开放的科技馆（个）	建筑面积（平方米）	展厅面积（平方米）	全年参观人数（人次）	# 少儿参观人数（人次）
合计	**433**	**29**	**233**	**1151799**	**583886**	**16807492**	**5881466**
河北	11	2	2	38228	24070	143750	91050
山西	8	0	5	2880	2560	89000	29000
内蒙古	23	1	10	33298	19553	361496	168191
辽宁	7	0	3	10950	7350	83700	68000
吉林	27	0	9	22373	10324	169006	102909
黑龙江	13	0	1	31718	8200	225660	128180
江苏	49	6	39	253400	112727	8044060	648280
浙江	40	1	33	76089	37306	436940	307762
安徽	10	1	8	23372	14410	170478	120610
福建	19	0	9	43100	18740	550460	373787
江西	2	0	2	1320	410	8200	6760
山东	55	10	23	223645	124591	2053530	1316155
河南	11	0	9	15820	10460	550503	293690
湖北	54	1	18	113330	45820	1183460	792062
湖南	14	1	4	12836	5240	102796	55512
广东	11	1	8	44029	17622	412565	228789
广西	2	0	1	2560	540	22120	17970
海南	0	0	0	0	0	0	0
重庆	0	0	0	0	0	0	0
四川	11	0	9	30789	19172	367320	209590
贵州	5	1	0	29200	25800	679500	224600
云南	10	0	8	18452	7280	100234	68272
西藏	15	0	14	3498	2329	29652	17840
陕西	7	1	2	33912	26356	139520	92475
甘肃	8	0	4	14018	4135	93510	49141
青海	1	0	0	40	30	1250	300
宁夏	1	0	1	1200	1080	80000	72000
新疆	19	3	11	71742	37781	708782	398541

注：本表数据不含北京、天津和上海地区。

10-5 续表 1

地 区	流动科技馆（个）	科普活动站（中心、室）（个）	全年参加活动（培训）人数（人次）	科普画廊建筑面积（宣传栏、科技宣传橱窗）（平方米）	科普画廊展示面积（平方米）
合 计	**145**	**149049**	**42351692**	**2512764**	**4379991**
河 北	5	1953	642599	46114	53871
山 西	8	3069	663490	86798	161205
内蒙古	0	1681	762181	28638	31141
辽 宁	4	5212	1563287	75265	130671
吉 林	1	2934	346068	29145	41164
黑龙江	4	2663	879663	92712	114387
江 苏	0	10057	8535562	184281	257207
浙 江	13	9698	3091255	223156	446144
安 徽	0	3842	1449663	63843	172025
福 建	0	8881	1455490	80115	250294
江 西	4	2202	460251	42240	63331
山 东	3	40584	5870967	662088	994080
河 南	23	7683	1756745	135690	242773
湖 北	9	11031	2881733	120695	278331
湖 南	7	3815	1315999	75739	107394
广 东	1	2639	660379	40365	145502
广 西	2	2777	1152551	52250	103907
海 南	0	530	237167	3810	6473
重 庆	0	1056	79211	14210	50850
四 川	7	6579	2271554	94508	125214
贵 州	5	3052	702950	40664	64415
云 南	11	7068	1718222	107257	176386
西 藏	4	498	130108	3692	4194
陕 西	9	3295	1122328	41152	77550
甘 肃	7	2083	575611	36894	46713
青 海	3	177	310711	2542	4568
宁 夏	4	1089	368325	88153	90038
新 疆	11	2901	1347622	40748	140163

10-5 续表 2

地 区	科普大篷车（辆）	科普大篷车下乡次数（次）	受益人数（人次）	科普大篷车行驶里程（千米）	省级科普教育基地（个）	全年参观人数（人次）
合 计	**842**	**24867**	**15670852**	**7169398**	**1876**	**51976979**
河 北	12	480	162720	77530	65	183760
山 西	14	406	250700	56813	56	95341
内蒙古	81	1466	566700	349429	41	1219095
辽 宁	9	163	207000	31600	33	221040
吉 林	30	1084	282377	213072	33	181410
黑龙江	21	979	428520	190400	61	443563
江 苏	23	595	578360	131740	350	5622288
浙 江	17	430	246110	107270	67	7902112
安 徽	18	520	459500	98015	61	3393721
福 建	14	311	154415	34200	134	3535000
江 西	20	562	287560	167466	40	1109400
山 东	32	878	804280	532722	294	8796354
河 南	40	1851	1649275	245468	111	3039528
湖 北	29	662	491528	155840	47	690877
湖 南	25	1120	950615	503060	58	214370
广 东	9	192	295300	233506	85	1909643
广 西	24	705	604097	99459	40	494340
海 南	10	863	313838	144409	5	69500
重 庆	6	195	236200	38150	11	188350
四 川	24	910	609828	106012	29	818135
贵 州	60	1478	1161435	237367	37	2562541
云 南	60	1091	1179167	161818	59	6349108
西 藏	63	854	234159	517314	0	0
陕 西	47	942	580389	210183	39	1153728
甘 肃	40	1210	814031	231951	43	998819
青 海	20	541	519063	60359	7	33686
宁 夏	15	557	307529	258367	34	75800
新 疆	79	3822	1296156	1975878	36	675470

10-5　续表 3

地　区	农村科普示范基地（个）	科普示范街道（乡镇）（个）	科普示范社区（村）（个）	科普示范户（个）	科普中国e站（个）	#乡村e站（个）	#社区e站（个）	#校园e站（个）
合　计	**28510**	**11947**	**58282**	**2181951**	**2587**	**1002**	**1169**	**416**
河　北	770	285	1714	47947	29	22	2	5
山　西	973	632	2843	61049	102	100	2	0
内蒙古	502	307	1169	29306	42	37	5	0
辽　宁	812	388	1456	30569	16	12	4	0
吉　林	229	144	699	17950	3	1	1	1
黑龙江	611	226	1059	28412	156	12	116	28
江　苏	1448	633	3881	106746	10	0	8	2
浙　江	1241	578	4901	28636	288	88	183	17
安　徽	1008	346	1592	70312	214	21	137	56
福　建	892	184	1615	44654	39	10	20	9
江　西	718	267	758	48680	2	0	2	0
山　东	2698	642	4744	121579	74	19	31	24
河　南	3580	1285	7652	274086	840	257	389	194
湖　北	1321	461	2344	72797	14	1	12	1
湖　南	1927	542	3561	131740	35	2	31	2
广　东	658	161	1011	17159	0	0	0	0
广　西	1593	526	2005	114562	21	1	19	1
海　南	168	43	166	11621	0	0	0	0
重　庆	185	71	293	3881	11	0	10	1
四　川	1891	1378	5819	325860	65	28	33	4
贵　州	998	360	1565	119415	226	192	33	1
云　南	811	1231	1274	158771	0	0	0	0
西　藏	198	53	85	3876	11	11	0	0
陕　西	1586	447	2017	55856	22	8	7	7
甘　肃	610	334	1604	97732	0	0	0	0
青　海	65	31	244	4807	1	1	0	0
宁　夏	304	109	549	18778	365	178	124	63
新　疆	713	283	1662	135170	1	1	0	0

10-5 续表 4

地 区	基层科普行动计划奖补资金（元）	# 县级财政（元）	基层科普行动计划奖补的先进单位和个人（个／人）	# 农村专业技术协会（个）	# 农村科普示范基地（个）	# 农村科普带头人（人）	# 少数民族科普工作队（个）
合 计	**25611140**	**25611140**	**2356**	**598**	**784**	**780**	**13**
河 北	1197000	1197000	105	40	31	31	0
山 西	90000	90000	8	0	7	1	0
内蒙古	140000	140000	17	3	3	11	0
辽 宁	368000	368000	127	32	38	56	0
吉 林	0	0	0	0	0	0	0
黑龙江	450000	450000	47	11	14	22	0
江 苏	2007000	2007000	103	25	47	26	0
浙 江	3785200	3785200	260	16	122	88	2
安 徽	1004000	1004000	124	48	27	49	0
福 建	462000	462000	81	6	37	23	0
江 西	75000	75000	6	1	2	1	0
山 东	1574500	1574500	195	69	67	45	2
河 南	1230000	1230000	113	32	36	44	0
湖 北	1870000	1870000	133	18	65	20	0
湖 南	5872000	5872000	245	55	60	78	0
广 东	70000	70000	2	1	0	1	0
广 西	28000	28000	22	6	9	7	0
海 南	115000	115000	55	11	16	22	0
重 庆	510000	510000	38	7	16	15	0
四 川	300010	300010	49	17	15	15	0
贵 州	110000	110000	63	22	20	18	2
云 南	1823800	1823800	28	12	10	2	0
西 藏	0	0	0	0	0	0	0
陕 西	280100	280100	137	39	35	60	1
甘 肃	0	0	0	0	0	0	0
青 海	10000	10000	61	26	18	16	1
宁 夏	619000	619000	98	44	28	23	2
新 疆	1620530	1620530	239	57	61	106	3

十一、科技传播

简要说明

本篇统计资料为：

1. 汇总数据，反映中国科协、地方科协、全国学会和省级学会科技传播媒介能力建设情况。

2. 省级科协的统计数据为本年度编著科技图书、主办科技报纸、制作科普挂图、制作科技广播、影视节目、制作科技光盘、制作科普动漫作品、主办科技网站、出品科普游戏、开设科教栏目的电视台、开设科教栏目的广播电台、主办科普网站、主办科普 APP、主办科普手机报、主办科普微信公众号、主办科普微博等情况。

3. 副省级城市科协、省会城市科协、地级科协、县级科协的统计数据为本年度编著科技图书、主办科技报纸、制作科普挂图、制作科技广播、影视节目、制作科技光盘、制作科普动漫作品、主办科技网站、主办科普网站、主办科普 APP、主办科普手机报、主办科普微信公众号、主办科普微博等情况。

4. 省级学会统计数据为本年度编著科技图书、主办科技报纸、制作科普挂图、制作科技广播、影视节目、制作科技光盘、制作科普动漫作品、主办科技网站、出品科普游戏、开设科教栏目的电视台、开设科教栏目的广播电台、主办科普网站、主办科普 APP、主办科普手机报、主办科普微信公众号、主办科普微博等情况。

11-1 2016年各级科协科技传播汇总表

指 标		科协合计		中国科协机关及直属单位		省级科协	
		2015年	2016年	2015年	2016年	2015年	2016年
编著科技图书	（种）	2526	3090	251	281	394	351
科技图书总印数	（万册）	1744.0	1781.5	114.0	95.6	492.0	394.9
主办科技报纸	（种）	139	134	0	0	36	32
报纸总印数	（万份）	11210.0	9329.3	0.0	0.0	10707.0	8626.1
制作科普挂图	（种）	7675	6217	2	4	751	495
挂图总印数	（万张）	1000.0	901.3	1.0	1.5	312.0	250.7
制作科技广播、影视节目	（套）	4386	8304	676	4619	299	331
制作节目播放时间	（小时）	10272	11696	274	883	1253	2365
制作科技光盘	（种）	2478	1882	1	17	541	165
制作科技光盘张数	（万张）	69.0	73.5	6.0	6.6	13.0	15.3
制作科普动漫作品	（套）	413	1346	79	998	110	103
制作科普动漫播放时间	（小时）	659	4207	4	71	399	87
主办科技网站	（个）	1481	1514	10	4	141	100
浏览人数	（万人次）	30326.0	35256.9	3100.0	39.2	12292.0	27298.6
出品科普游戏	（种）	—	259	—	233	—	20
开设科教栏目的电视台	（个）	—	271	—	1	—	4
开设科教栏目的广播电台	（个）	—	116	—	1	—	1
主办科普网站	（个）	—	536	—	32	—	34
浏览人数	（万人次）	—	412227.7	—	402512.7	—	3639.0
主办科普 APP	（个）	—	96	—	9	—	61
下载安装数	（万次）	—	1662.3	—	1604.3	—	37.3
主办科普手机报	（个）	—	64	—	1	—	14
订阅数	（万次）	—	1831.4	—	680.0	—	1012.9
主办科普微信公众号	（个）	—	744	—	7	—	93
关注数	（万个）	—	1577.1	—	55.3	—	1192.9
主办科普微博	（个）	—	294	—	6	—	59
粉丝数	（万个）	—	1235.9	—	725.6	—	405.5

11-1 续表

指标		副省级城市科协、省会城市科协		地级科协		县级科协	
		2015年	2016年	2015年	2016年	2015年	2016年
编著科技图书	（种）	47	73	304	270	1530	2115
科技图书总印数	（万册）	43.0	36.4	323.0	307.6	772.0	947.0
主办科技报纸	（种）	6	5	23	27	74	70
报纸总印数	（万份）	254.0	269.0	61.0	256.5	188.0	177.7
制作科普挂图	（种）	372	243	970	927	5580	4548
挂图总印数	（万张）	86.0	78.8	121.0	110.8	480.0	459.5
制作科技广播、影视节目	（套）	311	100	762	844	2338	2410
制作节目播放时间	（小时）	319	159	1348	1592	7078	6698
制作科技光盘	（种）	119	126	165	148	1652	1426
制作科技光盘张数	（万张）	1.0	0.6	9.0	6.5	40.0	44.4
制作科普动漫作品	（套）	17	79	124	99	83	67
制作科普动漫播放时间	（小时）	15	3055	135	786	106	209
主办科技网站	（个）	53	32	319	246	958	1132
浏览人数	（万人次）	611.0	394.6	8096.0	3669.7	6227.0	3854.7
出品科普游戏	（种）	—	0	—	4	—	2
开设科教栏目的电视台	（个）	—	3	—	49	—	214
开设科教栏目的广播电台	（个）	—	4	—	18	—	92
主办科普网站	（个）	—	22	—	119	—	329
浏览人数	（万人次）	—	1346.2	—	1877.9	—	2851.9
主办科普 APP	（个）	—	7	—	9	—	10
下载安装数	（万次）	—	3.8	—	2.7	—	14.2
主办科普手机报	（个）	—	0	—	13	—	36
订阅数	（万次）	—	0	—	106.2	—	32.4
主办科普微信公众号	（个）	—	34	—	190	—	420
关注数	（万个）	—	42.5	—	138.1	—	148.4
主办科普微博	（个）	—	15	—	54	—	160
粉丝数	（万个）	—	23.2	—	15.7	—	65.9

11–2 2016年全国学会、省级学会科技传播汇总表

指标		学会合计		全国学会		省级学会	
		2015年	2016年	2015年	2016年	2015年	2016年
编著科技图书	（种）	1799	1741	490	429	1309	1312
科技图书总印数	（万册）	835.0	855.3	176.0	219.4	659.0	635.8
主办科技报纸	（种）	81	105	10	27	71	78
报纸总印数	（万份）	307.0	879.2	119.0	293.9	188.0	585.3
制作科普挂图	（种）	2951	3021	668	1090	2283	1931
挂图总印数	（万张）	1067.0	856.4	313.0	315.5	754.0	540.9
制作科技广播、影视节目	（套）	1761	2630	106	81	1655	2549
制作节目播放时间	（小时）	1887	1362	137	123	1750	1239
制作科技光盘	（种）	891	1028	250	186	641	842
制作科技光盘张数	（万张）	72.0	58.4	20.0	8.1	52.0	50.3
制作科普动漫作品	（套）	207	454	41	75	166	379
制作科普动漫播放时间	（小时）	118	403	7	105	111	298
主办科技网站	（个）	1150	1105	358	328	792	777
浏览人数	（万人次）	181463.0	245032.0	154408.0	213322.2	27055.0	31709.8
出品科普游戏	（种）	—	21	—	8	—	13
开设科教栏目的电视台	（个）	—	11	—	1	—	10
开设科教栏目的广播电台	（个）	—	35	—	1	—	34
主办科普网站	（个）	—	207	—	46	—	161
浏览人数	（万人次）	—	14626.8	—	2300.8	—	12326.0
主办科普 APP	（个）	—	32	—	12	—	20
下载安装数	（万次）	—	365.8	—	18.2	—	347.6
主办科普手机报	（个）	—	250	—	237	—	13
订阅数	（万次）	—	5.5	—	2.2	—	3.3
主办科普微信公众号	（个）	—	557	—	197	—	360
关注数	（万个）	—	1049.1	—	634.4	—	414.7
主办科普微博	（个）	—	124	—	35	—	89
粉丝数	（万个）	—	341.2	—	91.4	—	249.7

11-3 2016年各省级科协科技传播

地 区	编著科技图书		主办科技报纸		制作科普挂图	
	种 数（种）	总印数（册）	种 数（种）	总印数（份）	种 数（种）	总印数（张）
合 计	**351**	**3948550**	**32**	**86261150**	**495**	**2506697**
北 京	33	275100	0	0	23	70002
天 津	10	4600	0	0	2	42000
河 北	3	3000	1	5800000	0	0
山 西	14	42000	3	6070000	96	10560
内蒙古	1	5000	2	778000	0	0
辽 宁	0	0	0	0	4	108977
吉 林	6	8100	1	300800	26	50800
黑龙江	6	50000	2	700500	200	60000
上 海	179	453150	2	6063000	8	15000
江 苏	8	18000	1	6570000	2	4000
浙 江	5	50000	0	0	10	50000
安 徽	0	0	1	1067640	0	0
福 建	1	500	0	0	2	462600
江 西	0	0	0	0	0	0
山 东	1	12000	1	22880000	5	80000
河 南	0	0	1	5335000	0	0
湖 北	0	0	0	0	3	3000
湖 南	26	2624000	1	200000	0	0
广 东	9	50000	0	0	14	280000
广 西	1	1600	2	12350000	3	4124
海 南	0	0	0	0	7	450
重 庆	1	30000	3	6794210	2	30000
四 川	0	0	1	800000	8	20000
贵 州	15	68000	0	0	0	0
云 南	0	0	2	1080000	14	246484
西 藏	16	142200	4	4600000	0	0
陕 西	0	0	1	3652000	9	188500
甘 肃	3	15000	1	10000	3	170000
青 海	12	66300	2	1210000	20	9000
宁 夏	0	0	0	0	4	1200
新 疆	1	30000	0	0	30	600000
新疆生产建设兵团	0	0	0	0	0	0

11−3 续表 1

地　区	制作科技广播、影视节目		制作科技光盘		制作科普动漫作品		主办科技网站	
	套　数（套）	播放时间（分钟）	种　数（种）	张　数（张）	套　数（套）	播放时间（分钟）	个　数（个）	浏览人数（人次）
合　计	**331**	**141911**	**165**	**153208**	**103**	**5215**	**100**	**272985904**
北　京	0	0	4	5250	1	20	5	13851000
天　津	2	420	1	500	0	0	3	335941
河　北	0	0	2	20000	0	0	3	180000
山　西	48	12250	3	6002	59	1810	4	13985750
内蒙古	0	0	0	0	0	0	2	1000
辽　宁	104	1560	2	2600	10	100	1	1941277
吉　林	48	3300	52	4000	14	500	3	983255
黑龙江	13	300	8	1550	0	0	0	0
上　海	35	9100	6	200	0	0	7	1178864
江　苏	3	2100	19	22000	1	1300	6	10030000
浙　江	33	5084	0	0	0	0	2	6693336
安　徽	0	0	1	4	0	0	3	2904074
福　建	5	1500	0	0	0	0	7	22763760
江　西	0	0	0	0	0	0	2	160000
山　东	11	100	0	0	4	110	8	8237786
河　南	0	0	1	360	0	0	1	130000
湖　北	0	0	4	40	0	0	1	1000
湖　南	0	0	4	10000	6	60	2	54000
广　东	0	0	0	0	0	0	3	1485800
广　西	0	0	0	0	1	2	7	166325861
海　南	0	0	1	9600	4	70	1	18000
重　庆	2	130	3	162	1	28	5	6050890
四　川	0	0	30	500	0	0	4	50000
贵　州	0	0	0	0	0	0	2	1507500
云　南	0	6000	0	0	0	0	3	5599380
西　藏	0	0	0	0	0	0	1	69235
陕　西	2	1187	1	80	0	0	7	6297793
甘　肃	0	0	0	0	1	15	2	1600000
青　海	22	96480	3	240	0	0	2	65782
宁　夏	3	2400	0	0	0	0	0	0
新　疆	0	0	20	70120	1	1200	3	484620
新疆生产建设兵团	0	0	0	0	0	0	0	0

11-3 续表 2

地　区	出　品 科普游戏 （种）	开设科教 栏目的电视台 （个）	开设科教 栏目的广播电台 （个）	主办科普网站	
				个　数 （个）	浏览人数 （人次）
合　计	**20**	**4**	**1**	**34**	**36389992**
北　京	0	0	0	5	10400000
天　津	0	0	0	1	54000
河　北	2	0	0	3	212000
山　西	0	0	0	1	30000
内 蒙 古	0	0	0	1	120000
辽　宁	0	0	0	0	0
吉　林	0	0	0	1	3000
黑 龙 江	0	0	1	2	12000000
上　海	0	1	0	1	2383542
江　苏	0	0	0	2	570000
浙　江	0	0	0	0	0
安　徽	0	0	0	1	210000
福　建	0	0	0	2	4300000
江　西	0	0	0	0	0
山　东	0	0	0	0	0
河　南	0	0	0	1	10000
湖　北	0	0	0	3	372000
湖　南	0	0	0	0	0
广　东	0	0	0	1	1000000
广　西	15	0	0	1	3800000
海　南	0	1	0	0	0
重　庆	3	0	0	5	655450
四　川	0	1	0	0	0
贵　州	0	1	0	0	0
云　南	0	0	0	0	0
西　藏	0	0	0	0	0
陕　西	0	0	0	1	150000
甘　肃	0	0	0	0	0
青　海	0	0	0	0	0
宁　夏	0	0	0	0	0
新　疆	0	0	0	2	120000
新疆生产建设兵团	0	0	0	0	0

11-3 续表 3

地 区	主办科普APP		主办科普手机报		主办科普微信公众号		主办科普微博	
	个 数（个）	下载安装数（次）	个 数（个）	订阅数（个）	个 数（个）	关注数（个）	个 数（个）	粉丝数（个）
合 计	**61**	**372700**	**14**	**10128600**	**93**	**11928522**	**59**	**4055065**
北 京	0	0	0	0	7	205471	2	350780
天 津	0	0	0	0	3	6676	0	0
河 北	0	0	0	0	2	4150	2	1610
山 西	2	5700	11	78000	11	290285	11	1467842
内蒙古	0	0	0	0	5	10000	16	1900
辽 宁	0	0	0	0	1	150000	1	20000
吉 林	0	0	0	0	3	60000	0	0
黑龙江	5	10000	0	0	5	20000	1	5000
上 海	0	0	0	0	1	10000	0	0
江 苏	5	200000	0	0	8	87000	7	60000
浙 江	0	0	0	0	1	500	1	350000
安 徽	0	0	0	0	2	49472	0	0
福 建	1	10000	0	0	4	100996	1	1200
江 西	0	0	1	10000000	1	4307	0	0
山 东	0	0	0	0	4	55202	2	29
河 南	0	0	0	0	1	1200	1	2500
湖 北	0	0	0	0	0	0	0	0
湖 南	0	0	0	0	2	10000430	0	0
广 东	1	1000	0	0	6	11535	2	1000
广 西	0	0	0	0	3	58671	1	15322
海 南	0	0	0	0	1	20000	0	0
重 庆	2	96000	0	0	10	600400	6	1682870
四 川	0	0	0	0	1	1000	1	1000
贵 州	0	0	0	0	2	5257	0	0
云 南	45	50000	0	0	2	5800	1	1000
西 藏	0	0	1	600	1	1000	0	0
陕 西	0	0	0	0	4	17700	1	78961
甘 肃	0	0	0	0	0	0	0	0
青 海	0	0	1	50000	0	0	0	0
宁 夏	0	0	0	0	0	0	0	0
新 疆	0	0	0	0	1	151170	2	14051
新疆生产建设兵团	0	0	0	0	1	300	0	0

11－4　2016年各副省级城市科协、省会城市科协科技传播

城　市	编著科技图书		主办科技报纸		制作科普挂图	
	种　数（种）	总印数（册）	种　数（种）	总印数（份）	种　数（种）	总印数（张）
合　计	**73**	**364380**	**5**	**2690260**	**243**	**787648**
副省级城市小计	**37**	**208080**	**5**	**2690260**	**224**	**735108**
宁　波＊	0	0	0	0	3	300
厦　门＊	0	0	0	0	0	0
深　圳＊	1	2000	0	0	20	200000
青　岛＊	5	30000	0	0	30	250000
大　连＊	0	0	0	0	4	32040
省会城市小计	**67**	**332380**	**5**	**2690260**	**186**	**305308**
石家庄	0	0	0	0	0	0
太　原	0	0	0	0	0	0
呼和浩特	0	0	0	0	0	0
沈　阳＊	3	22500	0	0	6	60000
长　春＊	0	0	0	0	0	0
哈尔滨＊	0	0	0	0	0	0
南　京＊	6	12680	0	0	57	21060
杭　州＊	9	99000	0	0	35	91000
合　肥	0	0	0	0	4	40000
福　州	4	21000	0	0	0	0
南　昌	0	0	0	0	0	0
济　南＊	6	24000	0	0	0	0
郑　州	0	0	0	0	4	6400
武　汉＊	2	3000	4	2600260	51	69600
长　沙	0	0	0	0	0	0
广　州＊	4	14400	0	0	18	11108
南　宁	0	0	0	0	0	0
海　口	0	0	0	0	0	0
成　都＊	0	0	0	0	0	0
贵　阳	25	80000	0	0	1	100
昆　明	1	300	0	0	6	6000
拉　萨	0	0	0	0	0	0
西　安＊	1	500	1	90000	0	0
兰　州	0	0	0	0	0	0
西　宁	1	5000	0	0	4	40
银　川	5	50000	0	0	0	0
乌鲁木齐	0	0	0	0	0	0

注：城市名称后带“＊”的为副省级城市，包括省会城市中带“＊”的。

11-4 续表 1

城市	制作科技广播、影视节目		制作科技光盘		制作科普动漫作品		主办科技网站	
	套数（套）	播放时间（分钟）	种数（种）	张数（张）	套数（套）	播放时间（分钟）	个数（个）	浏览人数（人次）
合计	**100**	**9511**	**126**	**6340**	**79**	**183285**	**32**	**3946225**
副省级城市小计	**96**	**9367**	**123**	**1310**	**68**	**86803**	**22**	**3345657**
宁波*	50	4000	0	0	0	0	1	1088084
厦门*	0	0	0	0	0	0	1	18223
深圳*	1	90	0	0	0	0	1	250000
青岛*	10	730	0	0	0	0	2	120000
大连*	0	0	0	0	0	0	1	26000
省会城市小计	**39**	**4691**	**126**	**6340**	**79**	**183285**	**26**	**2443918**
石家庄	0	0	0	0	8	480	0	0
太原	0	0	0	0	0	0	0	0
呼和浩特	0	0	0	0	0	0	0	0
沈阳*	0	0	0	0	0	0	1	50000
长春*	0	0	0	0	0	0	0	0
哈尔滨*	0	0	0	0	0	0	1	90469
南京*	0	0	96	700	52	11680	4	982881
杭州*	35	4547	27	610	14	75002	0	0
合肥	2	104	0	0	0	0	2	71000
福州	0	0	0	0	0	0	3	130000
南昌	0	0	0	0	0	0	0	0
济南*	0	0	0	0	0	0	0	0
郑州	0	0	0	0	1	2	0	0
武汉*	0	0	0	0	0	0	8	600000
长沙	0	0	0	0	0	0	0	0
广州*	0	0	0	0	0	0	1	20000
南宁	0	0	0	0	0	0	1	63000
海口	0	0	0	0	0	0	0	0
成都*	0	0	0	0	1	100	0	0
贵阳	0	0	0	0	0	0	1	35000
昆明	0	0	1	30	0	0	2	285568
拉萨	0	0	0	0	0	0	0	0
西安*	0	0	0	0	1	21	1	100000
兰州	0	0	0	0	0	0	0	0
西宁	0	0	0	0	0	0	0	0
银川	2	40	0	0	0	0	1	16000
乌鲁木齐	0	0	2	5000	2	96000	0	0

11-4 续表 2

城　市	开设科教栏目的电视台（个）	开设科教栏目的广播电台（个）	主办科普网站	
			个数（个）	浏览人数（人次）
合　计	**3**	**4**	**22**	**13461827**
副省级城市小计	**3**	**2**	**16**	**6690833**
宁　波 *	1	1	1	71018
厦　门 *	0	0	0	0
深　圳 *	0	0	1	52200
青　岛 *	0	0	2	160000
大　连 *	0	0	0	0
省会城市小计	**2**	**3**	**18**	**13178609**
石家庄	0	0	1	6554359
太　原	0	0	1	50000
呼和浩特	0	0	1	13000
沈　阳 *	0	0	0	0
长　春 *	0	0	0	0
哈尔滨 *	0	0	0	0
南　京 *	0	0	1	5000
杭　州 *	1	1	3	729476
合　肥	0	0	0	0
福　州	0	0	0	0
南　昌	0	0	1	73635
济　南 *	0	0	1	800000
郑　州	0	0	0	0
武　汉 *	0	0	1	277019
长　沙	0	0	0	0
广　州 *	1	0	5	4296120
南　宁	0	0	0	0
海　口	0	0	0	0
成　都 *	0	0	1	300000
贵　阳	0	1	0	0
昆　明	0	1	0	0
拉　萨	0	0	0	0
西　安 *	0	0	0	0
兰　州	0	0	0	0
西　宁	0	0	0	0
银　川	0	0	1	20000
乌鲁木齐	0	0	1	60000

11-4 续表 3

城市	主办科普APP		主办科普微信公众号		主办科普微博	
	个数（个）	下载安装数（次）	个数（个）	关注数（个）	个数（个）	粉丝数（个）
合计	**7**	**37946**	**34**	**424978**	**15**	**232470**
副省级城市小计	**5**	**30617**	**24**	**247349**	**9**	**146349**
宁波*	0	0	2	16000	0	0
厦门*	0	0	0	0	0	0
深圳*	0	0	3	11100	1	3054
青岛*	0	0	3	66200	0	0
大连*	0	0	1	56	1	21268
省会城市小计	**7**	**37946**	**25**	**331622**	**13**	**208148**
石家庄	1	5329	1	15209	0	0
太原	0	0	0	0	0	0
呼和浩特	0	0	1	1000	1	120
沈阳*	0	0	0	0	0	0
长春*	0	0	0	0	0	0
哈尔滨*	1	1438	1	1472	0	0
南京*	1	500	2	1560	1	2924
杭州*	0	0	5	55569	2	2414
合肥	0	0	0	0	0	0
福州	0	0	1	320	0	0
南昌	0	0	1	22474	1	1068
济南*	0	0	2	13200	1	41419
郑州	0	0	0	0	0	0
武汉*	1	8679	1	29000	0	0
长沙	0	0	1	28231	0	0
广州*	2	20000	2	47202	1	9129
南宁	0	0	0	0	0	0
海口	0	0	0	0	0	0
成都*	0	0	1	5000	2	66141
贵阳	0	0	1	5000	0	0
昆明	0	0	1	117	2	1531
拉萨	0	0	0	0	0	0
西安*	0	0	1	990	0	0
兰州	0	0	0	0	0	0
西宁	0	0	1	103000	0	0
银川	1	2000	1	1000	1	82782
乌鲁木齐	0	0	1	1278	1	620

11-5 2016年各地区地级科协科技传播

地区	编著科技图书		主办科技报纸		制作科普挂图	
	种数（种）	总印数（册）	种数（种）	总印数（份）	种数（种）	总印数（张）
合计	**270**	**3076350**	**27**	**2564600**	**927**	**1108118**
北京	3	23240	0	0	15	61020
天津	6	68000	0	0	146	73488
河北	4	43000	1	4000	6	1600
山西	12	115000	0	0	14	43500
内蒙古	5	24000	0	0	10	2300
辽宁	12	67000	1	1200000	45	38596
吉林	5	14000	0	0	15	3550
黑龙江	3	9500	0	0	0	0
上海	2	8000	0	0	57	123300
江苏	19	605000	0	0	25	35000
浙江	20	240400	4	194700	70	46260
安徽	0	0	1	3600	18	3000
福建	2	8600	3	30000	0	0
江西	1	12000	0	0	12	8789
山东	13	122000	0	0	84	361260
河南	29	236300	0	0	188	98951
湖北	2	8000	1	45000	10	11200
湖南	23	165000	4	30000	39	27600
广东	11	9510	1	100000	23	16060
广西	0	0	0	0	26	24020
海南	0	0	0	0	0	0
重庆	8	711000	0	0	9	21600
四川	9	62000	0	0	9	48200
贵州	6	36000	0	0	2	500
云南	2	14000	3	642000	4	3600
西藏	0	0	4	1300	0	0
陕西	8	50000	0	0	0	0
甘肃	26	200000	1	2000	79	29024
青海	4	37000	0	0	0	0
宁夏	4	20000	1	180000	0	0
新疆	21	150000	2	132000	16	24500
新疆生产建设兵团	10	17800	0	0	5	1200

11-5 续表 1

地区	制作科技广播、影视节目		制作科技光盘		制作科普动漫作品		主办科技网站	
	套数（套）	播放时间（分钟）	种数（种）	张数（张）	套数（套）	播放时间（分钟）	个数（个）	浏览人数（人次）
合计	**844**	**95514**	**148**	**65488**	**99**	**47152**	**246**	**36697272**
北京	6	10373	0	0	0	0	11	507273
天津	10	3492	0	0	0	0	4	52365
河北	52	520	3	10300	0	0	6	2126552
山西	0	0	5	160	0	0	5	97000
内蒙古	43	478	0	0	0	0	4	120751
辽宁	99	8187	7	7650	0	0	11	2286311
吉林	41	800	0	0	0	0	4	177590
黑龙江	0	0	5	5000	0	0	5	312561
上海	3	2145	0	0	42	480	12	4964361
江苏	32	1800	16	12030	5	29931	13	5401386
浙江	408	25019	2	150	35	4900	5	5864669
安徽	1	4020	5	1080	3	10720	13	1549814
福建	3	6120	0	0	0	0	6	998346
江西	2	215	3	1082	2	15	9	589628
山东	36	5683	21	8632	1	200	26	1750760
河南	7	1496	28	524	3	600	12	881000
湖北	4	10000	0	0	0	0	7	304414
湖南	37	668	3	280	0	0	9	261000
广东	3	3315	2	2200	0	0	14	1424120
广西	1	300	1	1	0	0	2	24765
海南	0	0	0	0	0	0	1	9842
重庆	5	123	0	0	1	10	16	379508
四川	0	0	0	0	5	116	12	1169345
贵州	0	0	20	3000	0	0	3	74800
云南	4	4695	10	1652	0	0	13	4227059
西藏	0	0	0	0	0	0	0	0
陕西	2	1500	0	0	0	0	7	617698
甘肃	10	1255	4	6350	0	0	6	312320
青海	0	0	0	0	0	0	1	31692
宁夏	10	690	6	153	0	0	2	27500
新疆	1	0	2	5000	0	0	4	123463
新疆生产建设兵团	24	2620	5	244	2	180	3	29379

11-5 续表 2

地　　区	主办科普网站		主办科普 APP		主办科普手机报		主办科普微信公众号		主办科普微博	
	个　数（个）	浏览人数（人次）	个　数（个）	下载安装数（次）	个　数（个）	订阅数（个）	个　数（个）	关注数（个）	个　数（个）	粉丝数（个）
合　　计	**119**	**18778906**	**9**	**26500**	**13**	**1061960**	**190**	**1381350**	**54**	**156582**
北　　京	3	100321	0	0	2	4800	11	64218	0	0
天　　津	1	17000	0	0	0	0	3	3062	0	0
河　　北	5	345000	6	3000	0	0	8	18939	2	2890
山　　西	3	112890	0	0	0	0	6	14154	0	0
内 蒙 古	5	265400	1	3500	0	0	5	19800	0	0
辽　　宁	2	56652	0	0	0	0	5	7386	1	20
吉　　林	1	12000	0	0	0	0	2	20616	0	0
黑 龙 江	3	45000	0	0	0	0	3	1297	0	0
上　　海	4	1217113	0	0	0	0	14	126786	5	24809
江　　苏	6	614000	0	0	1	1000000	8	23929	2	20200
浙　　江	5	385310	0	0	0	0	7	176712	2	3338
安　　徽	5	90000	0	0	1	2600	9	132158	0	0
福　　建	4	255484	0	0	0	0	3	853	0	0
江　　西	0	0	0	0	1	10000	6	63560	1	10000
山　　东	13	307776	1	10000	0	0	7	37529	1	200
河　　南	6	138500	0	0	1	2000	10	124379	5	37916
湖　　北	6	319402	1	10000	0	0	7	10213	2	371
湖　　南	4	181000	0	0	1	3000	9	111277	1	2000
广　　东	5	5133000	0	0	0	0	7	15011	3	1021
广　　西	5	465176	0	0	0	0	6	53210	0	0
海　　南	1	9842	0	0	0	0	0	0	0	0
重　　庆	17	389540	0	0	0	0	16	10595	12	6299
四　　川	3	105000	0	0	1	10000	7	302060	2	1500
贵　　州	1	35000	0	0	0	0	3	7530	0	0
云　　南	3	2344818	0	0	1	7500	10	15745	10	42359
西　　藏	0	0	0	0	4	22060	0	0	0	0
陕　　西	3	65190	0	0	0	0	7	2169	1	650
甘　　肃	3	5730520	0	0	0	0	8	17484	3	2509
青　　海	1	31692	0	0	0	0	1	84	0	0
宁　　夏	1	6280	0	0	0	0	2	594	0	0
新　　疆	0	0	0	0	0	0	0	0	1	500
新疆生产建设兵团	0	0	0	0	0	0	0	0	0	0

11-6 2016年各地区县级科协科技传播

地　区	编著科技图书		主办科技报纸		制作科普挂图	
	种　数（种）	总印数（册）	种　数（种）	总印数（份）	种　数（种）	总印数（张）
合　计	**2115**	**9469939**	**70**	**1776901**	**4548**	**4595231**
河　北	58	211000	11	76000	128	53650
山　西	81	381250	0	0	269	167950
内蒙古	162	483850	2	1201	133	41210
辽　宁	61	247350	4	52950	185	136390
吉　林	41	195400	0	0	61	46190
黑龙江	31	71000	2	7600	91	44246
江　苏	218	545500	5	318200	229	67658
浙　江	144	675296	4	314298	455	308850
安　徽	29	209500	0	0	158	96146
福　建	38	190600	2	5000	32	13432
江　西	0	0	0	0	66	43100
山　东	41	422800	3	19000	524	1253140
河　南	160	1101800	9	540050	291	368450
湖　北	49	355600	6	141430	266	205482
湖　南	149	765500	2	31800	317	180326
广　东	11	56500	0	0	42	103670
广　西	0	0	0	0	77	33808
海　南	69	119000	0	0	126	21544
重　庆	1	23000	0	0	0	0
四　川	152	938901	3	158152	194	245355
贵　州	217	386800	0	0	52	81835
云　南	22	68800	5	13500	74	34318
西　藏	23	78300	2	120	66	23660
陕　西	49	267100	1	5800	163	695108
甘　肃	128	514450	1	800	274	49758
青　海	38	160152	0	0	63	14935
宁　夏	55	476900	6	45000	48	39500
新　疆	88	523590	2	46000	164	225520

注：本表数据不含北京、天津和上海地区。

11-6 续表 1

地区	制作科技广播、影视节目		制作科技光盘		制作科普动漫作品		主办科技网站	
	套数（套）	播放时间（分钟）	种数（种）	张数（张）	套数（套）	播放时间（分钟）	个数（个）	浏览人数（人次）
合计	**2410**	**401866**	**1426**	**444189**	**67**	**12510**	**1132**	**38546857**
河北	149	8680	71	24744	3	200	25	524000
山西	129	6482	33	9020	3	270	20	348185
内蒙古	32	18305	57	51260	1	10	19	702771
辽宁	61	13342	112	15790	0	0	13	1521560
吉林	7	17980	36	22870	0	0	11	34500
黑龙江	33	412	38	10210	0	0	9	248150
江苏	224	26415	41	15674	9	148	45	2106617
浙江	127	89068	81	12710	18	3759	45	3136227
安徽	75	7622	58	13802	2	200	45	1124160
福建	70	15711	23	3306	1	3600	41	3118668
江西	44	3095	33	3260	0	0	11	678310
山东	449	37761	67	14584	4	3625	63	2635810
河南	125	30635	69	21480	1	30	59	8396146
湖北	34	8470	104	6075	0	0	46	4168005
湖南	208	20120	62	14645	1	90	30	2275910
广东	16	2090	12	500	0	0	36	1917551
广西	152	16365	16	6566	0	0	4	44000
海南	31	978	10	5510	1	200	0	0
重庆	12	60	0	0	0	0	5	126460
四川	25	12814	95	53141	3	12	50	1412561
贵州	36	17592	29	5870	0	0	20	864827
云南	29	6757	118	9992	2	100	472	2126091
西藏	0	0	21	5850	5	120	1	1200
陕西	53	11815	82	44068	0	0	25	352354
甘肃	136	5465	40	21858	1	10	20	404675
青海	0	0	0	0	0	0	1	12000
宁夏	15	5176	15	15654	11	116	3	52643
新疆	138	18656	103	35750	1	20	13	213476

11-6 续表 2

地　区	主办科普网站		主办科普 APP		主办科普手机报		主办科普微信公众号		主办科普微博	
	个　数（个）	浏览人数（人次）	个　数（个）	下载安装数（次）	个　数（个）	订阅数（个）	个　数（个）	关注数（个）	个　数（个）	粉丝数（个）
合　计	**329**	**28519380**	**10**	**142431**	**36**	**323910**	**420**	**1483668**	**160**	**658673**
河　北	8	550100	0	0	0	0	8	12060	1	41200
山　西	6	124643	0	0	1	15500	5	1135	0	0
内蒙古	4	14670	0	0	1	2000	14	16748	4	437
辽　宁	7	3133019	0	0	0	0	19	22788	1	10
吉　林	0	0	0	0	0	0	3	429	0	0
黑龙江	1	2000	0	0	0	0	5	2031	0	0
江　苏	28	4271439	1	45000	2	102000	36	259215	10	124367
浙　江	35	10933839	2	69176	2	2624	49	200855	29	116930
安　徽	33	753271	0	0	5	9108	29	67181	19	26682
福　建	16	1584820	0	0	0	0	16	30157	8	1114
江　西	3	13050	0	0	2	1292	11	31022	2	100020
山　东	26	1029739	1	12000	1	3000	31	246024	8	1136
河　南	48	1285412	3	10615	6	12826	47	146825	18	134423
湖　北	19	834520	1	40	2	35000	18	221250	4	1345
湖　南	12	316020	0	0	2	104200	14	32958	3	7300
广　东	12	383712	0	0	0	0	10	18367	0	0
广　西	3	13850	0	0	0	0	1	600	0	0
海　南	1	1500	0	0	0	0	4	562	0	0
重　庆	4	36140	1	600	0	0	4	8361	2	94
四　川	19	341132	1	5000	4	13610	28	72621	11	8161
贵　州	4	2187845	0	0	1	1800	4	2745	0	0
云　南	15	152655	0	0	4	8917	35	18618	35	18077
西　藏	1	1200	0	0	1	32	1	100	0	0
陕　西	13	405419	0	0	1	12000	13	52465	3	77157
甘　肃	5	59385	0	0	0	0	3	320	1	120
青　海	0	0	0	0	0	0	3	5095	0	0
宁　夏	2	35000	0	0	1	1	4	6316	1	100
新　疆	4	55000	0	0	0	0	5	6820	0	0

11-7 2016年各地区省级学会科技传播

地区	编著科技图书		主办科技报纸		制作科普挂图	
	种数（种）	总印数（册）	种数（种）	总印数（份）	种数（种）	总印数（张）
合计	**1312**	**6358271**	**78**	**5852868**	**1931**	**5409378**
北京	47	204664	0	0	152	1512507
天津	39	100900	4	22400	10	29934
河北	19	48500	3	363500	17	15310
山西	25	65270	2	13500	27	47602
内蒙古	36	86762	0	0	50	1853
辽宁	30	105420	9	62000	64	43902
吉林	54	206620	3	21000	59	68848
黑龙江	26	113750	0	0	68	285350
上海	34	261450	3	55200	13	62736
江苏	73	292560	2	240200	140	111128
浙江	70	362232	2	4384000	46	867903
安徽	34	62200	1	24000	62	65304
福建	112	266400	0	0	142	162294
江西	37	569205	3	17900	20	36001
山东	64	381100	2	302500	133	160630
河南	62	146400	1	5000	63	69966
湖北	31	57692	1	6000	84	66278
湖南	171	909893	3	27008	92	441177
广东	75	263017	1	72000	49	90304
广西	26	107600	2	18000	12	30176
海南	3	510000	0	0	2	578
重庆	23	109400	0	0	100	170541
四川	26	50100	4	57300	9	1301
贵州	50	139150	4	15050	46	109963
云南	22	562200	1	6000	49	28626
西藏	3	12000	2	12000	12	16000
陕西	45	189900	9	82300	177	297071
甘肃	20	16736	1	360	68	36642
青海	31	44900	7	36050	62	107148
宁夏	1	16800	0	0	2	20
新疆	23	95450	8	9600	101	472285

11-7 续表 1

地区	制作科技广播、影视节目		制作科技光盘		制作科普动漫作品		主办科技网站	
	套数（套）	播放时间（分钟）	种数（种）	张数（张）	套数（套）	播放时间（分钟）	个数（个）	浏览人数（人次）
合计	**2549**	**74343**	**842**	**502695**	**379**	**17873**	**777**	**317098110**
北京	16	380	24	156715	15	755	50	3315937
天津	12	9515	18	7741	1	100	24	9269503
河北	38	790	14	22158	3	500	19	3625914
山西	8	220	12	5285	14	43	22	3676504
内蒙古	7	195	57	2280	0	0	18	2422602
辽宁	212	91	22	26170	6	28	47	1696489
吉林	71	3390	89	7686	14	500	20	3325901
黑龙江	11	120	4	280	0	0	15	31231189
上海	20	1460	20	9478	0	0	55	24790162
江苏	68	150	103	10385	49	565	52	29619229
浙江	20	11205	31	7554	205	55	38	2899515
安徽	28	597	20	9320	0	0	31	90325264
福建	39	1550	24	12336	1	30	48	2754581
江西	371	10950	13	12400	1	30	31	8030824
山东	39	1834	43	35417	4	1447	48	20237535
河南	179	4090	38	9613	3	3000	19	611249
湖北	80	6705	9	1450	17	40	28	7608710
湖南	25	2075	14	13450	10	10180	30	7548605
广东	2	47	62	19760	18	130	29	3226534
广西	3	256	4	2154	1	30	14	1052977
海南	0	0	0	0	0	0	5	184417
重庆	30	1561	21	2911	1	5	30	5226603
四川	0	0	12	2014	1	30	18	14591160
贵州	2	420	10	2870	7	240	7	1626106
云南	11	186	20	4212	2	50	12	1990719
西藏	0	0	5	12000	2	80	2	9300
陕西	453	9787	83	12216	4	35	37	32303256
甘肃	0	0	13	580	0	0	1	15000
青海	81	1988	33	16360	0	0	9	69359
宁夏	0	0	0	0	0	0	3	814644
新疆	723	4781	24	77900	0	0	15	2998322

11-7 续表 2

地　　区	出　品 科普游戏 （种）	开设科教 栏目的电视台 （个）	开设科教 栏目的广播电台 （个）	主办科普网站	
				个　数 （个）	浏览人数 （人次）
合　　计	**13**	**10**	**34**	**161**	**123260150**
北　　京	10	0	0	11	1870120
天　　津	0	0	2	3	2521681
河　　北	0	0	0	1	2000000
山　　西	0	0	0	11	395811
内 蒙 古	0	0	0	7	89503
辽　　宁	0	2	4	7	141117
吉　　林	0	0	0	4	43600
黑 龙 江	0	0	1	7	123401
上　　海	3	0	0	6	155912
江　　苏	0	1	1	15	2703247
浙　　江	0	1	21	7	1104900
安　　徽	0	0	0	10	1106525
福　　建	0	0	0	8	201623
江　　西	0	0	0	4	34500
山　　东	0	2	1	7	5600732
河　　南	0	2	1	5	943151
湖　　北	0	0	0	6	684636
湖　　南	0	0	0	6	147820
广　　东	0	0	0	2	13000
广　　西	0	0	0	3	12500
海　　南	0	0	0	1	800
重　　庆	0	2	1	6	16981
四　　川	0	0	0	6	73146
贵　　州	0	0	0	5	51061
云　　南	0	0	0	1	500000
西　　藏	0	0	0	0	0
陕　　西	0	0	0	5	100605864
甘　　肃	0	0	2	1	1340225
青　　海	0	0	0	1	295430
宁　　夏	0	0	0	0	0
新　　疆	0	0	0	5	482864

11-7 续表 3

地　区	主办科普 APP		主办科普手机报		主办科普微信公众号		主办科普微博	
	个　数（个）	下载安装数（次）	个　数（个）	订阅数（个）	个　数（个）	关注数（个）	个　数（个）	粉丝数（个）
合　计	**20**	**3476270**	**13**	**33037**	**360**	**4147041**	**89**	**2497472**
北　京	2	700800	0	0	27	772043	3	7309
天　津	0	0	0	0	17	103244	2	1500
河　北	0	0	0	0	7	4300	0	0
山　西	0	0	0	0	5	10700	0	0
内蒙古	0	0	1	380	15	7069	3	976
辽　宁	0	0	1	500	11	83869	2	1020
吉　林	0	0	0	0	7	2816	0	0
黑龙江	1	4500	1	10000	11	53525	4	36657
上　海	2	1000	1	500	22	102593	2	93900
江　苏	1	1200	2	12235	31	156612	5	19883
浙　江	2	2350	1	1000	34	1604710	13	1027222
安　徽	1	870	0	0	21	31897	8	42451
福　建	2	2700200	0	0	14	80038	3	20000
江　西	0	0	2	2	9	22543	1	1484
山　东	0	0	0	0	18	620552	8	99194
河　南	2	13000	0	0	8	37550	4	633300
湖　北	2	1700	1	3000	8	36537	3	42645
湖　南	1	50000	0	0	11	84731	2	3732
广　东	0	0	0	0	12	33981	3	23215
广　西	0	0	0	0	7	3728	0	0
海　南	0	0	0	0	3	320	0	0
重　庆	0	0	1	5000	18	88844	8	317034
四　川	1	450	2	420	13	106368	4	11289
贵　州	3	200	0	0	7	24190	5	100100
云　南	0	0	0	0	6	8941	0	0
西　藏	0	0	0	0	0	0	0	0
陕　西	0	0	0	0	8	51073	0	0
甘　肃	0	0	0	0	2	690	1	130
青　海	0	0	0	0	2	3518	4	4075
宁　夏	0	0	0	0	0	0	0	0
新　疆	0	0	0	0	6	10059	1	10356

十二、科技创新智库建设

简要说明

本篇统计资料为：

1. 汇总数据，反映中国科协、地方科协、全国学会和省级学会科技创新智库建设工作开展情况。

2. 地方科协和省级学会统计数据，分别反映各省级科协及其所属学会、副省级城市科协、省会城市科协、地级科协、县级科协开展的科技创新智库建设工作。

3. 相关统计指标包括：举办决策咨询活动、科技评估、组织参与立法咨询、组织政协科协界委员协商或调研活动、提供决策咨询报告、反映科技工作者建议、答复人大政协代表（委员）提案、发布智库品牌报告、组织政策解读活动、发布政策解读文章等情况。

12-1　2016年各级科协科技创新智库建设汇总表

指　　标		科协合计		中国科协机关及直属单位		省级科协	
		2015年	2016年	2015年	2016年	2015年	2016年
建立科技工作者状况调查站点	（个）	—	1188	—	804	—	351
#国家级站点	（个）	—	504	—	504	—	—
#省级站点	（个）	—	351	—	—	—	351
举办决策咨询活动	（次）	3162	2996	47	10	465	255
参加活动专家数	（人次）	28758	25043	1130	128	5576	2274
科技评估	（项）	—	137	—	12	—	54
组织参与立法咨询	（次）	—	90	—	22	—	47
组织政协科协界委员协商或调研活动	（次）	—	646	—	4	—	35
提供决策咨询报告	（篇）	7479	6374	74	315	529	817
#获上级领导批示的报告	（条）	2271	1779	15	23	74	102
反映科技工作者建议	（篇）	22626	18396	171	493	1465	1253
#获上级领导批示的建议	（条）	4833	3722	9	1	46	35
答复人大政协代表（委员）提案	（件）	—	647	—	83	—	47
发布智库品牌报告	（个）	—	64	—	5	—	7
组织政策解读活动	（次）	—	325	—	1	—	30
发布政策解读文章	（篇）	—	316	—	13	—	87

12-1 续表

指　标		副省级城市科协、省会城市科协		地级科协		县级科协	
		2015 年	2016 年	2015 年	2016 年	2015 年	2016 年
建立科技工作者状况调查站点	（个）	—	—	—	—	—	—
# 国家级站点	（个）	—	—	—	—	—	—
# 省级站点	（个）	—	—	—	—	—	—
举办决策咨询活动	（次）	99	159	769	923	1782	1649
参加活动专家数	（人次）	919	778	6193	7580	14940	14283
科技评估	（项）	—	11	—	11	—	49
组织参与立法咨询	（次）	—	1	—	13	—	7
组织政协科协界委员协商或调研活动	（次）	—	22	—	120	—	465
提供决策咨询报告	（篇）	315	210	1567	1226	4994	3806
# 获上级领导批示的报告	（条）	36	25	309	253	1837	1376
反映科技工作者建议	（篇）	386	361	4987	3882	15617	12407
# 获上级领导批示的建议	（条）	64	44	622	346	4092	3296
答复人大政协代表（委员）提案	（件）	—	25	—	109	—	383
发布智库品牌报告	（个）	—	48	—	0	—	4
组织政策解读活动	（次）	—	8	—	52	—	234
发布政策解读文章	（篇）	—	8	—	75	—	133

12-2　2016 年全国学会、省级学会科技创新智库建设汇总表

指　　标		学会合计		全国学会		省级学会	
		2015 年	2016 年	2015 年	2016 年	2015 年	2016 年
举办决策咨询活动	（次）	4369	4724	730	828	3639	3896
参加活动专家数	（人次）	35343	31595	12405	9285	22938	22310
科技评估	（项）	—	4025	—	1176	—	2849
组织参与立法咨询	（次）	—	184	—	100	—	84
组织政协科协界委员协商或调研活动	（次）	—	164	—	39	—	125
提供决策咨询报告	（篇）	4416	8031	641	569	3775	7462
# 获上级领导批示的报告	（条）	1253	1002	169	99	1084	903
反映科技工作者建议	（篇）	5344	6290	329	232	5015	6058
# 获上级领导批示的建议	（条）	1550	825	41	45	1509	780
答复人大政协代表（委员）提案	（件）	—	210	—	28	—	182
发布智库品牌报告	（个）	—	112	—	79	—	33
组织政策解读活动	（次）	—	448	—	93	—	355
发布政策解读文章	（篇）	—	436	—	156	—	280

12-3 2016年各省级科协科技创新智库建设

地区	建立科技工作者状况调查国家级站点（个）	建立科技工作者状况调查省级站点（个）	举办决策咨询活动（次）	参加活动专家数（人次）	科技评估（项）	组织参与立法咨询（次）	组织政协科协界委员协商或调研活动（次）
合计	**504**	**351**	**255**	**2274**	**54**	**47**	**35**
北京	22	26	21	292	0	0	2
天津	12	1	12	150	5	0	8
河北	14	0	0	0	2	0	0
山西	15	14	8	12	3	5	2
内蒙古	14	4	0	0	0	0	0
辽宁	17	34	0	0	0	0	0
吉林	12	31	9	168	0	0	0
黑龙江	14	7	5	10	0	0	0
上海	18	18	20	300	3	0	0
江苏	30	30	31	81	4	0	0
浙江	20	0	28	360	0	0	3
安徽	17	0	0	0	2	0	0
福建	11	0	0	0	2	0	5
江西	13	15	1	40	0	0	0
山东	27	33	3	28	0	0	0
河南	25	10	4	66	0	0	0
湖北	25	21	5	32	0	0	0
湖南	19	0	0	0	0	0	0
广东	28	0	0	0	0	0	0
广西	16	79	0	0	0	0	0
海南	5	10	3	150	0	0	1
重庆	13	0	14	102	1	0	1
四川	21	8	0	0	0	0	1
贵州	12	0	40	85	1	0	0
云南	14	0	0	0	0	0	0
西藏	4	0	5	12	0	0	0
陕西	19	0	0	0	0	0	0
甘肃	11	0	4	6	31	42	0
青海	5	0	0	0	0	0	0
宁夏	6	0	15	60	0	0	0
新疆	12	10	26	170	0	0	12
新疆生产建设兵团	3	0	1	150	0	0	0

注：国家级站点还包括10个全国学会站点，汇总数为504个。

12-3 续表

地区	提供决策咨询报告（篇）	# 获上级领导批示的报告（条）	反映科技工作者建议（篇）	# 获上级领导批示的建议（条）	答复人大政协代表（委员）提案（件）	发布智库品牌报告（个）	组织政策解读活动（次）	发布政策解读文章（篇）
合计	**817**	**102**	**1253**	**35**	**47**	**7**	**30**	**87**
北京	14	0	92	1	2	0	0	0
天津	12	3	9	3	1	0	0	0
河北	0	0	6	3	0	0	0	0
山西	34	10	54	0	2	1	1	0
内蒙古	0	0	21	0	0	0	0	2
辽宁	1	0	5	0	1	0	0	0
吉林	2	0	52	1	0	0	0	0
黑龙江	10	8	0	0	0	0	2	2
上海	11	0	129	6	0	0	0	36
江苏	533	56	16	5	2	4	2	23
浙江	13	4	1	1	7	0	0	12
安徽	52	0	73	2	4	0	19	0
福建	7	1	10	0	18	0	5	0
江西	8	2	0	0	0	0	0	0
山东	1	1	49	1	0	0	0	0
河南	0	0	0	0	0	0	0	0
湖北	55	8	112	0	2	0	0	0
湖南	7	0	107	6	0	0	0	0
广东	0	0	0	0	0	0	0	0
广西	0	0	9	2	0	2	0	0
海南	0	0	0	0	2	0	1	12
重庆	17	4	9	1	1	0	0	0
四川	1	1	0	0	0	0	0	0
贵州	2	0	23	0	0	0	0	0
云南	0	0	219	0	0	0	0	0
西藏	5	0	1	1	3	0	0	0
陕西	0	0	157	0	0	0	0	0
甘肃	4	2	0	0	0	0	0	0
青海	15	0	8	1	0	0	0	0
宁夏	2	1	80	0	0	0	0	0
新疆	11	1	11	1	2	0	0	0
新疆生产建设兵团	0	0	0	0	0	0	0	0

12-4 2016年各副省级城市科协、省会城市科协科技创新智库建设

城市	举办决策咨询活动（次）	参加活动专家数（人次）	科技评估（项）	组织参与立法咨询（次）	组织政协科协界委员协商或调研活动（次）	提供决策咨询报告（篇）	# 获上级领导批示的报告（条）
合计	**159**	**778**	**11**	**1**	**22**	**210**	**25**
副省级城市小计	**159**	**490**	**11**	**1**	**14**	**156**	**19**
宁波*	1	7	0	0	1	0	0
厦门*	10	60	0	0	4	5	5
深圳*	0	0	0	0	1	23	1
青岛*	5	130	1	0	0	25	1
大连*	0	0	0	0	0	0	0
省会城市小计	**143**	**581**	**10**	**1**	**16**	**157**	**18**
石家庄	0	0	0	0	0	0	0
太原	0	0	0	0	0	0	0
呼和浩特	0	0	0	0	1	1	0
沈阳*	0	0	0	0	0	7	3
长春*	0	0	0	0	0	0	0
哈尔滨*	0	0	0	0	0	0	0
南京*	0	0	0	0	0	9	0
杭州*	6	120	7	0	0	0	0
合肥	0	0	0	0	1	0	0
福州	0	0	0	0	1	21	0
南昌	0	0	0	0	0	0	0
济南*	4	90	0	0	0	0	0
郑州	120	198	0	0	0	15	2
武汉*	2	60	0	0	1	19	4
长沙	3	60	0	0	0	6	2
广州*	1	15	3	1	4	31	1
南宁	0	0	0	0	0	6	0
海口	0	0	0	0	0	0	0
成都*	0	0	0	0	3	35	2
贵阳	5	30	0	0	0	0	0
昆明	0	0	0	0	0	3	2
拉萨	0	0	0	0	0	0	0
西安*	2	8	0	0	0	2	2
兰州	0	0	0	0	0	0	0
西宁	0	0	0	0	0	0	0
银川	0	0	0	0	1	0	0
乌鲁木齐	0	0	0	0	4	2	0

注：城市名称后带“*”的为副省级城市，包括省会城市中带“*”的。

12-4 续表

城市	反映科技工作者建议（篇）	# 获上级领导批示的建议（条）	答复人大政协代表（委员）提案（件）	发布智库品牌报告（个）	组织政策解读活动（次）	发布政策解读文章（篇）
合　计	**361**	**44**	**25**	**48**	**8**	**8**
副省级城市小计	**181**	**28**	**18**	**11**	**6**	**8**
宁　波 *	7	1	2	0	0	0
厦　门 *	4	0	1	0	3	0
深　圳 *	20	1	2	0	2	2
青　岛 *	25	1	0	0	0	0
大　连 *	4	1	0	0	0	0
省会城市小计	**301**	**40**	**20**	**48**	**3**	**6**
石家庄	0	0	0	0	0	0
太　原	0	0	0	0	0	0
呼和浩特	0	0	0	0	0	0
沈　阳 *	0	0	0	0	0	0
长　春 *	0	0	0	0	0	0
哈尔滨 *	0	0	0	0	0	0
南　京 *	10	4	2	0	0	0
杭　州 *	0	0	0	0	0	0
合　肥	0	0	0	0	0	0
福　州	21	0	0	21	0	0
南　昌	0	0	2	0	0	0
济　南 *	10	2	0	0	0	0
郑　州	30	2	2	15	2	0
武　汉 *	54	11	2	0	0	0
长　沙	6	2	0	0	0	0
广　州 *	12	5	6	11	1	6
南　宁	0	0	0	0	0	0
海　口	0	0	0	0	0	0
成　都 *	35	2	2	0	0	0
贵　阳	7	1	1	0	0	0
昆　明	0	0	2	0	0	0
拉　萨	0	0	0	0	0	0
西　安 *	0	0	1	0	0	0
兰　州	0	0	0	0	0	0
西　宁	0	0	0	0	0	0
银　川	36	11	0	1	0	0
乌鲁木齐	80	0	0	0	0	0

12−5　2016 年各地区地级科协科技创新智库建设

地　　区	举办决策咨询活动（次）	参加活动专家数（人次）	科技评估（项）	组织参与立法咨询（次）	组织政协科协界委员协商或调研活动（次）	提供决策咨询报告（篇）	# 获上级领导批示的报告（条）
合　　计	**923**	**7580**	**11**	**13**	**120**	**1226**	**253**
北　　京	23	103	0	0	0	42	1
天　　津	4	46	0	0	2	16	7
河　　北	1	30	0	0	4	3	2
山　　西	0	0	0	0	0	82	19
内 蒙 古	1	16	0	0	0	1	0
辽　　宁	12	166	0	0	2	43	0
吉　　林	5	70	0	0	0	13	2
黑 龙 江	6	111	0	0	0	9	3
上　　海	71	534	0	0	4	55	18
江　　苏	36	326	4	0	22	253	34
浙　　江	57	355	0	0	5	24	14
安　　徽	14	116	0	0	12	59	10
福　　建	11	107	0	0	6	10	4
江　　西	5	19	0	0	7	20	6
山　　东	253	1529	0	0	4	122	23
河　　南	46	416	5	0	5	52	18
湖　　北	49	711	0	0	7	127	23
湖　　南	6	85	0	0	7	15	4
广　　东	2	50	1	0	1	6	5
广　　西	16	189	0	1	3	33	4
海　　南	0	0	0	0	0	1	0
重　　庆	21	270	0	0	8	64	12
四　　川	42	1155	1	12	0	61	11
贵　　州	1	41	0	0	9	1	1
云　　南	8	59	0	0	7	32	3
西　　藏	2	5	0	0	0	0	0
陕　　西	16	69	0	0	1	8	3
甘　　肃	2	12	0	0	0	22	5
青　　海	2	2	0	0	0	1	0
宁　　夏	3	22	0	0	0	0	0
新　　疆	2	190	0	0	4	23	13
新疆生产建设兵团	206	776	0	0	0	28	8

12–5 续表

地　区	反映科技工作者建议（篇）	# 获上级领导批示的建议（条）	答复人大政协代表（委员）提案（件）	组织政策解读活动（次）	发布政策解读文章（篇）
合　计	**3882**	**346**	**109**	**52**	**75**
北　京	195	2	3	2	2
天　津	89	14	4	7	53
河　北	245	3	3	2	0
山　西	23	5	1	0	0
内蒙古	42	4	0	0	0
辽　宁	84	22	5	1	1
吉　林	15	0	0	0	0
黑龙江	88	12	0	0	0
上　海	139	39	30	0	3
江　苏	262	24	8	2	5
浙　江	38	9	2	3	0
安　徽	83	11	2	2	4
福　建	28	3	3	3	4
江　西	52	0	3	1	0
山　东	593	15	0	0	0
河　南	805	23	10	3	0
湖　北	165	23	8	1	3
湖　南	74	24	6	1	0
广　东	18	3	3	1	0
广　西	162	5	1	0	0
海　南	6	0	0	0	0
重　庆	174	25	6	0	0
四　川	82	15	3	4	0
贵　州	4	1	2	5	0
云　南	51	15	2	0	0
西　藏	9	6	0	0	0
陕　西	16	1	0	4	0
甘　肃	159	6	2	7	0
青　海	34	0	0	0	0
宁　夏	24	3	0	3	0
新　疆	32	10	2	0	0
新疆生产建设兵团	91	23	0	0	0

12-6 2016年各地区县级科协科技创新智库建设

地区	举办决策咨询活动（次）	参加活动专家数（人次）	科技评估（项）	组织参与立法咨询（次）	组织政协科协界委员协商或调研活动（次）	提供决策咨询报告（篇）	# 获上级领导批示的报告（条）
合计	**1649**	**14283**	**49**	**7**	**465**	**3806**	**1376**
河北	1649	230	0	0	2	166	51
山西	48	265	0	0	9	93	36
内蒙古	97	171	3	0	7	43	16
辽宁	20	112	0	0	10	80	22
吉林	22	236	0	0	0	69	34
黑龙江	51	517	11	0	11	111	41
江苏	74	523	5	0	53	311	109
浙江	112	725	1	1	78	264	81
安徽	53	431	0	0	47	120	51
福建	32	326	0	2	11	133	36
江西	51	290	0	0	7	150	46
山东	290	1935	1	0	21	410	166
河南	166	2700	0	0	31	386	160
湖北	122	1013	0	0	39	356	116
湖南	115	1325	1	2	26	329	160
广东	7	74	0	0	1	4	3
广西	31	776	2	0	12	105	40
海南	0	0	0	0	0	1	0
重庆	5	32	0	0	1	8	0
四川	75	466	22	0	29	214	70
贵州	21	491	0	0	14	43	21
云南	35	504	0	0	20	44	13
西藏	7	168	0	2	1	2	0
陕西	36	124	3	0	15	114	35
甘肃	67	516	0	0	1	158	32
青海	3	24	0	0	0	2	2
宁夏	45	175	0	0	9	52	13
新疆	26	134	0	0	10	38	22

注：本表数据不含北京、天津和上海地区。

12-6 续表

地　　区	反映科技工作者建议（篇）	#获上级领导批示的建议（条）	答复人大政协代表（委员）提案（件）	发布智库品牌报告（个）	组织政策解读活动（次）	发布政策解读文章（篇）
合　　计	**12407**	**3296**	**383**	**4**	**234**	**133**
河　　北	754	147	4	0	8	2
山　　西	355	101	4	0	16	2
内 蒙 古	221	35	13	0	8	0
辽　　宁	315	47	10	0	2	0
吉　　林	292	73	0	0	0	0
黑 龙 江	465	116	10	0	12	21
江　　苏	700	252	31	1	16	17
浙　　江	724	204	44	1	42	8
安　　徽	344	128	42	0	28	10
福　　建	489	82	18	0	0	0
江　　西	606	95	5	0	7	2
山　　东	1859	448	21	1	8	4
河　　南	956	281	21	1	7	1
湖　　北	757	233	21	0	10	41
湖　　南	1157	440	21	0	5	8
广　　东	89	10	6	0	0	0
广　　西	312	79	16	0	6	0
海　　南	20	5	0	0	0	0
重　　庆	44	5	2	0	0	0
四　　川	698	160	16	0	21	14
贵　　州	79	23	7	0	19	0
云　　南	174	53	25	0	6	3
西　　藏	5	2	3	0	0	0
陕　　西	291	73	16	0	6	0
甘　　肃	413	93	5	0	0	0
青　　海	11	3	2	0	0	0
宁　　夏	135	23	7	0	4	0
新　　疆	142	85	13	0	3	0

12–7　2016 年各地区省级学会科技创新智库建设

地　　区	举办决策咨询活动（次）	参加活动专家数（人次）	科技评估（项）	组织参与立法咨询（次）	组织政协科协界委员协商或调研活动（次）	提供决策咨询报告（篇）	# 获上级领导批示的报告（条）
合　　计	**3896**	**22310**	**2849**	**84**	**125**	**7462**	**903**
北　　京	158	1186	187	6	0	97	13
天　　津	94	520	13	1	1	35	9
河　　北	32	142	42	0	0	40	4
山　　西	87	1478	38	2	28	44	30
内 蒙 古	34	1246	3	1	4	104	24
辽　　宁	95	476	37	2	1	34	9
吉　　林	902	1157	26	4	1	33	7
黑 龙 江	11	307	22	3	1	49	13
上　　海	242	1557	682	4	1	189	142
江　　苏	231	1115	113	7	5	168	49
浙　　江	106	959	63	0	6	114	29
安　　徽	96	1079	3	6	0	73	19
福　　建	100	877	134	16	3	231	43
江　　西	121	938	14	0	0	4034	52
山　　东	140	1469	112	0	5	225	43
河　　南	72	419	102	8	19	445	8
湖　　北	51	487	5	0	8	56	5
湖　　南	183	887	95	1	3	85	26
广　　东	40	225	90	1	0	40	10
广　　西	52	280	549	0	1	48	22
海　　南	2	2	4	0	1	1	0
重　　庆	175	738	4	4	3	137	66
四　　川	102	774	70	2	17	119	24
贵　　州	63	447	173	2	12	61	33
云　　南	41	429	120	2	1	79	19
西　　藏	1	2	0	0	0	45	0
陕　　西	563	2325	69	0	0	735	159
甘　　肃	9	172	1	0	1	7	4
青　　海	10	43	37	0	0	82	11
宁　　夏	5	22	1	0	0	16	5
新　　疆	78	552	40	12	3	36	25

12-7 续表

地区	反映科技工作者建议（篇）	# 获上级领导批示的建议（条）	答复人大政协代表（委员）提案（件）	发布智库品牌报告（个）	组织政策解读活动（次）	发布政策解读文章（篇）
合计	**6058**	**780**	**182**	**33**	**355**	**280**
北京	254	11	3	1	35	6
天津	95	21	0	1	6	2
河北	77	0	0	0	0	0
山西	82	19	88	2	1	0
内蒙古	93	27	10	0	8	15
辽宁	21	4	2	9	22	11
吉林	3071	36	0	0	2	1
黑龙江	31	19	14	0	3	3
上海	35	6	1	2	22	32
江苏	72	23	7	4	19	25
浙江	73	8	5	4	16	12
安徽	94	56	2	1	60	27
福建	226	12	2	0	10	3
江西	33	4	5	0	1	3
山东	518	54	1	4	17	27
河南	298	117	14	0	9	6
湖北	34	2	2	0	9	5
湖南	279	122	4	0	10	3
广东	38	6	0	0	9	0
广西	43	5	6	0	12	7
海南	1	0	0	0	0	0
重庆	173	96	0	0	11	25
四川	17	1	0	1	14	9
贵州	33	23	10	4	18	21
云南	82	38	0	0	0	0
西藏	0	0	0	0	0	0
陕西	144	44	0	0	12	5
甘肃	3	2	0	0	2	1
青海	86	7	0	0	4	0
宁夏	11	3	0	0	0	0
新疆	41	14	6	0	23	31

主要指标解释

直属单位 指由科协主办并直接领导的，经工商行政管理部门登记具有独立法人资格的企业，或经编制管理部门批准的事业单位（不含其下属的企事业单位）。

机关/直属单位从业人员 指在本单位工作、并领取劳动报酬的在编和连续工作一年以上的非在编人员。

学会联合体 指截至本年12月31日，各级科协所属学会已成立的学会联合体。

园区科协 指截至本年12月31日，在民政部门登记、经各级科协正式审批接纳的在国家和各级地方政府批准成立的自主创新示范区、经济技术开发区和高新技术产业开发区等企业密集区域和众创空间等新经济组织内建立的科协组织。

农技协 指在民政部门登记、经本级科协正式审批接纳的农村专业技术协会（农技协）和在科协登记备案的各类农村专业技术研究会（农研会）。

个人会员（基层组织个人会员） 指企业、高校、乡镇、街道等建立的科学技术协会（科学技术普及协会）发展的个人会员（取得本协会会员资格的人员），其中，农村中一户计为一名农技协个人会员。

科普专职人员 指在统计年度中，本级科协/学会系统中从事科普工作时间占其全部工作时间60%及以上的人员。包括科普管理工作者，从事专业科普研究和创作的人员，专职科普作家，各类科普场馆的相关工作人员，科普类图书、报刊科技（科普）专栏版的编辑，电台、电视台科普频道、栏目的编导，科普网站信息加工人员等。

科普兼职人员 指在本级科协/学会系统中，非职业范围内从事科普工作，仅在某些科普活动中从事宣传、辅导、演讲等工作的人员以及工作时间不能满足科普专职人员要求的从事科普工作的人员。包括进行科普讲座等科普活动的科技人员、中小学兼职科技辅导员、参与科普活动的志愿者、科技馆（站）的志愿者等。

注册科普志愿者 指按照一定程序在共青团、科协等组织或科普志愿者注册机构注册登记，自愿参加科普服务活动的志愿者。

理事会理事 指经会员代表大会选举产生的学会理事。

中青年科技工作者 指截至本年12月31日，本学会理事会45岁（含）以下理事。

所属分科学会 指学会按专业划分的专业委员会、专业分会或专业组，不含工作委员会和地方分会。

学会个人会员 指在本学会注册登记，并取得本学会会员资格的人员（包括外籍会员）。

高级（资深）会员 指符合各学会章程所规定的高级会员或资深会员标准的会员。如章程中无此项规定，则按具备高级专业技术资格的会员数填报。

外籍会员 指在本学会登记注册，并取得本学会会员资格的具有外籍身份的人员。

赞助会员 指在本学会注册登记，通过无条件提供经费、志愿服务、物品等方式积极支持本学会事业发展的个人会员或单位会员代表。

学会从业人员 指在本学会工作并领取劳动报酬的在编人员和连续工作一年以上的社会聘用人员。

学会办事机构党组织 截至本年12月31日，本级学会秘书处已经成立党组织的填1，否则填0。

签订创新驱动助力工程项目合同 指在组织实施创新驱动助力工程过程中，地方科协和全国学会促成地方企业与专家或学会签订的各类项目合同数量。

参与创新驱动助力工程的科技工作者 指在组织实施创新驱动助力工程过程中，参与中国科协、地方科协和各级学会组织的决策咨询、评价评估、成果转化、技术推广、项目对接、技术服务、培训讲座等工作的科技工作者。包括国家级、省级、市县级学会会员，或非会员的科技工作者。

建立学会服务（工作）站 指在组织实施创新驱动助力工程过程中，学会与地方合作建立的各级学会服务站，设站学会应是全国学会、全国学会下属分会或专委会、省级学会。

开展推进“大众创业、万众创新”活动 指本年度本单位为推进“大众创业、万众创新”而开展的各项工作，举办的各项活动。

举办“双创”竞赛、论坛、展览等 指本年度本单位主办或承办的各种“双创”竞赛、论坛、对话会、座谈会、讨论会、展览、展示等营造创业创新氛围、展示“双创”成果、探讨“双创”理论与实践的活动。

开展“双创”咨询、教育、培训等 指本年度内本单位主办或承办的各种“双创”咨询、启蒙、培训、教育等宣传“双创”理念、培育“双创”人才、解答“双创”疑惑、助力“双创”发展的活动。

开展“双创”投融资、成果转化等 指本年度内本单位开展或参加的各种“双创”项目路演、发布、投融资、对接、洽谈、交易、转化、技术咨询、课题攻关等推进“双创”项目健康发展转化的活动。

开展“讲、比”活动企业数 指本年度内开展“讲理想、比贡献”活动的企业数量。统计本级地方科协直接联系的企业。

参与“讲、比”活动的科技人员 指本年度内参加本企业组织开展的“讲、比”活动的科技人员。

“讲、比”活动中被采纳合理化建议 本年度在开展“讲、比”活动中，企业采纳科技人员提出的合理化建议。以“条”为计量单位统计。

专家工作站（服务中心） 截至本年 12 月 31 日，本级科协组织协同有关单位，为高层次专家直接参与经济建设和社会服务而组建的专家科技服务机构。

专家进站人数 指本年度内，以设站单位名义聘请进入专家工作站的专家人数。由颁发证书单位填报。

专家服务团队 指本单位根据项目合作需要，按专业特点牵头组织的专家服务团队，打破单位界限，进行专家资源的整合，承担科学普及、科技攻关、决策咨询、工程论证、技术指导、科技扶贫等相关合作。

国内学术会议 在我国境内，由本单位主办（或第一主办）的综合交叉性、专业性高端前沿等系列学术研讨会、交流会、报告会和论坛等。学术会议有国内有关专家、学者及科技人员参加并提交学术论文。

境内国际学术会议 在我国境内，由本单位主办（或第一主办）以及受国际组织委托承办的综合交叉性、专业性高端前沿等系列学术研讨会、交流会、报告会和论坛等。学术会议有三个或三个以上国家或地区（不含港、澳、台地区）的专家、学者及科技人员参加并提交学术论文。

科技期刊 指本单位主办的，具有固定刊名、刊期、年卷或年月顺序编号、印刷成册、以报道科学技术为主要内容的连续出版物。包括学术期刊、综合期刊、技术期刊、科普期刊和检索期刊。只统计在新闻出版机构注册登记，有正式刊号或内部准印证并由本单位直接主办、负责编辑的期刊，不包括各类内部刊物。两个以上主办单位合办期刊，须确定一个主要主办单位。

中文学术期刊 指以刊登研究报告、学术论文、综合评述为主要内容的中文期刊。

科普期刊 指本单位年度内独立或牵头组织编辑发行以刊登科普知识为主要内容，并在新闻出版机构登记、有正式刊号或有内部准印证的科普性刊物。不包括各类内部刊物。

加入国际民间科技组织 指本单位代表国家或团体加入国际民间科技组织的数量。

国际民间科技组织高级别任职专家 指在国际民间科技组织中担任主席、副主席、执委或相当职务的任职专家。其他类型的任职专家为国际民间科技组织一般任职专家。

参加国外 / 港澳台地区科技活动 指本单位组织参加的国外 / 港澳台地区会议、参展、经贸、访问考察、科研、培训等科技活动。

接待国外 / 港澳台地区专家学者 指本单位单独或牵头接待的来境内（不含港、澳、台地区）参加会议、展览、经贸、访问考察、科研、培训等科技活动的国外 / 港澳台地区的专家学者。

海外人才离岸创新创业基地 指截至本年 12 月 31 日，本级科协已建立或认定的海外人才离岸创新创业基地。由中国科协和省级科协填报。

海智计划工作基地 指截至本年 12 月 31 日，本级科协已建立或认定的海智计划工作基地。由中国科协和省级科协填报。

科普宣讲活动 指本单位单独或牵头组织的以报告会、广播、电视、报刊、网络或其他形式举办的科普讲座和报告，以陈列实物及展示图片等形式举办的各类科普展览，组织相关专业专家组成智力团体，以科学技术为依据，向社会和公众提供的智力服务。按实际举办次数统计。

科技广播、影视节目 指截至本年12月31日本单位组织的通过电台、电视台或其他形式向公众普及科学知识、宣传科学思想、科学精神和科学方法所播放的广播、影视节目。

实用技术培训 指本单位单独或牵头组织的主要面向农村党员、基层干部，以传播、推广和普及适应农业和农村经济发展需求的先进应用技术为主要内容，通过现代远程教育等形式开展的培训。

参加科普活动科技人员 指参与各类科普活动的全部科技人员，包括志愿者、被邀请的专家和科技专业人员等的数量。

青少年科普宣讲活动 指本单位单独或牵头组织的，以报告会、广播、电视、报刊、网络和其他形式举办的科普讲座和报告，以陈列实物及展示图片等形式举办的各类科普展览，面向青少年普及科学知识，传播科学思想、科学精神和科学方法。

青少年科技竞赛 由本单位独立举办或牵头组织举办的旨在推动青少年科技活动蓬勃开展，培养青少年创新精神和实践能力，提高青少年科技素质，鼓励优秀人才涌现，推进科技普及发展的各类科技竞赛活动。

青少年科技教育资料 指本单位编印的，以青少年科技教育为题材的论文集、画册、宣传资料、汇编等。

青少年科技教育活动和培训 指本单位单独或牵头组织的向青少年普及科学知识、实用技术和技能的培训活动。

科技馆 指截至本年12月31日，本单位拥有所有权或使用权的具备展览教育、培训教育、实验教育等功能的社会科技教育固定设施。面向公众常年开馆。

实行免费开放的科技馆 指截至本年12月31日，本级科协所属，符合科技馆建设标准，具有展教功能，免费向公众开放的科技馆。

建筑面积 指截至本年12月31日，本单位拥有所有权或使用权的科技馆的展览教育、公众服务、业务研究、管理保障等用房主体建筑面积总和。

展厅面积 指截至本年12月31日，本单位拥有所有权或使用权的科技馆内专门用于布置常设展览和短期展览的用房（场所）的使用面积。

农村中学科技馆 指截至本年12月31日，由中国科技馆发展基金会统筹管理，属于“农村中学科技馆公益项目”的数量。由各省级科协填报。

流动科技馆 指截至本年12月31日，本单位获得中国科协配发或者自行研发的用于科普活动的流动科技馆。由各省科协填报，地级及以下单位不填报。

科普画廊建筑面积（宣传栏、科技宣传橱窗） 指截至本年12月31日，由本单位单独或牵头联合有关单位共同在广场、社区、村寨、公园、道路边等地方建设的、直接向公众宣传科学技术信息的具有展示功能的宣传栏、橱窗等固定科普设施。按实际建筑面积计算，单面的计算单面面积，双面的计算双面面积。单个建筑面积之和等于总面积。

科普画廊展示面积 指截至本年12月31日，在本单位单独或牵头联合有关单位共同建设的科普画廊（宣传栏、橱窗）中，展示科学技术信息图片、文字的实际面积。按实际展示面积计算，单面的计算单面面积，双面的计算双面面积。单个年展示面积之和等于年展示总面积。单个年展示面积＝每次展示面积 × 展示次数。

科普大篷车 指截至本年12月31日，本单位获得中国科协配发的用于科普活动的大篷车。由使用大篷车单位填报。

科普大篷车行驶里程 指截至本年12月31日，本单位科普大篷车当年开展科普活动所累计行驶的千米数。

全国科普教育基地 指截至本年12月31日，由中国科协按照《全国科普教育基地管理办法》评审、命名的全国科普教育基地。各级科协组织被命名单位填报。

省级科普教育基地 指截至本年12月31日，由省级科协单独或联合有关部门命名的省级科普教育基地。由命名单位组织被命名单位填报。

科普示范县（市、区） 指截至本年12月31日，本单位命名的本辖区的科普示范县级行政区。由命名单位填报统计数据。县级及县级以下科协不填报此指标。

科普示范街道（乡镇）/社区（村）/户 指截至本年12月31日，本单位命名的科普示范街道（乡镇）/社区（村）/户。由命名单位填报统计数据。

科普中国e站 指截至本年12月31日，基于科普中国网和科普中国服务云，依托网络、终端、活动场所等现有基层科普设施，细分公众，广泛开展线上线下相结合的科普活动，是实现科普信息化的新阵地。科普中国e站分为校园e站、乡村e站、社区e站等。科普中国e站须按照中国科协有关要求，按照“五有一统”最低标准进行建设、命名和挂牌。

乡村e站 指面向乡村居民开展科技培训、实用技术普及、专家咨询、农村电商、农村创业等线上线下结合的农村科普服务新阵地。按照“五有一统”最低标准进行建设、命名和挂牌。

社区e站 指面向城镇居民开展科技培训、专家咨询、创新创业、科普文化活动等线上线下结合的社区科普服务新阵地。按照“五有一统”最低标准进行建设、命名和挂牌。

校园e站 指面向学校师生开展青少年科普活动、课外科技教育、校外科技教育、科技创新竞赛活动、科学教师和科技辅导员培训等线上线下结合的校园科普服务新阵地。按照“五有一统”最低标准进行建设、命名和挂牌。

编著科技图书 指本单位组织编著的科技综合类、信息类、普及类、专业技术类等图书。只统计在新闻出版机构登记、有正式书号的科技图书。

科普挂图 指本年度内，本单位独立或牵头组织编创的，用于各项科普宣传活动的挂图。以主题进行统计，一个主题计为一种。

科技广播、影视节目 指本单位年度内独立或牵头组织制作的以宣传科学技术为主要内容的广播节目、电影和电视节目。

科普动漫作品 指本单位年度内，以“科普创意”为核心，以动画、漫画为表现形式，以网络为技术传播手段的动漫作品等。

主办科技网站 指截至本年12月31日，本单位建在因特网上一块固定的面向社会公众传播科学知识、科学精神、科学思想和科学方法的站点。网站由域名（网站地址）、程序和网站空间构成，通常包括主页和其他具有超链接文件的页面。

科普游戏 指截至本年12月31日制作完成的带有科普内容的游戏。地级及以下单位不填报。

开设科教栏目的电视台 指截至本年12月31日，开设专门科教栏目，利用固定时段播放科普节目的电视台。由各级科协填报本级数据，地级及以下单位不填报。

开设科教栏目的广播电台 指截至本年12月31日，开设专门科教栏目，利用固定时段播放科普节目的广播电台。由各级科协填报本级数据，地级及以下单位不填报。

科普网站 指截至本年12月31日，本单位在PC端主办的面向社会公众弘扬科学精神、传播科学知识、普及科学技术的网站。

科普APP 指截至本年12月31日，本单位开发运营的科普类手机移动端应用。

科普手机报 指截至本年12月31日，本单位开发运营的，依托手机媒介，由报纸、移动通信商和网络运营商联手搭建的科普类信息传播平台。

科普微信公众号 指截至本年12月31日，本单位在微信公众平台上申请的应用账号，主要用于面向公众弘扬科学精神、传播科学知识、普及科学技术等。

科普微博 指截至本年12月31日，本单位在新浪微博上申请的应用账号，主要用于面向公众弘扬科学精神、传播科学知识、普及科学技术等。

科技工作者状况调查站点 指截至本年12月31日，国家级和省级科技工作者状况调查站点。由中国科协和省级科协分别填报本级站点数量（副省级及以下不填）。

科技评估 指本统计年度内，本单位牵头开展的对科技政策、计划、项目、成果、专有技术、产品机构、人才等科技活动有关的评估行为，遵循一定的原则、程序和标准，运用科学、公正和可行的方法所进行的专业判断活动。

组织参与立法咨询 指本统计年度内，由本单位或本部门组织专家或专业研究人员参与的立法咨询次数。

组织政协科协界委员协商或调研活动 指本统计年度内，由本级科协组织的政协科协界委员协商或调研活动。

反映科技工作者建议 指科技工作者以书面形式正式向同级或上级党和政府及有关部门反映的有关社会、经济、科技、科技团体和个人权益保障等方面的意见和建议。

答复人大政协代表（委员）提案 指本单位负责并完成答复人大和政协的有关机构交办的议案。

发布智库品牌报告 指本统计年度内，由本单位或本部门出版或公开发布的智库品牌报告。

组织政策解读活动 指本统计年度内，由本级科协或学会主办的政策解读活动。